위대한 유산

The Great Legacy

위대한 유산

벼룩에서 인공지능까지
철학, 과학, 문학이 밝히는 생명의 모든 것

조대호, 김웅빈, 서홍원 지음

arte

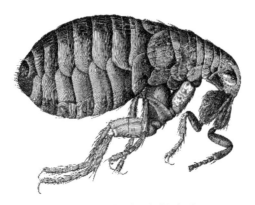

그림 1 로버트 후크가 그린 벼룩의 모습

프롤로그
'생명'을 찾아 떠나는 여정

벼룩 이야기

〈그림 1〉은 영국 과학혁명의 선구자였던 로버트 후크Robert Hooke가 직접 제작한 현미경으로 관찰해 그린 벼룩으로, 1665년에 출판한 『마이크로그래피아Micrographia』에 실렸습니다. 현미경으로 보는 세계는 너무나 신비로웠고 이제 사람들은 무심코 지나쳤을 사물들에 새로이 관심을 기울이게 되었습니다. 그런데 현미경이 등장하기 전에 벼룩에 세심하게 관심을 보인 시인이 있었으니, 16세기 말부터 17세기 초까지 살았던 영국 시인 존 던John Donne입니다. 유작 『노래와 소네트』 첫머리에 실린 「벼룩」이라는 시는 21세기인 지금도 문학 텍스트에 인용될 정도로 인기가 있는데 던의 유머와 해학이 두드러집니다.

—

이 시는 3연으로 이루어져 있는데 한 연씩 읽어보겠습니다.

Mark but this flea, and mark in this,

How little that which thou deniest me is;

It sucked me first, and now sucks thee,

And in this flea our two bloods mingled be;

Thou know'st that this cannot be said

A sin, nor shame, nor loss of maidenhead,

Yet this enjoys before it woo,

And pampered swells with one blood made of two,

And this, alas, is more than we would do.

대략 번역하면 이렇습니다.

이 벼룩을 보세요, 그리고 당신이 거부하는 것이

　얼마나 작은지를 깨닫기 바랍니다.

그놈은 처음에 내 피를 빨더니 이제는 당신 피를 빨고 있군요.

이 벼룩 안에는 우리 두 사람의 피가 섞여 있어요.

이를 가리켜 죄악이나 수치, 처녀성의 상실이라고 말할 수 없음을

　당신은 알고 있지요.

한데 이놈은 구애하기 전에 결실부터 즐기는군요.

그래서 우리 둘의 피가 한데 섞인 피로 배를 불리고 있습니다.
오호라, 이건 우리가 하려는 일보다 더한 것입니다.

던은 17세기 영국 최고의 서정시인이었습니다. 필력이 워낙 대단해서 영국 왕이 세인트폴 대성당의 목사로 임명하여 설교를 들었을 정도인데, 목사가 되기 전에는 난봉꾼처럼 시를 썼습니다. 「벼룩」은 난봉꾼 던의 시 중에서도 매우 '나쁜' 시로 꼽히는데 이런 면 때문에 더 유명해졌습니다. 「벼룩」의 첫 연에서는 난봉꾼인 남성 화자가 말 없는 여성에게 '피'의 중요성을 두고 떠벌리는데, 요컨대 피 좀 흘린다고 뭔 일 안 일어난다는 주장입니다. 이 남자는 피를 '죄', '수치', '처녀성의 상실'과 연관 지으려 하는데 여성에게 무엇을 원하는지, 또 벼룩이라는 놈을 왜 그렇게 부러워하는지를 쉽게 짐작할 수 있습니다. 그런데 아무 말은 안 하지만 화자의 말을 듣고 있는 여성의 반발심이 느껴지지요?

2연으로 가볼까요?

Oh stay, three lives in one flea spare,
Where we almost, nay more than married are.
This flea is you and I, and this
Our marriage bed, and marriage temple is;

———

Though parents grudge, and you, we're met,

And cloistered in these living walls of jet.

Though use make you apt to kill me,

Let not to that, self-murder added be,

And sacrilege, three sins in killing three.

잠깐! 벼룩 한 마리 속에 있는 세 생명을 죽이지 마세요.

그 안에서 우리는 거의 결혼을 아니 그 이상의 것을 했으니까요.

이 벼룩은 당신과 나,

우리의 혼인 침대, 혼인의 성전聖殿입니다.

당신 부모와 당신 자신마저 날 거부하더라도 우리는 이미 만났
  습니다.

그리고 이 살아 있는 검은 벽 안에서 은둔하고 있지요.

평소 당신이 해온 대로 나를 쉽게 죽일 수도 있겠지만,

거기에 자살과 신성모독의 죄까지 더하지는 마세요.

셋을 죽임으로써 세 가지 죄를 짓게 되니까요.

화가 난 여성이 벼룩을 죽이려는 찰나 화자가 제지합니다. 이 벼
룩이 이제는 '당신과 나'일 뿐만 아니라 혼인의 상징인 침대와 성
전이기도 하다는 궤변을 늘어놓습니다. 벼룩을 죽이면 첫째로 화
자를 죽이는 타살의 죄, 둘째로 청자聽者인 여성 자신을 죽이는 자

살의 죄, 마지막으로 혼인의 성스러운 침대와 성전을 파괴하는 신성모독죄까지 성립된다는 얘기지요. 당시 기독교인들은 혼인은 신 앞에서 하는 언약이고 신이 인정한 의식이므로 신성하다고 생각했습니다. 남성 화자만 등장하는 시이기에 원천적으로 발언을 봉쇄당한 여성으로서는 어처구니가 없는 일입니다.

마지막 연으로 넘어갑니다.

Cruel and sudden, hast thou since
Purpled thy nail, in blood of innocence?
Wherein could this flea guilty be,
Except in that drop which it sucked from thee?
Yet thou triumph'st, and say'st that thou
Find'st not thy self, nor me the weaker now;
'Tis true; then learn how false, fears be:
Just so much honor, when thou yield'st to me,
Will waste, as this flea's death took life from thee.

잔인하고 갑작스럽도다!
그사이 순결의 피로 당신의 손톱을 물들이셨나요?
당신의 피 한 방울 빨았을 뿐,

무슨 죄가 있기에 그러셨나요?

한데, 당신은 오히려 의기양양하시군요.

[벼룩이 우리의 피를 빨아먹었음에도 불구하고] 당신이나 저나
  더 약해진 모습을 볼 수 없다고요?

당신 말이 맞아요! 그러니 잘 들어 두세요, 당신의 두려움이 얼
  마나 근거 없는 것인지를.

제가 원하는 것을 주신다 해도 당신의 명예는
  이 벼룩이 당신의 생명을 빼앗은 만큼만 버려질 것입니다.

마지막 연의 내용이 많이 꼬여 있지요? 남성 화자가 원했던 것은
말은 못 하지만 행동으로 반항하고 있는 여성의 순결입니다. 여성
을 화나게 해서 두 사람의 피를 빤 벼룩을 잔인하게 죽이게 하고
는 마치 분노한 듯이 항의합니다. '순결의 피로 손톱을 물들였다'
고. 그런데 이 여성의 손톱에 남은 순결의 피는 남자가 진짜로 원
하는 여성의 순결을 암시합니다. 화가 난 여성은 들어보라는 듯
이 지적합니다. 물론 우리는 남성 화자가 가공한 내용을 듣게 됩
니다. '벼룩이 두 사람의 피를 빨았음에도 두 사람이 약해졌다는
징조가 전혀 보이지 않는다고.' 2연에서 벼룩이 죽으면 큰일 날 것
처럼 너스레를 떨었던 남성 화자에게 한방 먹인 것처럼 의기양양
해하는 여성. 하지만 곧 당황스러운 반전이 일어납니다. 남성 화자
가 느닷없이 맞장구를 쳤기 때문이지요. 그런데 여성의 주장과는

미묘하게 달리 해석합니다. 벼룩이 빨아낸 피가 여성에게 전혀 영향을 주지 않았듯이 (여기서 주목할 것은 피입니다) '피 좀 잃었다고 뭔 일 일어나는 것 아니다. 그러니 괜한 두려움으로 나를 거부하지 말고 순결을 달라'. 존 던 같은 난봉꾼 시인이나 일으킬 수 있는 쇼킹한 반전이지요?

이 책의 주제는 생명과 인간입니다. 그래서 방금 다룬 시가 이 주제와 무슨 상관이 있는지 의아해할 법도 합니다. 여기서 질문을 하나 드립니다.

2연에서 "벼룩 한 마리 속에 있는 세 생명을 죽이지 마세요"라고 했던 화자는 세 생명을 어떻게 구상했을까요? 일단 셋 중 둘은 쉽게 답이 나옵니다. 1연에서 "이놈은 처음에 내 피를 빨더니 이제는 당신 피를 빨고 있군요"라고 했으니 자연히 첫째 생명은 화자 자신이고 둘째 생명은 유혹의 대상인 여성입니다. 2연에서도 화자는 "이 벼룩은 당신과 나"라고 말합니다. 그런데 문제는 셋째 생명의 정체입니다. 어떤 독자는 그건 당연히 벼룩이라고 말하고 싶을 것입니다. 그렇다면 문제는 아주 쉽게 풀리지만, 화자가 굳이 벼룩의 생명을 두고 이렇게 큰일이 날 것처럼 말했을지 의문입니다. 다른 가능성을 살펴본다면, 1연에서 "둘의 피가 한데 섞인 피로 배를 불리고" 있다고 말했으니 제3의 생명은 어쩌면 벼룩 안에서 화자와 여성의 피가 결합되어 잉태된 '새 생명', 즉 '아이'라고 볼 수 있겠지요. 그런데 던이나 16~17세기에 살던 유럽인들이 태

아를 생명으로 보았을까, 하는 생각도 하게 됩니다. 21세기인 지금
도 이를 두고 해석이 분분하니까요. 여러분의 생각은 어떤가요?

이 문제에 대해서 생물학자의 의견을 한번 물어볼까요?

생물학에 묻다
생명이란 무엇인가?

살아 있는 것과 그렇지 않은 것, 언뜻 보면 쉽게 구별할 수 있을
듯합니다. "여우야, 여우야 뭐하니?"라는 추억의 놀이만 봐도 그
렇습니다.

> "여우야 여우야 뭐하니?"/ "잠잔다."
> "여우야 여우야 뭐하니?"/ "세수한다."
> "여우야 여우야 뭐하니?"/ "밥 먹는다."
> "무슨 반찬?"/ "개구리 반찬."
> "죽었니? 살았니?"/ "살았다!"

'잠 자기와 먹기', '자극에 반응하기' 등 생존에 꼭 필요한 생물의
특성이 담겨 있는 노랫말과 삶과 죽음을 구분하는 놀이 방식을
보니 아이들도 생물과 무생물을 쉽게 구별할 수 있음이 분명해 보
입니다. 그렇다면 "달걀은 생물일까, 아닐까?"라는 질문에 답해봅
시다. 물론 여기서 달걀은 수정이 된 유정란有精卵을 말합니다. "움

직이지도 먹지도 않고 건드려도 꿈쩍하지 않으니 당연히 생물이 아니다", "어미 닭이 품어주면 달걀은 예쁜 병아리가 될 잠재력이 있으니 당연히 생물이다", 이상 두 답변 중에서 무엇이 정답인가요? 쉬워 보이던 문제가 더 어려워지는 느낌이 듭니다.

동서고금의 내로라하는 학자들이 "생명이란 무엇인가?"라는 질문을 두고 수천 년간 씨름해왔습니다. 아쉽게도 아직 누구도 명확한 설명을 내놓지는 못했습니다. 호기심에 국립국어원에서 제공하는 표준국어대사전을 찾아보니 대략 다섯 가지로 '생명'을 설명하고 있네요.

> 1) 사람이 살아서 숨 쉬고 활동할 수 있게 하는 힘.
> 2) 여자의 자궁 속에 자리 잡아 앞으로 사람으로 태어날 존재.
> 3) 동물과 식물의, 생물로서 살아 있게 하는 힘.
> 4) 사물이 유지되는 일정한 기간.
> 5) 사물이 존재할 수 있는 가장 중요한 요건을 비유적으로 이르는 말.

생물학에서 말하는 생명을 가장 포괄적으로 잘 설명하고 있는 정의는 셋째, '생물로서 살아 있게 하는 힘'입니다. 여기서 또 다른 의문이 생깁니다. "그럼, 생물이란 무엇인가?" 다시 사전을 검색해보니 이렇게 설명되어 있네요.

—

생물: 생명을 가지고 스스로 생활 현상을 유지하여 나가는 물체.
영양·운동·생장·증식을 하며, 동물·식물·미생물 로 나뉜다.

'생명을 가지고 스스로 생활 현상을 유지하여 나가는 물체'라
니, 이거 일종의 '순환정의'[1] 아닌가요? 혹시나 했는데 역시나, 생
명에 대한 명확한 정의를 찾지는 못했습니다. 사실 현대 생물학
에서도 '생명'은 정의할 수 없다는 점을 인정하고, 생명 자체보다
는 생명이 있는(살아 있는) 물체인 '생물(생명체)'을 대상으로 연구
를 합니다. '발견과학'인 생물학에서는 여러 가지 관찰(또는 실험)
가능한 생명현상에 근거하여 생물의 특성을 이해하고 설명합니다.
한 가지 사례로 나(사람)에게서 볼 수 있는 생물의 특성을 생각해
볼까요. 나의 생물학적 본질은 아버지와 어머니에게서 유래한 정
자와 난자가 합쳐진 세포(수정란)에서 시작되어, 약 10개월간 어머
니 배 속에서 발생 과정을 거쳐 세상에 태어난 후로, 맛있는 음식
을 먹고 잘 소화시켜 영양소와 에너지를 획득한(물질대사) 덕분에
성장하는 존재로 정의할 수 있습니다. 언젠가는 결혼을 해서 나의
분신인 아이도 낳을(생식과 유전) 테고, 한세상 살아가는 동안 때
로는 기쁨에 때로는 슬픔에 웃기도 울기도(자극에 대한 반응) 하겠
지요. 나 자신만 돌아보았을 뿐인데, 놀랍게도 생물의 특성이 거

---

1 A를 정의하는 데 B라는 말을 쓰고, B를 정의할 때 다시 A를 사용하는 그릇된 정의를 말한다.

의 정리가 되었습니다. 당연한 일이죠. 사람도 생물이니까요. 그럼
일단 사람을 중심으로 생물의 특성을 정리해봅시다.

1) 생명체는 세포로 이루어져 있다.
2) 생명체는 발생과 생장을 한다.
3) 생명체는 물질대사를 한다.
4) 생명체는 생식과 유전을 한다.
5) 생명체는 자극에 반응하고 항상성을 유지한다.

모든 세포와 조직, 기관이 정해진 규칙에 따라 서로 치밀하게 연
관되어 작용한다. 바로 이것이 인체를 비롯한 생명체의 신비로움
입니다. 만약 이들 구성 요소 중 어느 하나라도 규칙을 벗어나 작
용하면 곧바로 몸에 이상이 생겨 건강을 해치게 됩니다. 생명체
또는 유기체를 뜻하는 영어 단어 '오가니즘organism'도 기관organ의
집합체라는 뜻입니다. 생물의 계층 구조는 원자, 분자, 세포소기
관, 세포, 조직, 기관, 기관계, 개체 등의 순서로 낮은 수준에서 높
은 수준에 이르며, 수준이 높아질 때마다 더 낮은 수준의 특징으
로는 설명할 수 없는 창발성emergent properties이 나타나는데, 생물학
에서는 생명현상이 일어나는 최소 단위를 세포로 봅니다.
　지금 우리는 바이러스의 생명체 인정에서 배아복제와 뇌사 인
정 등을 둘러싼 생명 윤리 문제에 이르기까지 생명에 대한 명확

한 정의가 없어서 생기는 문제를 풀기 위해 더 기다릴 수밖에 없는 처지입니다. 이런 난제들을 하나하나 해결해가기 위해서는 생명의 본질을 더 깊이 이해해야 합니다. 이제 여기에 공감하는 모든 이에게 생명의 본질을 탐구하는 지식의 지평을 넓히는 데 힘을 모으자고 제안하는 바입니다. 우선, 개별 학문의 한계를 직시하고 서로 접점을 찾아 "생명이란 무엇인가?" 같은 구체적인 사안에서 나타나는 해석의 차이를 이해하려고 노력하고 이를 통해 초보 수준에서 시작해 새로운 패러다임을 제시하는 수준에 이르는 학문의 융합을 시도하자고 말입니다. 이러한 학문 간의 진정한 소통이 절실한 이유가 몇 가지 더 있습니다. 과학자에게 건강한 인문 정신이 결여되면 과학으로 인류의 안녕과 번영을 이끌기는커녕 자칫 인간과 자연을 황폐화시킬 수 있습니다. 마찬가지로 인문학자가 인문학의 울타리에 갇혀 과학과 기술에 무지하다면 세계를 올바로 이해할 수 없으며 이는 인문 정신에도 위배된다고 생각합니다. 또 과학·기술의 영향력을 외면할 경우 사회과학은 더 이상 본래의 가치를 지키기 어려울 것입니다.

생명에 대해서 알아야 나를 알 수 있다

철학은 자신에 대한 앎을 추구합니다. "너 자신을 알라"고 외칩니다. 하지만 자신을 알기 위해서 우리가 할 수 있는 일은 무엇일까요? 선방의 묵언수행, 골방의 철학적 사색, 책더미 속에 파묻히기…… 물론 이런 일들도 도움이 되겠지만 자신을 아는 데는 더 근본적인 무언가가 있다고 생각합니다. 바로 인간과 생명에 대한 지식입니다. 왜냐하면 '나'는 인간이고 생명체이기 때문이지요. 인간에 대해서, 생명에 대해서 알지 못한다면, 우리는 자신을 온전히 알 수 없습니다. 그런 점에서 생명과 인간에 대한 탐구는 철학의 으뜸가는 과제 가운데 하나입니다.

하지만 철학이 생명을 이해하는 데 도대체 무슨 기여를 할 수 있을까요? 철학이 생명에 대한 앎을 한 치라도 더해줄 수 있을까요? 철학은 분명 생명현상에 대한 과학적 관찰도, 엄밀한 실험도, 체계적인 설명도 하지 않습니다. 적어도 20세기 이후에는 그렇습니다. 하지만 생명현상에 과학적으로 접근하지 못한다 해서 철학이 생명을 이해하는 데 아무 기여도 할 수 없다고 생각해선 안 됩니다. 생명현상은 과학적 관찰과 실험의 테두리 안에 있지 않기 때문이지요. 과학의 경계 밖에서 일어나는 생명현상은 없을까요? 자연과학이 인간이 어떤 존재인지 속속들이 알려주나요?

저는 철학, 특히 그리스 철학을 연구하는 사람이라 생명을 과학적으로 설명하기에는 적절치 않습니다. 저는 현대 과학의 관찰과 실험 '밖'에서 펼쳐지는 생명에 대한 이야기를 소개하려 합니다. 근대의 과학적 관찰과 실험이 실행되기 이전의 생명에 대한 이야기가 있는가 하면, 오늘날의 과학이 다루지 않는 주제들, 가끔 '황당해 보이는' 주제들에 대한 이야기도 있습니다. 과학의 경계를 벗어나는 담론이지만, 생명을 과학적으로 이해하는 데 폭과 깊이를 더해줄 수 있다고 확신합니다. 과학은 언제나 비과학적인 이야기들을 과학적으로 설명하려고 노력하는 과정에서 발달했으니까요. 현재의 과학이 다루지 않는 현상에 질문을 던져야만 과학도 발달할 수 있을 것입니다.

우리는 이렇게 과학의 경계를 넘나들면서 인간과 생명에 대한 이야기를 하려고 합니다. 그렇다 보니 혼란스러울 수도 있어서 우선 이야기의 전체 방향을 소개하려고 합니다. 인간과 생명에 대한 논의의 큰 그림을 보여주려는 것입니다. 아까 생명을 정의하기 어렵다고 말했는데, 이 이야기부터 해볼까 합니다.

생명을 정의하기 어려운 이유는 동물의 생명을 정의하는 데 중요한 요소들이 식물이나 미생물 수준에서는 그렇지 않을 수도 있기 때문이지요. 지구상의 모든 생명체에 적용할 수 있는 생명에 대한 공통 정의를 찾기 어렵다는 말입니다. 하지만 생명체를 '일종의 정보 담지자'라고 정의해보면 어떨까요? 물론 '정보 담지자'는 생명체뿐만이 아니기에 이 정의가 충분하지는 않습니다. 하지만 유전정보가 없는 생명체는 없다는 점에서 정보의 담지와 전달이 생명현상의 핵심이라는 데는 의심의 여지가 없습니다. 당연히 유전자 개념을 통한 생명의 이해가 현대 생물학의 큰 흐름이겠지요. 많은 과학자들이 유전체 해독에 공을 들이고, 유전자를 합성해서 새로운 생명체를 만드는 일에도 큰 관심을 보입니다. 아마도 '유전자' 개념을 빼면 현대 생물학은 무너져 내릴 수밖에 없을 것입니다. 그렇다면 유전자 개념이 없었던 시대에는 생명을 어떻게 이해했을까요?

도로시 넬킨Dorothy Nelkin과 수전 린디Susan Lindee가 1995년에 출간한 『DNA 신비The DNA Mystique』에는 이런 내용이 들어 있습니다.

> 유전자는 영혼이 수행하던 사회적·문화적 기능을 넘겨받았다. 생물학적 결정론에서 유전자는 참된 자아가 머무는 장소로서 자아의 본질적인 단위이다.

오늘날에는 유전자가 생명을 이해하는 기본 요소이지만, 과거에는 영혼이 이 역할을 했습니다. 고대 그리스 이래 서양 사람들에게 '생명체'란 곧 '영혼이 있는 것'이었지요. 영혼을 일컬어 그리스인들은 '프시케'라고 불렀는데, 라틴어로는 이를 '아니마'라고 하고 이 아니마에서 영어의 '애니멀'이 나왔습니다. 살아 있는 것을 살아 있는 것으로 만드는 것, 그것이 바로 '프시케'이고 '아니마'입니다. 그렇다면 생명체를 생명체로 만드는 '영혼'은 무엇일까요? 예로부터 사람들은 살아 있는 것에서 신체를 빼면 무엇인가가 남는다고 보았고, 이 미지의 X를 영혼이라고 불렀습니다. 그리고 영혼의 정체에 커다란 궁금증을 품고 여러 이야기를 했습니다. 생명의 신비를 영혼을 통해 밝히려 했던 것이지요. 생명과 인간을 탐구하는 우리는 영혼을 중심으로 생명을 이해했던 시기를 거쳐 유전자를 통해 생명을 파악하는 시기로 어떻게 넘어왔는지, 생명을 보는 패러다임이 영혼 중심에서 유전자 중심으로 어떻게 바뀌었는지를 추적할 것입니다.

그런데 현대 생물학에서 '유전자'만큼 중요한 개념이 또 하나 있습니다. 그게 무엇일까요? 20세기 생물학의 대표자 가운데 테오도시우스 도브잔스키Theodosius Dobzansky라는 사람이 있습니다. 다윈의 자연선택이론과 유전자이론을 통합해서 '신종합설'을 내놓은 학자입니다. 도브잔스키는 이런 유명한 말을 남겼습니다.

생물학에서 진화를 염두에 두지 않는다면 어떠한 것도 의미가 없다. Nothing in biology makes sense except in the light of evolution.

사실 오늘날에는 어느 누구도 '진화'를 빼놓고 생명을 이해할 수 있다고 생각하지 않습니다. 어떻게 보면, '진화'와 'DNA'는 생명현상을 이해하는 데 상보적인 역할을 한다고 말할 수 있겠지요. 진화가 생명체들이 어떻게 장기간의 변화를 거쳐 지금의 모습을 갖추게 되었는지를 설명한다면, DNA는 생명체가 어떻게 자기동일성을 유지하면서 자신과 같은 개체를 산출하는지를 설명해줍니다. 다른 모든 현상이 그렇듯이 생명현상도 변화하는 측면과 변하지 않는 측면이 공존하는데, 진화와 유전자가 이 두 측면을 대변하는 셈이지요.

　많은 사람들은 이 진화 개념이 다윈이 살던 시대에 출현했다고 생각합니다. 하지만 서양의 긴 역사를 돌이켜 보면 이는 잘못된 생각임을 알 수 있습니다. 실제로는 고대 그리스에서 이미 기원전 5세기에 다윈과 비슷한 생각을 했던 사람들이 있었기 때문이지요. 기원전 5세기에 남부 이탈리아 일대에서 활동했던 철학자 엠페도클레스를 과학사에서는 '진화론의 아버지'라고 부릅니다. 그는 생명체가 어떻게 탄생했고 어떻게 변화해서 지금의 모습을 갖추게 되었는지를 생각하면서 머릿속으로 진화의 관념을 떠올렸습니다. 심지어 다윈 진화론의 핵심인 '자연선택'이라는 관념도 엠페도클레스의 생각에서 찾아낼 수 있습니다. 하지만 이렇게 고대 그리스에서 출현했던 진화 사상은 기독교 세계관이 지배하던 중세에 이르러 한쪽으로 밀려납니다. 그러다가 과학혁명이 일어나고 다윈의 진화론이 등장하면서 새롭게 빛을 보게 되었지요. 옛날 엠페도클레스와 같은 사람들이 생각했던 진화의 관념이 이제 더 구체적으로 과학의 옷을 입고 등장하게 된 셈입니다. '진화 관념의 진화'라고 할까요? 우리는 여기서 영혼이나 유전자뿐만 아니라 진화 관념의 옛 모습과 현재 모습을 함께 그려볼 것입니다.

　우리는 생명계의 질서도 함께 생각해봅니다. 두 개의 모델이 중요한데, 하나는 '자연의 사다리'이고 다른 하나는 '생명의 나무'입니다. '생명의 나무'는 다윈이 『종의 기원』을 출간하기 이전부터 진화론과 관련된 자신의 생각들을 기록했던 노트에 처음 그렸던 그림입니다. 다윈은 생명이 발생해서 진화하는 과정을 나무의 모습으로 형상화했습니다. 나무에 뿌리가 있고, 이 뿌리에서 줄기가 나오고, 가지가 여러 갈래로 뻗어 나가듯이, 생명은 공통의 원천에서 갈라져 나왔다고 생각했고 사람들은 이를 '생명의 나무'라고 부릅니다. 생명의 나무는 진화론에서 생명의 세계를 바라보는 기본틀인 셈이지요.

그렇다면 다윈 이전에는 생명계의 모습을 어떻게 생각했을까요? 서양에서는, 특히 아리스토텔레스 이래로 생명의 세계가 사다리 모양을 하고 있다고 보았습니다. 맨 밑에는 물, 불, 흙, 공기와 같은 생명 없는 물질들이 있고 그 위에 식충류나 해면 같은 하등 생명체들이 자리 잡고 있고, 이어 곤충, 어류, 조류, 포유류, 인간이 윗자리를 차지하면서, 모든 생명체가 하나의 사다리 구조를 이룬다고 보았지요. 이에 따르면 사다리의 각 단계는 서로 분명히 구별되는 하등/고등 생명체로 구성되지만 이는 진화 과정을 거쳐 형성된 게 아니라 무시간적으로 고정된 것입니다. 처음부터, 즉 이 세상이 존재하던 시점부터 맨 아래 단계에는 해면이나 식물이, 다음 단계에는 곤충이, 이어 물고기나 새들이 층층 구조를 이루면서 고정된 질서를 형성하고 있었다고 생각한 것입니다. 나중에 더 자세히 살펴보겠지만, 이는 아리스토텔레스에 의해 체계화된 생각이고, 이 생각이 기독교 세계관에도 받아들여지면서 거의 2000년 동안 서양의 생명관을 지배해왔습니다.

생명계를 이해하는 두 모델, 생명의 나무와 자연의 사다리를 비교할 때 한 가지 중요한 차이가 드러납니다. 바로 동물과 인간의 관계에 관한 생각의 차이입니다. 생명의 나무에 따르면 아메바나 지렁이나 원숭이나 인간이나 모두 공통의 기원에서 갈라져 나온 생명체입니다. 이렇게 본다면 지렁이나 아메바나 우리 인간 사이에는, 특히 인간을 포함한 영장류들 사이에는 본질적인 차이가 전혀 없습니다. 물론 사람은 호모사피엔스, 생각하는 능력이 있는 동물입니다. 하지만 사고 능력 혹은 지적 능력은 오직 사람에게만 있을까요? 생명의 나무를 모델로 삼아 생명체들의 관계를 보는 사람들, 다윈을 비롯한 진화론자들은 그렇게 생각하지 않습니다. 사람이 아닌 다른 영장류들에게도 생각하고 판단하는 능력이 있고, 이들과 인간의 능력 사이에는 사실 본질적인 차이가 없다고 생각합니다. 그에 비해서 자연의 사다리 모델에 따르면 인간은 모든 생명체 위에 있고 아래 단계의 다른 동물들과 본질적으로 구별됩니다. 여기서 인간을 인간답게 하면서 다른 모든 동물과 구별해주는 특징은 이성 능력입니다. 물론 창조론에 의해서 인간과 동물의 관계를 이해했던 사람들도 비슷한 생각을 했습니다. 그들의 믿음에 따르면 인간은 신의 형상을 입은 특별한 존재이니까요. 이렇게 생명의 나무와 자연의 사다리를 주창했던 이들은 생명계에서 인간이 차지하는 위치를 전혀 달리 봅니다.

결국 지금까지 했던 이야기를 요약하면, 우리가 이야기하는 '위대한 유산'의 큰 주제는 넷으로 나눌 수 있습니다. '영혼과 유전자', '진화와 창조', '생명계에서 인간이 차지하는 위치', '인간과 동물의 연속성과 차이'입니다. 이 네 가지 주제를 중심으로 이야기를 풀어나가겠습니다. 이를 통해 생명에 대한 이해의 폭을 넓히고 인문학과 자연과학의 대화를 끌어내는 계기가 되기를 바랍니다.

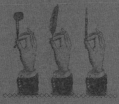

1부

생명의
기원과 진화

1장

그리스 신화와
철학을 통해 본 '생명'

신화와 철학이 말하는 영혼의 실체

이번 강의 주제는 '그리스 신화와 철학의 생명관'입니다. 기원전 8세기까지 거슬러 올라가는 이야기이니 아주 먼 옛날이야기처럼 들릴 수 있습니다. 하지만 그렇다고 해서 과거의 일회적 '사건'에 대한 역사 이야기를 하려는 것은 아닙니다. 보다 정확히 말하면 2800여 년 전 그리스 사람들이 삶과 죽음에 대해 가졌던 '생각'에 대한 철학적인 이야기를 하고자 합니다. 철학적 이야기는 설령 그것이 옛날 것이라고 하더라도 늘 현재성을 갖습니다. 과거에 속하지만 항상 현재적인 이야기, 우리는 그런 것을 일컬어 '고전', '클래식'이라고 부르지요. 그리스 신화와 철학 안에는 '생명'에 대한 그런 클래식한 이야기가 담겨 있습니다. 먼저 유전자 중심의 생물학이 등장하기 이전에 생명을 이해하는 데 핵심적인 역할을 한 '영혼' 혹은 '프시케psychē' 개념을 살펴보고, 이어서 그리스의 진화 사상을 소개할 겁니다. 사람들은 보통 찰스 다윈을 진화론의 창시자로 알고 있지만, 사실 1859년 『종의 기원』이 나오기 2300여 년 전에 이미 진화론적인 생각을 가졌던 철학자들이 있었거든요.

'프시케'란 무엇인가

생명현상에 대해서 말할 때 고대 그리스인들은 언제나 '프시케'를 중심에 두었습니다. '프시케'는 나중에 '아니마anima'라는 라틴어로 옮겨졌고, 이 낱말에서 '애니멀animal'이라는 영어 단어가 파생되었 지요. 이런 어원 관계에서 보면 '애니멀'은 프시케 혹은 아니마를 가진 '존재', '살아 있는 존재', '동물'을 뜻합니다. 다시 말해서 '프 시케'는 살아 있는 것들을 살아 있게 해주는 것이고, 또 살아 있 는 것에서 시체, 시신을 빼면 남는 것이지요. 그래서 '생명체 - 시 체 = 영혼'이라는 공식이 성립합니다. 그렇다면 살아 있는 것에서 육체를 뺄 때 남는 것은 무엇일까요? 살아 있는 몸과 죽어 있는 몸의 차이는 무엇일까요? 그리스 사람들과 중세 사람들은 모두 그 답을 '프시케의 소유'에서 찾았지만, 정작 프시케가 무엇인지에 대해서는 서로 엇갈린 주장을 내놓았습니다.

　살아 있던 것이 죽으면 무엇이 남을까요? 어떤 사람은 '남는 것 은 아무것도 없다'고 말하거나 '시체가 남았다가 시간이 지나면서 그것이 부패되어서 자연으로 되돌아간다'고 말할 겁니다. 생명현상을 단순히 자연적이고 물리적인 현상으로 바라보는 사람들이 그렇습니다. 그런가 하면 또 어떤 사람은 종교적인 믿음에 따라서, '우리는 언젠가 죽을 수밖에 없지만 죽음으로써 삶이 다 끝나는 것은 아니다. 죽은 뒤에도 남아 있는 것이 있다. 그것을 프시케라고 부른다면, 그것은 육체가 죽은 뒤에 하늘로 올라가거나 지옥에 떨어질 것'이라고 답할 겁니다. 이렇게 말하는 사람들은 암암리에, 내가 죽고 난 뒤에 남는 프시케가 현재의 '나'의 인격성과 정체성을 보존하면서 계속 존속한다고 가정하는 셈입니다. 왜냐하면 현재의 나와 내가 죽은 뒤에 남을 프시케 사이에 어떤 동일성이 없다면, 나의 현재의 삶에 대한 대가로 나의 프시케가 상을 받거나 벌을 받을 이유는 없기 때문이지요. 물론 제3의 입장도 가능합니다. '사람이 죽었을 때 아무것도 안 남는 것 같지는 않고 〈전설의 고향〉에 나오는 유령이나 귀신 같은 것이 있을 것 같다. 제사 때마다 찾아오시는 할아버지의 혼령 같은 존재가 있다.' 이렇게 대답할 사람도 있겠죠.

간단히 말해서 프시케를 바라보는 시각을 우리는 다음과 같이 정리할 수 있습니다. 프시케란 물질적인 신체 현상 이상의 아무것도 아니라고 보는 입장, 물질적인 것과는 완전히 다른 어떤 정신적 존재라고 보는 입장, 이것도 저것도 아니고 일종의 '숨'과 같은 존재이거나 유령과 같은 존재라고 보는 입장이 있습니다. 이미

2800여 년 전 그리스 시대에도 이런 세 가지 입장이 널리 퍼져서 서로 경쟁을 했습니다.

호메로스의 영혼관:
죽어 통치자가 되느니 살아 머슴이……

호메로스의 영혼관은 마지막에 소개한 입장에 가깝습니다. 널리 알려져 있듯이, 호메로스는 서양 최초의 서사시 작품인 『일리아스』와 『오디세이아』를 남긴 인물로 알려져 있습니다. 사람들은 그가 기원전 8세기 후반 혹은 7세기 초에 활동했던 시인이라고 믿고 있습니다. 전설에 따르면 호메로스는 맹인이었다고 합니다. 물론 처음부터 눈이 멀었던 것은 아니고 노년에 접어들면서 시력을 잃게 됐을 겁니다. 그는 그리스 세계의 이곳저곳을 떠돌면서 사람들에게 트로이 전쟁에 대한 이야기를 들려주어 그들을 즐겁게 하는 떠돌이 소리꾼이었죠.

호메로스가 죽은 뒤 기원전 7세기부터 그의 이야기는 그리스 세계 전역으로 퍼지면서 유명해졌고 그의 작품에 담긴 내용들은 당시에 그리스인들에게 일종의 백과사전 역할을 하게 되었습니다. 예를 들어 『일리아스』에는 수많은 전투 장면이 등장하는데 나폴레옹 1세는 이것을 전쟁 보고서로 여길 정도였습니다. 그뿐이 아니지요. 호메로스의 작품 속에는 다양한 화법을 구사하는 연설들을 비롯해서 자연에 대한 섬세한 묘사, 요리법, 치료법, 제사법 등도 자세히 기록되어 있습니다. 그런 까닭에 호메로스의 작품은 기원전 7세기부터 백과사전 역할을 할 수 있었고, 또 그런 이유 때문에 플라톤은 호메로스를 일컬어 "전체 그리스의 교사"(『국가』 10권 606e)라고 불렀습니다.

호메로스의 작품에는 '프시케'에 대한 이야기도 담겨 있는데, 이것은 문자로 기록된 영혼에 대한 서양 최초의 텍스트입니다. 그렇다면 호메로스는 '프시케' 혹은 '영혼'이 무엇이라고 생각했을까요?

> 소 떼와 힘센 작은 가축 떼는 약탈해 올 수 있고, 세발솥과 말들의 밤색 머리는 사 올 수가 있지만 사람의 프시케는 한번 이빨들의 울타리 밖으로 빠져나가고 나면 약탈할 수도, 구할 수도 없이 다시는 돌아오지 않는 법이다.
>
> ―『일리아스』 9. 406~408

이 내용은 아킬레우스가 오디세우스에게 하는 말입니다. 여기서 '프시케'라는 말이 쓰였는데, 이때 호메로스가 '프시케'라는 말로 가리키는 대상은 무엇일까요? 또 다른 구절을 함께 읽어봅시다.

> 이어 아트레우스의 아들은 백성들의 목자 히페레노르의 옆구리를 찔렀다. 그리하여 청동이 찢고 들어가 그의 내장을 쏟아내자 프시케는 찔린 상처를 통하여 재빨리 빠져나갔고, 그의 두 눈은

—

어둠이 덮었다.

―『일리아스』14. 516~518

'죽음을 맞았다'는 말을 호메로스의 언어로 바꾸면, '프시케가 몸에서 빠져나갔다'가 됩니다. 두 인용문에 담긴 호메로스의 묘사에 따르면 '프시케'는 일종의 공기와 같습니다. 우리말의 '숨'이 더 적절할지도 모르지요. 우리는 살기 위해서 숨을 쉽니다. 들이쉬고 내쉬는 숨 같은 것을 일컬어 호메로스는 '프시케'라고 불렀던 겁니다. 그는 몸에 들어 있던 프시케, 즉 숨이 몸 밖으로 빠져나가는 것이 죽음이라고 생각했습니다. 우리는 살아 있는 것을 일컬어 '숨이 붙어 있다'고 하고 죽은 것을 '숨이 끊어졌다'고 하는데, 이와 비슷하게 호메로스 시대의 그리스인들도 공기와 같은 프시케가 몸에 머물 때 삶이 있고, 몸을 떠날 때 죽음이 온다고 생각했던 것이지요.

그렇다면 사람이나 동물이 살아 있을 때 그 몸에 붙어 있던 숨, 즉 프시케는 죽음이 온 다음에 어떻게 될까요? 이것은 기원전 7세기의 그리스인들이나 21세기의 우리에게나 똑같이 궁금증을 낳는 물음입니다. 이런 물음에 대해 호메로스는 '프시케는 사람 몸을 떠나면 완전히 사라지는 것이 아니라 지하 세계로 들어간다. 우리 눈에 보이지 않는 지하 세계로 간다'고 생각했습니다. 그림을 하나 볼까요?

그림 2 알레산드로 알로리, 〈오디세우스가 테이레시아스에게 묻다〉, 1580

『오디세이아』 11권에 나오는 지하 세계의 광경을 그린 그림입니다. 이탈리아의 피렌체에서 활동했던 알레산드로 알로리가 1580년에 그린 〈오디세우스가 테이레시아스에게 묻다〉라는 작품입니다. 그림 중간에 투구를 쓴 사람이 바로 오디세우스예요. 고향으로 되돌아가는 길을 묻기 위해서 '하데스', 즉 보이지 않는 지하 세계로 간 오디세우스는 거기에 살고 있는 예언자 테이레시아스를 만나 그에게 길을 묻습니다.

알로리의 그림을 소개하는 이유는 호메로스가 상상한 지하 세계의 모습이 이 그림 속에 압축적으로 담겨 있기 때문입니다. 화면 오른쪽 아래를 보면 사람들이 뭔가를 하고 있는데, 그들은 오디세우스를 따라 지하 세계로 들어간 그의 동료들입니다. 이들은 양인지 염소인지 확인할 수는 없지만, 짐승의 피를 받고 있습니다. 그

옆으로 양 혹은 염소의 피가 고여 있는 구덩이가 보입니다. 오디세우스는 지하 세계에 가서 먼저 땅을 파고 구덩이를 만들어서 피를 받습니다. 그렇게 한 이유는 무엇일까요? 지하 세계에 머무는 프시케들은, 즉 사람의 몸을 떠난 프시케들은 아무 의식도 없습니다. 프시케는 분명 아무것도 아니라고 할 수는 없지만, 그렇다고 뭔가 분명하게 살아 있는 존재도 아닙니다. 그래서 아무 의식도, 기억도, 생각도, 감정도 없습니다. 그냥 유령처럼, 허깨비처럼 존재합니다. 그린데 이 유령들, 즉 지하 세계의 혼령들이 의식을 되찾는 유일한 순간이 있습니다. 피를 마시게 되면 그들은 잠깐 동안 각성효과가 일어나 의식을 되찾습니다. 그렇기 때문에 지하 세계에 온 오디세우스는 저승 세계의 허깨비들과 만나기 위해 피를 받는 겁니다.

지하 세계로 간 오디세우스는 동료들에게 끌고 간 가축의 피를 받게 해서 그곳에 기거하는 영혼들을 불러 모읍니다. 그런 뒤 말을 걸어 그들의 감회나 사연을 묻습니다. 그림 왼쪽에 오디세우스의 어머니 안티클레이아의 혼령이 멀리서 피 냄새를 맡고 달려오는 광경도 있고, 지옥에서 벌을 받는 자들의 모습도 있어요. 독수리에게 간이 쪼이는 티티오스의 모습도 보입니다. 신이자 인간인 그는 감히 제우스의 애인을 겁탈하려고 했다가 벼락에 맞아 죽고 지하 세계에서 독수리에게 간을 쪼이고 있지요. 제우스는 남의 아내는 겁탈해도 자기 애인은 철저히 관리하는 신인가 봅니다. 그

옆을 보면 뭔가 희끗한 것이 위에 있고 그것을 들어 올리는 사람도 보이는데, 바로 시시포스입니다. 그는 끊임없이 언덕 위로 돌을 굴려 올리지만 정상에 올라간 돌은 다시 굴러 떨어집니다. 소설가 알베르 카뮈Albert Camus는 이 시시포스의 신화를 두고 "이것이 우리 인간의 운명이다"라고 이야기합니다. 이렇게 드라마틱한 광경들이 펼쳐지는 지하 세계에서 오디세우스는 자기 어머니를 비롯해서 먼저 세상을 떠난 동료 등 많은 사람을 만나 그들의 이야기를 하나씩 듣게 됩니다.

그 가운데 가장 인상적인 것은 오디세우스가 아킬레우스를 만나는 장면입니다. 그리스 최고의 장수이자 영웅으로 평가받는 아킬레우스는 명예가 짓밟히자 분을 참지 못해서, 또 친구의 복수를 위해서 자신의 목숨을 내던진 영웅입니다. 명예를 얻기 위해 생물학적인 생명을 지푸라기처럼 내던져버린 아킬레우스이지만, 지하 세계를 찾아온 오디세우스를 만나서는 전혀 상반된 태도를 보입니다. "당신은 살아서도 영웅이고 죽어서 지하 세계의 왕이니 얼마냐 좋으냐?"고 오디세우스가 묻자 아킬레우스가 이렇게 대꾸합니다.

죽음에 대해 나를 위로하려 들지 마시오, 영광스러운 오디세우스여. 나는 이미 죽은 모든 사자들을 통치하느니 차라리 시골에서 머슴이 되어 농토도 없고 가산도 많지 않은 다른 사람이 되

—

어서 품팔이를 하고 싶소다.

—『오디세이아』11, 487~491

살아서는 친구의 복수를 위해서 주저 없이 목숨을 버린 영웅이었
던 아킬레우스는 죽은 뒤 지하 세계에서 아무 할 일도 없이, 의식
도 없이 그림자처럼 살고 있습니다. 그는 오디세우스에게 살아서
품팔이를 하는 것이 죽어서 왕 노릇 하는 것보다 훨씬 낫다고 탄
식합니다. 우리나라 속담에 '개똥밭을 굴러도 이승이 저승보다 낫
다'는 말이 있죠? 호메로스에게나 옛날 우리 조상늘에게나 죽음
에 대한 정서는 비슷했던 것 같습니다.

 구약성서에도 죽음과 삶에 대한 이와 유사한 생각이 담겨 있습
니다. 구약성서 가운데 「전도서」가 있는데, 유대인들이 가졌던 회
의주의와 허무주의를 가장 잘 드러내는 성서 중의 하나입니다. 거
기에 "헛되고 헛되니 모든 것이 다 헛되다", "이 세상의 모든 것이
다 헛되다"라는 탄식이 나오는데, '산 개가 죽은 사자보다 낫다'라
는 구절도 있습니다(「전도서」 9장 4절 이하). '죽은 뒤에는 의식도,
생각도, 감정도, 아무것도 없으니 살아서 삶을 즐겨라', '포도주를
마시고 예쁜 옷을 입고, 애인과 사랑을 하고 한 청춘 그렇게 즐겨
야지 죽은 뒤에 무슨 보상, 무슨 대가를 바라겠느냐' 하는 이야
기가 「전도서」에 담겨 있습니다. 결국 이 구약성서에 나오는 삶과
죽음에 대한 생각과, 오디세우스가 아킬레우스를 통해 듣게 되는

그림 3 〈동물들에게 둘러싸여 있는 오르페우스〉, 고대 로마 모자이크,
아오스타 주립 고고학 박물관Museo archeologico regionale 소장

삶과 죽음에 대한 생각이 같다고 할 수 있습니다. 그런 점에서 죽
음과 삶에 대한 유대인들의 생각과 그리스인들의 생각에는 일맥
상통하는 부분이 있습니다. 그리고 그것이 바로 호메로스의 영혼
관입니다. 영혼은 우리가 살아 있을 때에는 숨처럼 몸에 붙어 있

지만, 몸을 떠난 뒤에는 지하 세계에서 아무 의식도 없이 유령과 같은 모습으로 머문다는 것입니다.

오르페우스교도의 영혼관:
영혼은 윤회한다

고대 그리스 세계에는 호메로스와 달리, 영혼이 신체와 완전히 다른 이질적인 존재라고 생각하는 사람들도 있었습니다. 영혼이 육체를 떠나서도 온전한 모습으로 존재할 수 있다는 생각은 기원전 6세기 무렵부터 그리스 전역에 퍼져나갔는데, 그러한 생각을 앞장서서 퍼뜨린 사람들은 오르페우스교도들입니다. 오르페우스가 누군지 모르는 사람은 없겠지요?

〈그림 3〉 속 인물이 바로 오르페우스입니다. 그림에서 그는 왼손에 현악기를 들고 노래를 부르고 있는데, 얼마나 노래를 잘 불렀던지 사람들뿐 아니라 동물들까지, 심지어 나무와 꽃까지도 오르페우스의 노랫소리에 감동했다고 합니다. 오르페우스는 당대 최고의 노래꾼이자 모든 여성의 선망의 대상이었죠. 그런 이유 때문에 오르페우스는 신화 속 주인공이자 '모든 노래의 아버지'라고 불립니다. 그런데 그렇게 뛰어난 재능을 가진 오르페우스였지만, 그의 삶은 그렇게 순탄치 않았습니다. 오히려 비극적이었지요. 우리 모두 그의 운명에 대해 잘 알고 있습니다.

오르페우스는 뛰어난 미모를 갖춘 에우리디케를 아내로 맞습니

다. 이들의 행복한 삶은 오래가지 못합니다. 오르페우스와 결혼을
한 뒤 에우리디케가 급작스런 죽음을 당했기 때문입니다. 숲에 갔
다가 뱀에게 발목을 물려 죽은 겁니다. 사랑하는 아내를 잃고 절
망과 실의에 빠져 있던 오르페우스는 죽은 아내의 혼령을 찾아 지
하 세계로 갑니다. 아내를 되찾아 오겠다고 작심한 그는 지하 세
계의 왕 하데스에게 통사정을 하면서 노래를 들려주며 그의 마음
을 돌려놓습니다. 그는 죽은 아내의 혼령을 다시 지상으로 데리고
나올 수 있는 기회를 얻지만, 거기에는 한 가지 조건이 붙습니다.
오르페우스가 세상 밖으로 나갈 때까지 절대로 뒤를 돌아보아서
는 안 된다는 것이었는데, 결국 그는 마지막 순간에 뒤를 돌아보
고 맙니다. 그러자 〈그림 4〉에서처럼 에우리디케의 혼령은 바람처

럼 다시 지하 세계로 빨려 들어가 버립니다. 그림 속에 담긴 것이 바로 그 마지막 이별의 장면입니다.

홀로 이승으로 돌아온 오르페우스의 절망감이 얼마나 컸을까요? 실의에 빠진 그는 노래도 부르지 않습니다. 누가 시켜도 노래를 안 해요. 주변 사람들, 특히 오르페우스의 노래를 듣고 싶은 여자들이 안달이 나서 그에게 간청을 해보지만, 오르페우스는 마음을 바꾸지 않습니다. 계속되는 간청에도 불구하고 오르페우스가 슬픔에 잠겨 노래를 부르지 않자 화가 머리끝까지 치민 여자들은 오르페우스를 때려죽입니다. 그뿐이 아닙니다. 화가 난 여자들은 심지어 죽은 오르페우스의 몸을 갈가리 찢고 그의 머리를 잘라 강에 던져버립니다. 신적인 능력을 타고난 데 대한 참혹한 대가였을까요?

하지만 거기서 끝난 것은 아닙니다. 오르페우스가 죽은 뒤 그가 남긴 노래들을 경전으로 삼아 그 가르침을 전파하는 종교가 생겨났는데, 이를 일컬어 사람들은 '오르페우스교'라고 부릅니다. 왜 많은 사람들이 비참하게 죽은 오르페우스를 추앙하게 되었을까요? 아마도 '오르페우스는 지하 세계에 다녀온 사람이기 때문에 삶과 죽음의 세계에 대해서 모두 알고 있다'고 생각했기 때문일 겁니다. 그리스 북쪽의 트라키아 지방에서 기원한 오르페우스교는 기원전 6세기부터 점차 남쪽으로 퍼져나갑니다. 오르페우스교는 그렇게 지금의 이탈리아 남부까지 퍼져나갔고 서양 세계에서 가장 큰 영향을 미친 종교 운동의 하나로 자리를 잡게 됩니다.

오르페우스를 창시자로 받드는 오르페우스교도들은 디오니소스 신을 숭배했습니다. 그들이 왜 디오니소스를 숭배하게 되었을까요? 아마도 오르페우스, 디오니소스, 인간의 운명이 서로 긴밀하게 얽혀 있다고 믿었기 때문일 겁니다. 로마 신화에서 '바쿠스'라는 이름으로 불리는 디오니소스는 포도주의 신이자 농업의 신이고, 자연의 신이자 대지의 신으로 알려져 있습니다. 보통 우리가 아는 그리스 신화에서는 디오니소스가 제우스와 세멜레의 아들로 알려져 있습니다. 하지만 그것은 나중에 다시 탄생한 디오니소스이고, 오르페우스 교도들이 숭배했던 원조 디오니소스는 제우스와 페르세포네의 야합을 통해서 태어난 신입니다. 이 디오니소스의 이름은 '디오니소스 자그레우스Dionysos Zagreus'인데, 이 신이 바로 '디오니소스 1세'인 셈이지요. 제우스는 신들의 왕이지만, 호시탐탐 주변을 둘러보고 지상 세계를 내려다보다가 아름다운 여신이나 여인이 있으면 접근해서 자기 애인으로 삼는 것이 그의 특기죠. 페르세포네와 관계해서 디오니소스를 낳을 때도 그랬습니다. 이렇게 바람을 피워 아들을 얻은 제우스는 서자로 태어난 디오니소스에게 지하 세계를 다스릴 수 있는 권리를 넘겨주려고 했지요. 세상은 천상 세계, 지상 세계, 지하 세계로 나누어져 있는데, 그 가운데 일부인 지하 세계를 통치할 수 있는 권리를 혼외 자식인 디오니소스에게 넘겨주려 했던 겁니다. 제우스의 본처인 헤라가

이를 알고 가만히 있었겠어요?

　머리 꼭대기까지 배신감과 질투심에 사로잡힌 헤라는 자신의 삼촌뻘인 티탄 신들과 공모해서 디오니소스를 살해할 계획을 세웁니다. 디오니소스가 모래판에서 놀고 있을 때 티탄들이 그에게 다가가서 거울을 선물했다고 해요. 신기한 물건을 받은 디오니소스가 거울에 비친 자기의 얼굴을 호기심에 가득 차 바라보고 있을 때, 티탄 신들이 그를 덮쳐 살해합니다. 그냥 죽인 것이 아닙니다. 마치 트라키아 여자들이 오르페우스를 갈가리 찢고 목을 잘라서 시신을 해체해 산과 강에 버렸듯이, 티탄들도 디오니소스를 잡아서 갈가리 찢은 뒤 물에 삶고 삶은 고기를 다시 불에 구워 먹어버립니다. 어떻게 보면 오르페우스의 비참한 죽음은 디오니소스 신이 겪었던 사건의 복제판인 셈이지요. 이 사건의 유일한 목격자는 아테나 여신이었습니다. 이 여신이 가까스로 디오니소스의 심장을 구해 제우스에게 전해주자 그는 디오니소스의 심장을 삼켜버립니다. 이후 제우스는 세멜레와 동침해서 자식을 낳았는데 그가 바로 디오니소스 1세의 심장으로부터 생겨난, 그러니까 심장을 이식받은 디오니소스입니다.

　하지만 그건 나중 일이니까 제쳐두고, 티탄들이 디오니소스를 잡아먹는 장면으로 돌아가 봅시다. 제우스는 디오니소스가 티탄들에 의해 무참히 살해당하고 있을 때도 이를 알아차리지 못했습니다. 고기 굽는 냄새에 이끌려 간 곳에서 그는 비로소 티탄들이 자신의 아들을 살해했음을 알게 되고, 화가 치솟아 천둥과 벼락을 내리쳐 티탄들을 잿더미로 만들어버립니다. 오르페우스교의 가르침에 따르면 인간은 바로 이 잿더미에서 태어났다고 합니다. 그래서 인간 내부에는 티탄적인 요소와 디오니소스적인 요소가 뒤섞여 있다는 겁니다. 잿더미가 된 티탄들의 몸속에 디오니소스적인 요소가 손톱만큼이라도 들어 있었겠죠? 이렇듯 오르페우스교도들은 인간은 이중적인 존재이고, 그 안에 디오니소스적인 요소를 21그램이라도 가지고 있고[2] 나머지는 티탄적인 요소를 갖고 있다고 믿었던 겁니다.

인간이 디오니소스적인 요소와 티탄적인 요소를 함께 지닌 이중적인 존재라는 믿음, 바로 여기서부터 오르페우스교 특유의 인간관이 출현합니다. 인간의 삶과 죽음, 인간의 영혼에 대한 생각도 그런 인간관과 결부되어 있는데, 이를 몇 가지로 요약할 수 있습니다.

오르페우스교도들이 지녔던 가장 특징적인 생각은 인간의 육체는 티탄들에게서 왔지만 영혼은 디오니소스적인 것이라는 데 있습니다. 달리 이야기하면 인간의 몸을 디오니소스적인 것, 즉 영혼

---

2 영혼의 무게는 얼마일까? 1907년 미국 보스턴의 의사 던컨 맥두걸Ducan Macdougal 박사는 사람이 죽은 뒤 영혼이 육체를 떠나면 그때 줄어든 무게를 측정할 수 있을 것이라고 가정하고, 정밀한 저울을 이용해서 죽기 직전 사람의 몸무게와 죽은 직후 몸무게를 쟀다. 그 결과 21그램의 차이가 났다. 그때부터 영혼의 무게는 21그램이라는 말이 회자되게 되었다. 세 부부의 삶과 죽음의 문제를 다룬 영화 〈21그램〉(1993)의 제목은 여기에서 유래했다.

의 감옥이자 무덤이라고 생각했던 것이지요. 인간의 이런 양면성을 가리키는 그리스어의 표현이 '소마 세마^sōma sēma'입니다. 그리스어로 소마^sōma는 몸을, 세마^sēma는 무덤을 가리킵니다. '소마 세마'에 담긴 뜻은 세마^sēma와 같은 어원을 가진 '세마이네인^sēmainein'을 통해서도 짐작할 수 있습니다. 이 그리스어 동사는 영어의 '시그니파이^signify', 즉 '가리킨다,' '지시한다'는 뜻입니다. 흙을 쌓아올린 무덤은 무엇을 가리키나요? 무덤이 놓인 차가운 땅 속에 사람이 죽어 묻혀 있다는 것을 가리키지 않나요? 마찬가지로 우리의 몸은 디오니소스적인 영혼을 가둔 무덤이라는 것입니다. 인간이 몸과 영혼이라는 서로 이질적인 요소로 이루어진 존재라는 서양의 이원론적 인간관을 거슬러 올라가 보면, 우리는 오르페우스교의 인간관과 만나게 됩니다.

이원론의 관점에서 보면 인간의 영혼은 죽음을 겪은 육체가 썩어 없어진다고 해도 함께 사라지지 않습니다. 영혼은 육체와 전혀 다른 존재이기 때문이지요. 그래서 죽음 이후에도 영혼은 육체와 분리된 상태로 존속하다가, 다시 새로운 육체를 입고 환생할수 있습니다. 이것이 바로 영혼의 윤회입니다. 마치 물이 수증기가 되어 하늘로 올라갔다가 다시 빗물로 떨어지고 그렇게 생긴 물이 똑같은 과정을 반복하듯이, 영혼은 육체로부터의 분리와 육체로의 회귀를 되풀이하는 것입니다. 영혼은 불멸하는 존재이기 때문에 한때 육체에 갇혀 있었으나 죽음의 순간 육체를 벗어나게 되고, 그 뒤 천상이나 지옥에 머물다가 일정한 시간이 지나면 다시 육체 안으로 되돌아옵니다. 오르페우스교도들은 이러한 영혼의 윤회와 육화incarnation를 믿었습니다. 물론 인간의 영혼이 다음 생에도 반드시 인간의 몸으로 환생한다는 보장은 없습니다. 죽기 전에 어떤 삶을 살았느냐에 따라 다음에 환생을 할 때 사람으로 태어나느냐, 다른 동물로 태어나느냐, 동물로 태어난다면 어떤 동물로 태어나느냐가 결정됩니다. 지금 우리의 영혼은 사람의 몸 안에 있지만 다음 생에서는 새나 물고기, 네발짐승, 뱀, 소라고둥, 악어 등의 몸을 입고 태어날 수 있습니다. 어떤 사람이 어떤 동물로 태어나는지에 대해서는 나중에 플라톤 철학을 다룰 때 다시 이야기할 겁니다.

정말로 영혼이 윤회한다고 가정해봅시다. 그렇다면 동물과 인간 사이에 어떤 본질적인 차이가 있을까요? 적어도 영혼의 측면에서는 본질적인 차이가 없습니다. 물고기 안에 들어 있는 것이나 사람인 내 안에 들어 있는 것이나 모두 동일한 종류의 영혼이니까요. 몸의 생김새에 차이가 있을 뿐이지요. 한 걸음 더 나아가 생각해보면, 동물들도 이처럼 인간과 똑같은 영혼을 지니므로 인간과 똑같이 자기 권리를 존중받아야 할 겁니다. 그런 점에서 오르페우스교의 교리 가운데 하나인 영혼의 윤회론은 이후 플라톤을 거쳐 서양 사상에 수용되면서 동물의 권리를 내세우고 '인간과 동물의 동종성'을 주장하는 이들에게 종교적인 근거를 제공하기도 합니다. 이 점에 대해서도 나중에 플라톤을 다룰 때 다시 이야기하겠습니다.

영혼은 물질이다

이제 기원전 5세기로 넘어갑니다. 이 시기에 이르면 그리스 세계에서는 영혼에 대해 호메로스와 오르페우스교가 가졌던 것과 전혀 다른 생각이 나타납니다. 그 무렵 활동했던 그리스의 철학자들, 이른바 '자연철학자늘'은 영혼이 물질적인 것에 지나지 않는다고 생각했습니다. 특히 아낙시메네스^{Anaximenes}(기원전 4세기)라는 철학자는 우리의 몸을 전체 우주와 비교하면서, 공기로 이루어진 우리의 영혼이 우리를 붙잡고 있듯이, 숨과 공기가 전 세계를 감싸고 있다고 주장합니다. 지구 주변에 대기권이 펼쳐져 있는 것처럼, 우리를 살아 있게 하는 것이 숨 혹은 공기라는 것입니다. 일견 호메로스의 생각과 크게 다르지 않아 보이지만, 아낙시메네스는 어떤 신화적인 여운도 남기지 않습니다. 그는 영혼은 공기라고 딱 잘라 말합니다. 우리가 영혼이라고 일컫는 것은 단순히 공기에 지나지 않으며 이것이 우리를 살아 있게 한다는 겁니다.

원자론의 선구자로 잘 알려진 데모크리토스(Demokritos, 기원전 460~370년경)도 비슷한 생각을 가졌습니다. 원자론은 모든 물질을 계속 나누다 보면 더 이상 나눌 수 없는 것이 남게 되는데, 그것이 바로 모든 사물의 근원인 원자^{atom}라고 말합니다. '아토몬

atomon'이라는 그리스어는 더 이상 '나누어질 수 없는 것'이라는 뜻
이지요. 원자론을 따르는 사람들은 오르페우스교도들이 믿었던
것과 같은 영혼, 즉 비물질적인 영혼의 존재를 인정하지 않습니다.
그들에 따르면 이 세상에는 허공과 원자 말고는 아무것도 없기 때
문에, 우리가 '영혼'이라고 부르는 것 또한 원자로 이루어져 있어
야 한다는 것입니다. 아리스토텔레스는 그런 원자론자들의 생각
을 이렇게 소개합니다.

> 어떤 사람들은 운동을 일으키는 것이 가장 탁월하게, 그리고 일
> 차적으로 영혼이라고 말한다. 그들은 스스로 움직일 수 없는 것
> 은 다른 것 안에 운동을 낳을 수 없다고 믿었고, 그 결과 그들은
> 영혼을 운동하는 것들의 종류에 귀속시킨다.
>
> ―『영혼론』 1권 2장

이에 따르면 데모크리토스는 영혼 자체가 운동하는 것이기 때문
에 그것에 의해 몸도 움직여질 수 있다고 믿었습니다. 이어지는 구
절은 이렇습니다.

> 이러한 생각은 바로 데모크리토스로 하여금 영혼이 일종의 불
> 혹은 뜨거운 물질이라고 주장하게 했다. 그의 '형상들', 즉 원자
> 들은 수가 무한하다. 그 가운데 둥근 것들을 일컬어 그는 불이

자 영혼이라고 부르면서, 그것들을 창문을 통해 들어오는 빛줄기 속에서 우리가 볼 수 있는 공기 중의 먼지들에 비유한다.

그 뜻을 풀어보면 이렇습니다. 데모크리토스는 원자들이 무수히 많고 여러 형태를 지니고 있다고 생각했습니다. 네모난 원자, 삼각형 원자 등 기하학적 형태의 여러 종류의 원자들이 있습니다. 그 가운데 둥근 원자도 있는데, 데모크리토스는 바로 그런 둥근 원자들이 영혼의 원자들이라고 생각했습니다. 둥근 원자들은 다른 원자들에 비해 훨씬 더 운동성이 있으므로, 그것들이 우리 몸속으로 들어와 운동성을 발휘한다는 겁니다. 다시 말해서 우리 몸속에 들어온 둥근 원자들이 몸을 이루고 있는 다른 원자들을 자극하면 이 원자들이 움직이면서 신체의 운동이 일어난다는 겁니다. 그럴듯한 추측이 아닌가요? 빛줄기가 들어오는 창문을 보세요. 자세히 보면 그 안에 뭔가 떠다니는 것들이 있습니다. 바로 그렇게 공기 중에 먼지처럼 둥근 원자들이 떠다니다가 우리가 숨을 쉬게 되면 그것들이 몸속으로 들어와 몸 안의 다른 원자들과 충돌하면서 우리 몸을 움직이게 한다는 것입니다.

요약해봅시다. 호메로스의 영혼관, 오르페우스교도들의 영혼관, 그리고 그 이후 등장한 자연철학자들의 영혼관을 비교해보면, 결국 그리스인들이 영혼을 세 가지 다른 방식으로 이해했다는 것을 알 수 있습니다. 죽으면 우리의 몸을 떠나 지하 세계에 허깨비의 모습으로 머무는 숨과 같은 것, 우리 몸에 갇혀 있는 신적인 실체, 공기나 원자와 같은 일종의 물질, 이런 영혼에 대한 세 가지 생각이 그리스인들 사이에서는 경합을 벌였던 셈이지요. 이런 생각들을 넘어서는 영혼관, 즉 아리스토텔레스의 영혼관도 있는데, 이에 대해서는 나중에 다시 이야기할 겁니다.

자연철학의 진화 사상

'영혼'에 이어 이번에 다룰 주제는 '진화'입니다. 19세기 유럽에서 진화론이 등장하기 이전 기원전 5세기에 고대 그리스에서 진화론적인 사상이 어떻게 출현했고, 그 내용이 무엇인지 이야기해보지요.

자연에서 신을 추방하다

기원전 6세기에 접어들면서 '철학자'라고 불릴 수 있는 사람들이 그리스 세계에 모습을 드러내기 시작합니다. 이들은 보통 '자연철학자들'이라고 불립니다. 그리스 최초의 철학자들에게 이런 이름이 붙은 이유는 '자연physis'이 그들의 주된 관심사였기 때문입니다. 호메로스를 비롯한 그 이전 사람들이 제우스, 포세이돈, 아폴론 등 신들의 모습과 작용에 관심을 두었던 '신학자들theologoi'이라면, 자연철학자들은 자연현상을 설명하는 데서 신적인 것을 배제하고 자연을 그 자체로서 이해하겠다고 선언한 사람들입니다. 그런 뜻에서 철학사가들은 그들을 '피시올로고이physiologoi'라고 부릅니다. 그리스어 '피시스physis'는 '네이처nature'를 뜻하거든요. 피지션physician, 피직스physics, 피지올로지physiology, 이런 낱말들이 모두 '피시스'에서 파생된 말입니다. '피시스'는 여러 가지 뜻으로 쓰입니다. '자연적인 생성', 불의 뜨거운 성질이나 돌의 무거운 성질 같은 '자연적 성질', 자연적 성질들이 발휘하는 '자연적인 힘', '자연의 질서', 전체 '자연 세계', 자연 안에 있는 자연물들, 이 모든 것을 가리키는 용어가 바로 피시스입니다. 고대 그리스에서 철학이 시작될 때 철학자들이 한 일을 한마디로 요약하면, 바로 '피시스의 발견', '자연의 발견discovery of nature'3 이라고 할 수가 있습니다.

어떤 뜻에서 그리스 최초의 철학자들이 자연을 발견했다는 것인지, 그 뜻을 이해하려면 '디스커버리discovery'라는 낱말을 잘 뜯어볼 필요가 있습니다. '디스커버리'는 커버, 즉 덮개를 벗긴다는 뜻이지요? 그러니까, 이전의 그리스인들은 자연 위에다가 무언가 덮개 혹은 베일을 씌워놓고 그렇게 베일에 싸인 형태로 자연을 이해했어요. 신들이 바로 자연을 감싸고 있던 그런 베일이었지요. 기원전 6세기 이후에 등장한 철학자들은 그런 신학적인 접근이 자연에 대한 이해를 방해한다고 생각하면서 신화적인 베일을 걷어낸 것이죠. 그래서 그들이 한 일을 일컬어 '자연의 발견'이라고 부

---

3 케임브리지대학의 고전학자 G.E.R. 로이드Lloyd가 사용한 표현이다.

를 수 있는 겁니다.

한 걸음 더 나아가 봅시다. '자연의 발견'이 뜻하는 것은 구체적으로 무엇일까요? 그것은 무엇보다도 자연적인 것과 초자연적인 것, 즉 자연적인 것과 신적인 것 사이의 구별을 명확히 하는 일이었습니다. 달리 말하자면, 자연현상이 신들의 변화하는 감정처럼 임의적이고 자의적인 어떤 외부의 힘에서 비롯되는 변덕스런 결과가 아니라 엄밀하게 규정할 수 있는 인과관계에 의해서 지배받는 법칙적인 현상이라고 보기 시작했던 겁니다. 천둥이 울리고 번개가 칩니다. 신화를 믿는 사람들은 이런 자연현상을 누군가를 징벌하기 위한 제우스의 행동이라고 생각합니다. 그에 반해 자연철학자들은 똑같은 현상을 보면서도 '천둥이 울리고 번개가 치는 것은 구름이 부딪혀서 일어나는 자연현상이다,' 이렇게 자연현상을 달리 보게 되었다는 것이죠. 그런 뜻에서 그리스의 자연철학자들은 자연현상을 신적인 개념들, 신적인 원리를 도입하지 않고 설명하기 시작한 이들입니다.

이렇게 바꿔 말할 수도 있을 겁니다. 그리스 최초의 철학자들이 한 일은 자연세계에서 신들을 내쫓은 것입니다. 세계에서 신들을 추방한 일이지요. 그런 점에서 그리스 자연철학자들은 근대과학자들과 비슷한 일을 했습니다. 16세기 이래 근대 유럽의 과학자들, 예를 들어 코페르니쿠스, 케플러, 갈릴레오 같은 사람들이 새로운 과학의 눈으로 세계를 이해하기 이전에는 천문현상이라든지 자연현상을 중세적인 틀, 기독교적인 틀에 맞춰서 설명하는 것이 일반적이었잖아요? 그 뒤 대체로 16세기 이후부터 그러한 종교적인 자연 이해의 틀을 거부하고 자연을 수학적·물리적인 언어로 설명하고 기술하려는 경향이 태동하면서 오늘날 서양의 자연과학이 생겨났는데, 그와 유사한 움직임이 이미 기원전 5~6세기에 그리스에서도 일어났던 겁니다. 기원전 5세기 무렵 그리스에서 '자연철학'의 이름으로 나타났던 과학적 사고방식이 16세기, 17세기 들어 유럽에서 '자연과학'의 모습으로 다시 부활했다고 말할 수도 있겠죠. 물론 '피시스'에 대한 그리스 자연철학자들의 생각과 '네이처'에 대한 근대 자연과학자들의 생각에는 근본적인 차이가 있지만요.

그리스 자연철학에 대해 이야기할 때 우리가 머릿속에 두어야할 개념으로 '피시스' 말고 하나가 더 있습니다. 바로 '아르케archē' 입니다. 아르케는 '아키올러지archeology', '아카이브 archive', '아키타입 archetype' 등의 어원이 되는 그리스어입니다. 이런 영어 단어들은 공통적으로 무엇인가 옛날 것, 시작이 되는 것들을 가리킵니다. 아르키알러지는 과거의 흔적들을 발굴하는 학문이고, 아키타입은 지나간 것의 흔적, 즉 원형이고, 아카이브는 특정한 개인이나 공동체의 활동과 관련된 과거의 기록들을 보관하는 장소이지요. 그런 낱말들의 어원이 되는 '아르케'는 영어의 시작beginning, 기원origin, 원천the first power place 등을 뜻합니다.

수많은 서양철학사 책에는 그리스의 자연철학자들이 처음으로 아르케에 대한 질문을 던졌다고 적혀 있는데, 이 말은 오늘날 자연과학자들이 지닌 것과 똑같은 의문을 옛날 그리스 철학자들도 품고 있었다는 뜻으로 이해할 수도 있어요. 현대 자연과학자들에게 가장 큰 의문이자 관심거리는 무엇인가요? 맨 처음에 무슨 일이 있었나, 우주는 어떻게 시작되었나, 이것이 자연과학의 가장 큰 관심 아니겠어요? 예를 들어 천체물리학자들에게는 도대체 어떻게 빅뱅이 발생했느냐가 가장 큰 관심거리일 것이고, 생물학자들에게 있어서는 도대체 이 우주 안에서 어떻게 최초의 생명체가 시작되었을까, 그것이 가장 큰 의문거리가 아니겠어요? 그런 점에서 아르케, 즉 우주의 시작 혹은 생명의 시작은 옛날이나 지금이나 변함없이 사람들의 지대한 관심거리입니다. 지금 다루는 주제도 바로 그런 문제입니다. 최초의 자연과학자들, 자연철학자들 가운데 한 사람인 엠페도클레스(Empedokles, 기원전 493년~433년경)를 예로 들어 그가 생명의 시작을 어떻게 설명하는지, 그리고 그 안에 담긴 진화론적인 측면은 어떤 것인지 얘기해보겠습니다.

엠페도클레스, 만물의 근원을 찾다

엠페도클레스는 오늘날 이탈리아에 속한 시칠리아 섬에서 기원전 5세기에 활동했던 철학자입니다. 여기서 이 철학자를 소개하는 이유는 그가 '진화 사상의 아버지'라고 불리기 때문입니다. 도대체 어떤 이유에서 엠페도클레스가 진화 사상의 아버지라고 불릴까요? 먼저 그의 자연철학의 몇 가지 핵심 주장부터 살펴봅시다.

당시의 많은 철학자들이 그랬듯이, 엠페도클레스는 모든 것에 공통적인 물질적 원소들을 찾았습니다. 원자론자들이 '원자'라고 불리는 물질적인 원소들이 있고 이것들이 결합해서 모든 자연물이 생겨난다고 보았다면, 엠페도클레스는 원자가 아닌 다른 네 가지 물질이 있어서 이것들이 모든 자연현상과 자연물들을 이루는 가장 근원적인 것들이라고 생각했습니다.

엠페도클레스가 모든 것의 근원으로 끌어들인 4원소는 물, 불, 흙, 공기입니다. 엠페도클레스는 이것들을 '모든 것의 뿌리'라고 부르면서, 당시의 관행을 따라 그것들에 신의 이름을 붙입니다. 불은 '빛을 발하는 제우스', 공기는 '생명을 주는 헤라', 흙은 '아이도네우스', 물은 '사라져버릴 샘을 눈물로 적시는 네스티스'라고 부릅니다.(단편 31B6) 이렇게 지地, 수水, 화火, 풍風이 모든 자연물의 가장 근원적인 원소라는 생각을 서양철학에서 최초로 분명하게 내세운 사람이 엠페도클레스입니다. 하지만 네 가지 물질을 가리킬 때 신들의 이름을 사용한 것을 보면, 그도 아직 신화적인 사고의 탯줄을 완전히 끊지 못했다는 것을 알 수 있습니다.

중요한 것은 엠페도클레스가 4원소를 끌어들임으로써 모든 자연물의 공통성을 밝혀냈다는 사실입니다. 모든 것의 물질적 공통분모를 밝혀냈다는 말인데, 그런 다음에는 그는 다른 질문에 부딪힙니다. 자연물들이 동일한 물질적인 원소들로 이루어졌음에도 불구하고 서로 다른 이유는 무엇인가? 이런 질문에 대해서도 대답을 해야 되겠죠. CO_2와 CO는 모두 C와 O로 이루어졌어요. 둘의 차이는 뭘까요? 구성요소들의 비율이 다르지요. C와 O가 1:2의 비율로 합쳐지는지, 1:1의 비율로 합쳐지는지에 따라 CO_2와 CO의 차이가 생겨나는 겁니다. 이와 마찬가지로 엠페도클레스도 모든 것은 4원소로 이루어지지만, 그것들의 수적인 비율에 따라서 결합물들이 서로 달라진다고 생각했어요. 논리적으로 따지면, 엠페도클레스의 생각이나 오늘날 자연과학자들의 아이디어나 다를 것이 없어요. 이런 생각을 거쳐서 엠페도클레스는 결합의 비율, 즉 '로고스logos' 개념을 끌어들입니다. 영어의 '로직logic', '로지컬logical', '로지스틱스logistics' 등이 모두 '로고스'에서 나온 말인데, 엠페도클레스는 이 로고스를 끌어들여 자연물들의 차이를 설명하려 했던 겁니다. 4원소들이 어떤 비율로 합쳐지느냐에 따라서 살도 되고 뼈도 되고, 또 이렇게 생겨난 낮은 수준의 결합물들이 다시 일정한 비율로 합쳐져서 더 높은 수준의 복합체가 만들어진다고 생각했던 것입니다. 엠페도클레스의 이런 생각을 일컬어서 '원시화학Proto-chemistry'이라고 부른 사람도 있습니다.

화학의 기본 아이디어가 뭔가요? 화학 원소들이 있습니다. 110여 개 된다고 하지요? 이 110여 개의 원소들이 합쳐져서 보다 높은 수준의 복합체를 이루고, 복합성의 수준이 점차 높아지면서 유기체를 이룬다는 것이 화학의 기본 아이디어 아닌가요? '원시화학자' 엠페도클레스가 내세웠던 아이디어도 똑같습니다. 그의 원시화학의 관점에서 따져봅시다. 뼈는 무엇일까요? 뼈와 살의 차이는 무엇일까요? 뼈나 살이나 모두 물, 불, 흙, 공기로 이루어진 점에서 똑같아요. 그런데 뼈 전체를—엠페도클레스에 따라—여덟 개 단위 요소가 합쳐진 것이라고 가정한다면, 그 가운데 두 단위는 흙, 다른 두 단위는 물, 나머지 네 단위는 불이고, 공기는 없습니다. 뼈는 단단한 성질을 가졌으니 그 안에 공기가 들어 있지 않다고 생각했겠지요. 또 불로 단단하게 구워야 뼈가 되니까 그 안에 불이 많이 들어갔다고 생각했겠지요. 그렇게 흙과 물과 불이 2:2:4의 비율로 합쳐진 것이 뼈입니다. 그에 비해서 살은 흙, 물, 공기, 불이 똑같은 비율로, 즉 2:2:2:2로 합쳐져서 이루어진다고 엠페도클레스는 말합니다.

이렇게 4원소가 일정한 수적 비율에 따라 결합해서 살, 뼈, 피와 같은 조직이 됩니다. 얼굴, 손과 발, 배 등의 기관들이 생겨나는 원리도 똑같습니다. 살, 뼈, 피 등의 조직들이 일정한 수적인 비율에 따라 합쳐지면 어떤 부분에서는 얼굴이 되고, 어떤 부분에서는 다리가 되고, 또 머리가 되는 것이지요.

엠페도클레스의 '원시화학'을 간단히 정리하면 이렇습니다. 먼저 물, 불, 흙, 공기와 같은 자연의 기본 원소가 있어요. 그것들이 결합해서 조직에 해당하는 살, 뼈, 피가 생겨납니다. 물론 이것들이 생겨나려면 물질적인 원소가 필요하고 그것이 일정할 비율로 결합되어야겠죠. 그다음 살, 뼈, 피가 다시 일정한 수적인 비율로 결합하면 팔, 다리, 얼굴이 돼요. 오늘날 우리가 사용하는 생물학 용어를 쓰면 기관이 되는 거죠. 이러한 기관들이 또 결합될 수 있겠지요? 얼굴, 다리, 손 등이 일정한 비율로 합쳐지면 사람, 새, 물고기에 해당하는 유기체organism가 됩니다. 결합의 원리는 조직의 수준에서나 기관의 수준에서나 유기체의 수준에서나 똑같아요. 상대적으로 단순한 것이 일정한 수적인 비율로 결합되어 더 높은 단계의 복합체가 생겨납니다. 그런 점에서 모든 자연물은 일종의 '시스템system'이지요. 김응빈 선생님의 소속 학과가 시스템생물학과이죠? 그래서 김응빈 선생님은 '생명은 시스템이다'라고 강조하십니다. 그런데 시스템생물학이 출현하기 이전에 이미 그리스 사람들도 생명을 시스템이라고 본 셈입니다. 시스템의 어원이 되는 그리스어의 '시스테마systēma'는 다양한 부분들, 다양한 단위들로 이루어진 복합체를 가리킵니다. 부분들로 이루어진 전체가 '시스테마'예요. 그러니까 물, 불, 흙, 공기를 제외한 다른 복합체는 모두 시스템이죠. 그리고 모든 시스템은 그 시스템을 구성하는 물질적인 측면과, 그 물질적인 것들의 결합을 결정하는 원리, 즉 수적인 비율proportion, 이 두 가지로 이루어집니다.

사랑과 불화

하지만 이것이 전부가 아닙니다. 철학자들은 질문하기를 좋아합니다. 보통 사람들이 당연히 여기는 것들을 궁금해하는 사람들이 철학자들이지요. 엠페도클레스는 또 이렇게 질문합니다. 물, 불, 흙, 공기가 이렇게 시스템으로 결합되었다가 다시 해체되는 데에서 자연물의 생성과 소멸이 이루어진다면, 물질적 요소들이 그렇게 합쳐지거나 흩어질 때 작용하는 힘은 무엇인가? 이것이 엠페도클레스의 세 번째 질문입니다. 그리고 이 질문에 대해서 엠페도클레스는 '사랑'과 '불화'를 그런 결합과 분리를 추동하는 힘으로 끌어들입니다. 즉 어떤 때는 사랑의 힘에 의해서 물, 불, 흙, 공기가 합쳐지고 또 어떤 때는 합쳐졌던 물, 불, 흙, 공기가 불화의 힘에 의해서 흩어진다는 것이죠. 이렇게 서로 붙이고 떼어놓는, 끌어당기고 밀치는 두 가지 힘이 자연 속에서 '맹목적으로' 작용함으로써 다양한 복합체가 생겨난다고 봤던 것입니다. 엠페도클레스는 이렇듯 우주의 변화 과정을 물, 불, 흙, 공기가 사랑과 불화의 원리에 따라서 붙었다가 떨어지기를 반복하는 순환 과정으로 설명합니다.

그 순환 과정을 도식화하면 다음과 같습니다. 이 〈그림 5〉의 A, B, C 등은 우주적 순환 과정의 분기점을 나타냅니다. A는 물, 불, 흙, 공기가 완전히 떡 덩어리처럼 붙어 있는 완전한 사랑의 단계를 가리킵니다. 불화가 끼어들지 않고 오직 사랑의 힘, 즉 결합의

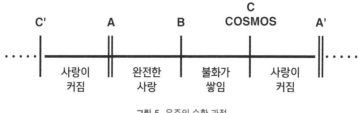

그림 5 우주의 순환 과정

힘만 작용하는 단계입니다. 그러다가 B 시점에서 불화가 싹트면서 서서히 분리가 일어나기 시작합니다. 누구에게나 남자 친구, 여자 친구와 좋아서 항상 붙어 다니다가, 시간이 지나 관계가 소원해지고 다툼을 벌인 경험이 있겠지요? 그럼 서서히 떨어지지요? 해체가 시작되는 겁니다. 심각하면 완전히 떨어지지요. 이처럼 완전한 사랑의 상태에서 천천히 불화가 싹트기 시작해서 세 번째 지점에 이르는데, 그것은 물, 불, 흙, 공기가 완전히 갈라진 지점 C입니다. 이렇게 완전히 떨어지면, "아, 다시 보고 싶어, 다시 만나자", 이런 과정에서 사랑의 힘이 다시 싹틀 수도 있겠죠? 그러면 다시 합칩니다. 이것이 사랑이 커가는 단계, 즉 C-A′의 단계입니다.

엠페도클레스는 C-A′에서 생명체들이 생겨난다고 보았던 것 같습니다. 물, 불, 흙, 공기가 완전히 갈라졌다가 다시 합쳐지면서 여러 단계의 생명체가 생겨나는데, 그 과정은 크게 세 단계로 나눌 수 있습니다. 첫 단계에서는 서로 분리된 부분들이 출현합니다. 물, 불, 흙, 공기가 합쳐져서 살과 뼈가 만들어지고 살과 뼈가 합쳐져서 다시 높은 수준의 기관을 만들어내지만, 이것들은 더 이상 합쳐지지 않은 채 각각 떨어져 있어요. 그래서 목덜미 없는 머리, 어깨 없이 떠도는 팔들, 이마 없이 홀로 헤매는 눈들, 이런 것들이 이리저리 떠돌아다니지요. 사랑의 힘이 더 크게 작용하면 어떻게 되겠어요? 그렇게 떠돌던 기관들이 더 붙게 되겠죠? 둘째 단계로 넘어가는 겁니다. 그렇게 붙어서 사람의 얼굴과 소의 몸을 갖춘 것들이나 그 반대의 것들, 혹은 한쪽은 수컷이고 다른 쪽은 암컷인 결합체가 생겨나요. 아무렇게나 합쳐지는 것이지요. 그것들을 결합하는 사랑은 계획적이 아니라 맹목적으로 작용하는 힘이니까요. 이렇게도 합쳐질 수 있고 저렇게도 합쳐질 수 있어요. 그래서 사람의 몸과 소의 머리가 합쳐지기도 하고, 사람의 머리와 소의 몸이 합쳐지기도 합니다. 그 과정에서 소머리 인간이 생겨날 수 있는 거죠. 이런 결합에는 어떤 법칙도, 어떤 계획도 없어요. 모든 것들은 사랑과 미움의 맹목적인 힘에 의해서 우연히 합쳐지는 것이죠.

　그런 둘째 단계가 일정 기간 지속하다가 나중에는 지금처럼 사람의 몸에 사람의 머리가 붙은 결합체만 살아남게 돼요. 그것이 셋째 단계입니다. 그러니까 이 단계에서 완전한 유기체가 출현하게 되는데, 이것이 일종의 진화 과정이라는 거예요. 어떤 뜻에서 그럴까요? 이른바 생물학적 '진화'의 핵심이 뭘까요? '모든 생명체는 변화한다, 그런데 생명체들의 그런 변화에는 어떠한 목적도 없다,

모든 것은 우연히 변화하는데 그렇게 우연한 변화에 의해 출현한 개체들 가운데 어떤 것들은 자연환경에 잘 적응해서 살아남고, 어떤 것들은 자연에 의해서 버림받았다. 지금 살아 있는 것들은 그런 방식으로 자연에 의해서 선택된 우연적인 결합체들이다', 이것이 진화론의 핵심 아이디어 아닌가요? 엠페도클레스에게도 그런 생각이 있습니다. 그에 따르면 사랑의 지배 아래 맨 처음 우연히

동물들의 여러 부분, 예컨대 머리와 손과 발이 생겼고, 그다음에 이것들이 함께 모여 사람의 얼굴과 소의 생김새를 한 것이 생겨나거나, 거꾸로 그 반대로 된 것이 생기기도 했어요. 이렇게 서로 우연히 결합된 것들 가운데 생존 능력이 있는 것들은 살아남았고, 서로 필요한 일을 수행한 덕분에 그대로 남았다는 거죠. 예를 들어 소의 몸에 사람의 머리가, 사람의 몸에 소의 머리가, 사람의 몸에 사람의 머리가 붙을 수도 있지만, 그 많은 가능성 가운데 지금은 사람의 몸에 사람의 머리가 붙은 것들만이 남아 있습니다. 그 이유가 무엇인가요? 엠페도클레스에 따르면 그 이유는 그것이 살아남기에 '우연히' 유리했기 때문이지요. 그 이상의 아무런 원리, 그 이상의 아무 목적도 없어요.

〈그림 6〉은 그리스 신화의 주인공 테세우스와 괴수 미노타우로스가 싸우는 모습을 그린 그림입니다. 테세우스가 그리스인 인질을 봉양받았던 크레타 섬의 미노스 왕의 궁으로 가서 사람을 잡아먹는 미노타우로스, 즉 사람의 몸에 소의 머리를 한 괴물을 퇴치하는 장면이에요. 그림에서는 테세우스가 칼로 소의 머리를 꿰뚫는데, 엠페도클레스에 따르면 이렇게 사람의 몸에 소의 머리를 한 괴물과 사람의 몸에 사람의 머리를 한 지금의 사람이 공존했던 때가 있어요. 하지만 그 가운데 미노타우로스와 같은 모습의 괴물은 사라져버리고 지금 우리와 같은 모습의 사람만 살아남았어요. 왜 그럴까요? 이 그림에서는 둘이 직접 싸움을 벌여서 정

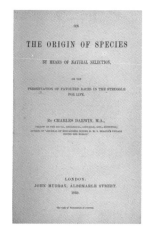

상적인 사람이 소머리 인간을 퇴치하는 것처럼 그려져 있죠. 하지만 엠페도클레스의 생각은 그와 다릅니다. 그에 따르면 미노타우로스와 같은 괴물이 사라지고, 테세우스와 같은 사람이 살아남은 이유는, 테세우스와 같은 사람은 우연히 주어진 조건에 적응하는 데 성공한 데 반해, 미노타우로스와 같은 괴물은 적응에 성공하지 못했기 때문입니다. 여기서 엠페도클레스가 포착한 다윈의 핵심적인 아이디어가 우리 눈에 가시적으로 드러나게 됩니다.

우연히 생겨나 살아남기 위해 경쟁하다

〈그림 7〉은 『종의 기원』의 표지입니다. 그런데 책의 제목 "On the Origin of Species"에는 긴 부제가 붙어 있어요. "On the Origin of Species by Means of Natural Selection, or the Preservation of Favoured Races in the Struggle for Life." 제목이 깁니다. 언젠가 이 제목을 쓰라고 시험에 낸 적이 있는데, 정확히 쓴 사람이 많지 않았습니다. 다윈의 진화론의 핵심을 줄여놓은 문구이니 잘 알아두세요. "On the Origin of Species by Means of Natural Selection", "자연선택에 의한 종의 기원"이라는 뜻이지요. 거기에 "생존을 위한 싸움에서 유리한 종의 보전에 대하여"라는 부제가 덧붙어 있습니다. 다윈 진화론의 핵심과 선구적인 통찰이 바로 여기에 담겨 있습니다.

생명체의 형태가 시간에 따라 변화해간다는 생각을 최초로 천명한 사람이 다윈이라고 알고 있는 사람들도 있겠지만, 생물학 역사의 기초 지식을 가진 사람이라면 누구나 그 말이 옳지 않다는 것을 알고 있습니다. 다윈 이전에도 생명체의 변화를 주장한 사람들은 많았기 때문이지요. 그 가운데 가장 유명한 사람은 프랑스의 자연학자 장 밥티스트 라마르크Jean Baptiste Lamarck입니다. 라마르크는 다윈의 『종의 기원』이 출간되기 50년 전인 1809년에 『동물철학Philosophie Zoologique』이라는 책을 썼고 거기서 생명체가 진화한다고 주장을 했거든요. 다윈이나 라마르크나 생명체가 오랜 시간을 거치면서 모습이 바뀐다고 생각한 점에서는 똑같아요. 다만 진화의 메커니즘에 대해서 두 사람은 서로 다른 생각을 가졌던 거죠.

그 차이는 우리 모두 벌써 초등학교 4학년, 5학년 과학 시간에 배워서 알고 있습니다. 기린의 키가 지금처럼 커진 이유에 대한 두 사람의 설명이 어떤 것인지 다시 떠올려볼까요? 라마르크에 따르면 옛날에는 지금처럼 기린의 목이 길지 않았습니다. 기린의 목 짧은 조상들은 높은 데 있는 나무 잎사귀를 따 먹어야 살 수 있었기 때문에 고개를 길게 뺐고 그러면서 목의 길이가 늘어났습니다. 이렇게 목이 길어진 상태에서 자식을 낳을 경우 길어진 목, 즉 획득형질이 그다음 세대에 유전되어 목이 길어집니다. 그런 방식으로 기린은 목이 긴 짐승이 되었다고 보는 게 라마르크의 기본 아이디어죠. 즉 '획득형질이 유전이 됨으로써 종이 변화한다'는 것이 라마르크의 생각이었습니다.

다윈의 생각은 그것과 다릅니다. 그가 상상한, 목이 긴 기린이 생겨나는 과정은 이렇습니다. 처음부터 여러 생김새의 기린, 즉 목이 긴 기린과 목이 짧은 기린이 있었습니다. 그 가운데 키가 큰 나무에 달려 있는 잎사귀를 잘 먹을 수 있었던 것은 목이 긴 기린이었을 테고 살아남기에 유리했겠죠. 그래서 그들이 살아남았고 목 짧은 기린은 죽었습니다. 그런데 이 목이 긴 기린이 자식을 낳을 경우에는 당연히 그 자식도 아빠, 엄마와 닮아서 목이 길었겠지요. 이게 바로 다윈이 종의 변화를, 종의 기원을 설명하는 기본 아이디어예요. 이렇게 보면, 목이 긴 기린이 더 생존 능력이 강한지, 목이 짧은 기린이 더 강한지를 판단하는 것은 어려운 일입니다. 만약에 기린이 먹을 잎사귀가 키가 큰 나무에 달려 있지 않고 초원에서 자라는 키 작은 나무에 달려 있다면, 그리고 기린이 그런 잎사귀를 따 먹을 수밖에 없었다면, 당연히 목 짧은 기린이 주어진 환경에 적응하는 데 유리했을 것이고 살아남기 쉬웠을 겁니다. 아마도 지금의 목이 긴 기린과 다른 모습의 등이 굽은 기린이 진화했을지도 모르지요. 인도네시아의 코끼리와 시베리아의 코끼리를 비교하면서도 똑같은 이야기를 할 수 있을 겁니다. 시베리아의 코끼리는 털이 많지만, 인도네시아의 코끼리는 털이 없습니다. 그렇다면 털이 많은 코끼리가 더 생존 능력이 강한가요, 털이 없는 코끼리가 더 강한가요?

둘 다 아닙니다. 상황에 잘 적응하는 것이 강한 코끼리입니다. 인도네시아에서는 털이 없는 것이 강한 코끼리, 시베리아에서는 털이 많은 것이 강한 코끼리라는 말입니다. 그래서 다윈의 자연선택이론에 따르면 살아남는 것, 살아남는 종은 가장 힘이 센 것도, 가장 영리한 것도 아닙니다. 변화하는 주변 상황에 가장 잘 적응하는 동물입니다. 강한 것이 살아남는지, 아니면 살아남는 것이 강한 것인지 잘 구분이 안 가죠? 그래서 '적자생존'이라고 말할 때, '가장 잘 적응한 것The fittest'은 사실 '가장 힘이 센 것The strongest' 이라는 뜻보다는 적응을 잘하는 것, 그래서 살아남는 것을 뜻합니다. 수능 합격선이 더 낮은 대학을 다니는 학생들보다 자신이 더 강하다, 더 지적인 능력이 뛰어나다고 믿는 사람들도 있겠지만, 꼭 그렇게 보지 않을 수도 있습니다. '자연선택'을 '사회선택'으로 바꾸어 이 원리에 비추어보면, 수능에서 좋은 점수를 받은 사람은 현재 한국 사회에서 통용되는 입시제도에 잘 적응했기 때문에 그럴 수 있었던 겁니다. 바로 그런 자연선택의 개념이 엠페도클레스의 철학 안에 나타나기 때문에, 그를 진화 사상의 아버지라고 부를 수 있는 겁니다.

아리스토텔레스는 엠페도클레스의 진화 사상을 소개하면서 이렇게 말합니다.

> 그런데 그것들이 모두 모이되 마치 어떤 것을 위해서 그런 것처럼 그 일이 일어났을 때, 즉, 부분들이 합쳐져서 어떤 전체를 만들어낼 때, 거기에는 아무런 목적도 없지만 마치 어떤 목적을 갖고 있는 것처럼 그렇게 결합이 되었을 때, 그런 것들은 살아남았으니 그것들은 저절로 쓸모 있게 합쳐졌기 때문이다.
>
> —『자연학』 2권 7장

좋은 목적을 가진 신이나 지적인 설계자에 의해서 자연 속의 생명체들이 지금의 모습으로 만들어진 것이 아니라, 단순한 물체들이 우연히 합쳐져서 생겨난 유기체 가운데 주어진 상황에 잘 적응한 것이 살아남았다는 말입니다. 이게 바로 엠페도클레스의 기본 아이디어죠. 아리스토텔레스는 이렇게 덧붙입니다. "그래서 예를 들어 엠페도클레스가 말하는 소의 생김새와 사람의 얼굴을 한 것이 그렇다." 살아서 남아 있는 것들은 저절로 쓸모 있게 합쳐진 것이고 죽은 것들은 쓸모가 없었던 것들, 즉 주어진 환경에 적응할 수 없었던 것이죠. 이것은 2400여 년 전에 아리스토텔레스가 엠페도클레스의 생각을 소개한 글이에요. 다른 구절과 한번 비교해볼까요? 『종의 기원』 4판(1866)의 첫머리에 나오는 '역사적 스케치 Historical Sketch'의 한 구절입니다.

"Wheresoever, therefore, all things together (that is all the parts of one whole) happened like as if they were made for the sake of something, these were preserve, having been appropriately constituted by an internal spontaneity; and whatsoever things were not thus constituted, perished, and still perish." We here see the principle of natural selection shadowed forth.[4]

『종의 기원』 초판을 출간하고 7년 뒤 다윈은 진화 사상의 역사를 개관하는 글을 덧붙였습니다. 인용문을 그대로 번역하면 이렇습니다. "그러므로 모든 것이 합쳐졌는데, 우연히 그것들이 어떤 목적을 위해서인 것처럼 합쳐지게 되었을 때 이것들은 보존되었다. 그 이유는 그것들이 저절로 적절하게 합쳐졌기 때문이다. 그

---

4 Darwin, "An Historical Sketch of the recent Progress of Opinion on the Origin of Species", *On the Origin of Species* (4th ed) (London, 1866).

렇게 합쳐지지 못한 것들은 소멸해버렸다." 앞서 소개한 아리스토텔레스의 말과 다를 바 없지요? 아리스토텔레스가 한 말을 영어로 옮긴 것이니 그럴 수밖에 없습니다. 그러면서 다윈은 바로 여기에 "The principle of natural selection", 자연선택의 원리가 선취되어 있다고 얘기하죠. 그런 점에서 엠페도클레스가 생명의 발생과 생명의 진화 단계를 설명하면서 채택했던 사고방식이 바로 다윈에 의해서는 '자연선택'이라는 개념으로 다시 선택된 셈이지요. 그래서 엠페도클레스와 다윈을 비교하는 것은 억지가 아닙니다.

물론 엠페도클레스의 이론과 다윈의 진화론 사이에는 많은 차이가 있습니다. 예를 들어 엠페도클레스는 시간의 진행을 순환적인 과정으로 파악하지만, 다윈은 그렇지 않지요. 하지만 그런 차이들에도 불구하고 둘 사이에는 부정할 수 없는 중요한 공통점이 하나 있습니다. 생명의 발생이나 변화를 설명하면서 어떤 신적인 원리나 지적인 설계자를 배제했다는 점이지요. 엠페도클레스도, 다윈도 신적인 존재를 끌어들이지 않아요. 모든 것은 우연히 생겨나고 우연히 출현한 것들 사이에 경쟁이 일어나는데, 이 경쟁은 당사자들 사이의 직접적인 경쟁이 아니라 외부 자연환경에 적응하는 것을 둘러싼 경쟁이고, 그런 경쟁 과정에서 어떤 것들은 살아남고 어떤 것들은 사라진다는 생각, 이러한 생각이 엠페도클레스와 다윈에게 공통된 생각이고 그러한 점에서 엠페도클레스를 "진화론의 아버지"라고 부를 수 있습니다. 그런데 그리스의 이런 진화 사상이 플라톤과 아리스토텔레스를 거치면서 서서히 사라지고, 급기야 중세 시대에 기독교가 등장하면서 창조론이 그 자리를 대신하게 됩니다. 진화 사상은 오랫동안 역사의 무대에서 완전히 사라져버리지요. 그러다가 다시 17~18세기 과학혁명이 일어나고 자연을 자연으로 보자는 생각이 확대되면서, 드디어 진화 사상도 다윈의 진화론으로 다시 부활하게 됩니다.

—

2장

~~~~

기독교에서 본
'생명'과 '창조'

우주와 생명의 탄생

사계절 중에서 봄은 겨우내 얼어붙었던 것들이 녹고 죽었던 것들이 생명의 힘을 받아 기지개를 하는 시기입니다. 고대 그리스의 비밀 종교 중 하나였던 오르페우스교도들은 죽었던 것이 다시 살아나는 신비에 경외심을 드러내기도 합니다. 이제 제가 여러분과 나누고 싶은 얘기는 '기독교적 생명관' 혹은 '창조론'입니다.

우연인가, 필연인가?

기독교 구약성서의 핵심 내용은 유일자인 신이 하늘과 땅을 창조하고 최초의 남자 아담과 최초의 여자 이브를 만들어서 낙원에서 살게 했다는 신화에 뿌리를 두고 있습니다. 모두 아시다시피 신은 아담과 이브에게 낙원의 모든 것을 관장할 권리를 부여하고 단 한 가지만 금지하는데, 바로 선악의 나무에 달려 있는 열매는 먹지 말라는 것입니다. 그러나 '인류의 조상'인 아담과 이브는 금지령을 지키지 못하고 선악의 열매를 취하여 결국 인류는 낙원에서 추방될 뿐만 아니라 죽음을 알게 된다고 합니다. 여기까지는 유대교와 기독교가 공유하는 내용인데, 기독교는 이에 덧붙여 신약성서를 통해서 다음 메시지를 인류에게 전합니다. 아담과 이브의 '타락'으로 인해 원죄를 입고 태어나는 인간을 구원하기 위해, '사랑'과 '용서'를 베푸는 신은 처녀 마리아를 수태시켜 인간이자 신인 예수를 탄생시킵니다. 죄(남녀가 관계하는 행위) 없이 잉태된, 완전무결한 인간/신 예수는 인간의 죄를 대신 받아서 타락한 인간이라면 피할 수 없는 죽음을 십자가에서 맞게 됩니다. 그후 예수는 사흘 만에 죽음의 굴레를 벗어던지고 부활 승천합니다. 예수의 복음을 들은 인간이 자기 죄를 뉘우치고 더 이상 범죄하지 않을 경우 구원을 받아 천국에서 신을 맞이하게 된다는 것이 기독교의 핵심 메시지입니다.

　기독교 세계관은 4세기 초부터 로마제국 영토 내에서 크게 확산하여 이후 19세기까지 서방을 지배했고 오늘날에도 전 세계에 큰 영향력을 행사하고 있습니다. 이 세계관에는 우주와 모든 생명체를 신이 만들었다는 믿음이 존재하며 이를 창조론이라 합니다. 기독교의 생명관을 안다는 것은 창조론을 이해한다는 뜻이며 다

———

른 말로 '생명'과 '인간'이 서로 어떻게 연관되는지를 안다는 뜻이 기도 합니다.

생명관을 논하는 것은 생명의 기원과 (만약 생명이 누군가에 의해 창조되었다면) 목적성을 논하는 것입니다. 이 우주는 그냥 생겨났는가, 아니면 누군가 창조했는가? 현대 과학은 빅뱅의 결과 우주가 형성됐다고 봅니다. 태초에 대폭발이 일어나 우주가 태어났으며 이 폭발점을 중심으로 우주는 지금도 무한히 바깥으로 뻗어나가고 있다는 것이지요. 빅뱅은 우연일 뿐이며 따라서 태양계, 지구 모두 우연히 생겨났고 이 지구에 존재하는 생명도 우연히 태어난 것입니다. 생명이 어떻게 발생했는지는 여전히 미스터리로 남아 있지요. 최근에 지구와 매우 닮은 행성이 발견되면서 지구 밖에도 생명체가 존재할 가능성이 높아졌지만, 사람들의 생각은 지구를 크게 벗어나지 못하고 있지요. 지금의 우주를 봤을 때 인간은 고사하고 지구가 속한 태양계도 먼지처럼 보이지만, 사람들은 여전히 인간이 세계의 중심 또는 중심축에 있다고 생각하고 있습니다. 즉 생명관을 논할 때 대부분 인간관을 논하게 됩니다. 인간의 탄생은 우연인가 필연인가? 무엇이 인간을 '인간'으로 만드는가? 과연 인간이라는 존재는 그렇게 특별한 존재인가? 인간은 모든 생명체의 정점에 있어 마땅한가? 아니면 지구를 좀먹는, 지구의 모든 종 가운데 맨 먼저 없어져야 할 종인가? 우리는 이런 생각들을 해보게 됩니다.

―――

인간은 의식을 하기 시작하면서 이런 고민을 하게 됩니다. '왜 내 주위에서 일어나는 일들은 하나도 예측할 수 없지? 왜 나한테는 이런 일들이 자꾸 벌어지지?' 또 이런 생각도 해보게 됩니다. 세상은 왜 이렇게 혼란스럽기만 한가? 원래 혼란스러웠나? 또 한편 '아니야 이 혼란에도 뭔가 이유가 있을 거야, 법칙이 있을 거라고'라며 위안을 삼기도 하겠지요. 그러면서 우주의 규칙성을 상기하기도 합니다. 해와 달은 매일 뜨고 계절은 왔다 가고 다시 옵니다. 이러한 규칙성은 무엇을 의미할까요?

태초에 혼돈이 있었다

인간은 어느 순간 집단적으로 혼돈과 질서를 의식하기 시작했습니다. 서양 문화에서 호메로스의 서사시만큼이나 오래된 기록인 헤시오도스의 『신통기』 또는 『신들의 계보』라고 번역할 수 있는 『테오고니아Theogonia』의 107~108행을 봅시다.

…… 맨 처음 생긴 것은 카오스고,

그다음이 눈 덮인 올림포스의 봉우리들에 사시는 모든 불사신들의 영원토록 안전한 거처인 넓은 가슴의 가이아와

[길이 넓은 가이아의 멀고 깊은 곳에 있는 타르타라와]

불사신들 가운데 가장 잘생긴 에로스였으니,

사지를 나른하게 하는 에로스는 모든 신들과

인간들의 가슴속에서 이성과 의도를 제압한다.[5]

태초에 혼돈, 카오스가 있고 다음으로 올림포스의 눈 덮인 봉우
리를 지배하는 불사신들의 튼튼한 기반이 되어주는, 넓은 가슴을
가진 대지, 가이아가 있습니다. 가슴이 넓은 가이아는 만물의 어
머니로 묘사됩니다. 셋째로 타르타로스Tartaros(위 번역문에서는 '타르
타라')는 대지의 깊은 곳에 자리 잡고 있습니다. 마지막으로 에로
스, 즉 신과 인간의 '사지를 나른하게' 하고 이성을 마비시키는 사

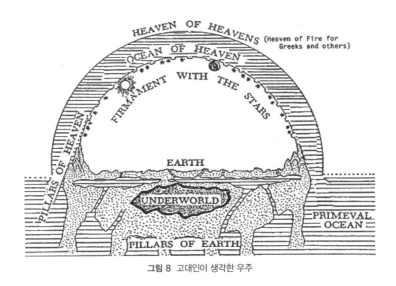

그림 8 고대인이 생각한 우주

---

5   헤시오도스, 『신들의 계보』, 천병희 옮김(숲, 2009), p. 40

랑의 신이 있습니다. 이렇게 헤시오도스는 태초에 네 존재가 있었다고 말합니다.

고대인들은 우주를 〈그림 8〉처럼 그렸습니다. 양쪽 끝, 대지의 경계 바깥에 카오스를 일단 위치시켜봅니다. 가운데 평평한 땅은 가이아이고 가이아 아래 깊은 곳에 타르타로스가 있습니다.

헤시오도스가 말한 카오스란 무엇이었을까요? 카오스는 원래 '깊은 계곡' 또는 '심연'을 의미합니다. 그런데 세월이 흐르면서 고대 철학자늘은 이 카오스를 달리 해석하기 시작했지요. 6세기의 철학자 페레키데스Pherecydes는 헤시오도스의 카오스를 '물'이라고 말했다 합니다.[6] 원자기호 H2O로 표기되는 물을 말한다기보다는 잠시도 한 형태를 유지하지 않고 끊임없이 움직이는 속성을 가리킨다고 봐야겠지요. 영어로 번역된 『테오고니아』를 보면 대체로 카오스에서 가이아, 타르타로스, 그리고 에로스가 태어난 것으로 해석합니다. 아무리 읽어도 『테오고니아』 원전에는 이를 뒷받침할 근거가 없는데도 말입니다. 후대 철학자들이 카오스를 모든 것의 근원이 되는 물질로 보았기 때문에 생겨한 오류인 듯합니다. 나중에는 카오스를 형形이 부여되기 전의, 모든 것의 기본이 되는 물질matter로 인식하고, 어떤 이유로든 형이 없어지면 결국 이 물질로 돌아간다고 생각합니다. 죽음을 맞이할 수밖에 없는 인간mortal은

---

6 『소크라테스 이전 철학자들의 단편 선집』, 김인곤 외 옮김(아카넷, 2005), pp. 77~78.

난폭하고 파괴적인 자연physis의 예측 불가능한 힘을 두려워하고 경외하지만 쉽게 이해하지는 못했지요. 현대 물리학의 엔트로피 이론과 유사하죠? 완벽한 균형 상태, 이는 고대 그리스인들이 말하는 카오스와 상당히 비슷한 듯합니다.

자연은 카오스로 회귀하려 하지만 『테오고니아』는 질서가 자리 잡는 과정을 보여주기도 합니다. 우주를 나타내는 고대 그리스어 코스모스cosmos는 '질서'를 의미하지요. 우주의 한계 바깥에는 카오스가 있지만, 한계 안에는 당연히 질서가 작용하고 이 힘은 점차 강해집니다. 이를 이해하기 위해 대지 가이아를 볼까요? 『테오고니아』 이야기는 다음과 같이 이어집니다. 가이아는 하늘인 우라노스를 낳고, 그다음으로 산들을 낳지요. 불사신 제우스, 헤라, 아테네, 아폴론 등이 살게 될 올림포스 산도 이때 솟아납니다. 그리고 대지와 하늘, 가이아와 우라노스는 부부가 되어 이로부터 티탄Titan들이 탄생하고, 키클로프스Kyklops도 탄생합니다. 티탄들은 올림포스 신들보다 먼저 세상을 지배하던 신들이고, 키클로프스는 눈이 이마 한가운데에 박힌 외눈박인 대장장이들입니다. 눈이 동그랗다고 해서 '둥근 눈'을 의미하는 키클로프스라는 이름이 붙었지요. (영어로 k를 c로 고쳐 쓰면 Cyclops. 이 말에서 cycle, 바퀴(원)라는 말을 떠올릴 수 있겠지요?) 이들은 단순한 대장장이가 아니라 굉장히 파괴적인 무기를 만들 줄 아는 존재들입니다. 가장 유명한 것이 제우스의 벼락이지요. 제우스는 신들의 왕좌에 오른 다음이 벼락으로 올림포스 신들의 질서에 도전하는 자들을 응징합니다. 가이아에서 나온 이 존재들은 넓은 대지에 조금씩 자리를 잡아가며 질서를 구축해갑니다.

그런데 태초의 '어머니' 가이아가 설 자리를 주지 않았다면 이들은 존재할 곳이 없지요. 카오스가 원초적이고 무질서한 자연의 힘을 나타낸다면 가이아는 혼돈 속에서 질서가 자리 잡을 수 있는 토대를 나타냅니다. 그런데 『테오고니아』를 계속 읽어 내려가면 문제가 하나 발견됩니다. 앞서 본 것처럼 가이아는 자신이 탄생시킨 우라노스와 결합하여 티탄들과 키클로프스들을 낳았습니다. 그런데 힘이 급격하게 늘어나서 가이아를 내리누를 수 있게 된 우라노스는 가이아와 결합하여 낳은 셋째 부류의 자식들이 매우 못마땅합니다. 이들은 손이 100개인 괴물들, 헤카톤케이레스 hecatonkheires인데, 당연히 손이 두 개인 존재보다 힘이 세겠지요? 우라노스에 감히 맞설 수 있는 힘을 표현하는 것 같습니다. 서양 신화에서 자주 등장하는 부자간의 폭력적인 대립을 암시하는 장면인데, 우라노스는 손이 100개나 달린 괴물들이 가이아의 배 속에서 나오지 못하게 계속 위에서 누릅니다.

하늘이 대지를 계속 누른다는 것은 하늘과 대지 사이에 틈이 없다는 뜻으로 해석할 수 있습니다. 하늘의 압박이 계속되는 한 대지에 설 곳이 전혀 없지요. 분만을 하지 못하고 산고의 고통에 시달리게 된 가이아는 먼저 나온 자식들에게 도움을 청합니다. 우라노스가 두려운지 다들 외면하는데 유독 티탄들 중 '삐뚤어진' 크로노스가 아버지를 증오하여 자원합니다. 어머니의 자궁 속에 숨어서 아버지가 들어오기를 기다린 크로노스는 어머니에게 받은 낫으로 우라노스를 거세하고 결국 우라노스는 하늘 높은 곳으로 물러나게 됩니다. 드디어 하늘과 땅 사이에 만물이 설 공간이 만들어지는 것이지요. (우라노스의 남근은 바다에 버려졌는데 여기서 거품을 일으키며 사랑의 여신 아프로디테가 탄생합니다.) 이 신화는 부자 간의 갈등, 모계사회와 부계사회의 문제, 사랑의 여신의 탄생 신화 등 여러 요소를 포함하는데, '안전한 거처'인 가이아에 제대로 설 곳이 마련된 시점부터 질서가 형성되고 맨 먼저 크로노스를 중심으로 한 티탄들의 지배 체제가 들어서게 된다는 점에 주목해야 합니다. 결국 크로노스도 우라노스와 마찬가지로 자기 자식들을 억압하다가 아들 제우스에게 퇴출당하지요. 그때 비로소 안정된 올림포스 신들의 질서가 탄생합니다.

카오스와 가이아를 설명했는데, 그렇다면 땅 깊은 곳에 밥공기를 엎어놓은 듯한 공간, 타르타로스는 뭘까요? 가이아가 만물이 설 공간을 제공했다면 타르타로스 역시 비슷한 기능을 하지 않을까요? 타르타로스는 나중에 하데스라고 불리기도 하죠. 죽은 것들이 가는 지하세계입니다. 보통은 인간만 간다고 생각하지만, 인간만 죽는 것은 아니죠. 가령 사슴이 숲에서 죽었는데 몇 달 후에 그 시체가 없어진 것들을 인간이 깨닫습니다. 사슴뿐 아니라 다른

—

짐승의 주검도, 심지어는 꽃과 나무조차도 없어집니다. 물론 나무는 죽은 채로 몇 백 년 서 있을 수도 있지만, 언젠가는 원래 모습을 잃고 사라지게 됩니다. 꽃들도 마찬가지고. 고대 그리스인에게 타르타로스는 이런 동식물이 가게 되는 공간으로 여겨졌을 것입니다.

카오스, 가이아, 그리고 타르타로스에 이어 태초의 네 존재 중 마지막 자리에 있는 에로스의 역할은 특별합니다. 에로스는 신의 사랑을 의미하는 아가페나 연인들의 순수한 사랑을 말하는 게 아니라 그야말로 원초적인 성을 말합니다. 카오스, 가이아, 그리고 타르타로스는 처음에는 누구와도 결합하지 않고 다른 존재를 탄생시킵니다. 카오스는 에레보스와 짙은 어둠과 닉스(밤)를 탄생시키고 가이아는 우라노스와 산과 무한의 강 폰토스를 탄생시킵니다. 이런 방식의 탄생을 나타내는 용어가 바로 파르테노제네시스Parthenogenesis입니다. 처음에는 이렇게 무성번식無性繁殖이 일어났는데 곧 달라집니다. 가이아와 우라노스 사이에서 티탄들이 나오죠. 남성과 여성의 성적 결합에 의한 번식이 일어난 것입니다. 세상에는 무성번식보다는 암수의 결합에 의해 생명이 탄생하는 경우가 더 많습니다. 그런데 이 결합에서 빼놓을 수 없는 것이 바로 에로스인 것입니다.

카오스, 가이아, 타르타로스, 에로스는 이렇게 설명됩니다. 21세기를 사는 우리 눈에 엉성해 보이는 고대 그리스의 우주관에는 의외로 예리한 통찰이 담겨 있습니다.

유대-기독교의 우주관: "빛이 있으라"

우주 탄생에 대한 또 다른 텍스트를 같이 보겠습니다. 유대-기독교의 성서에서 가장 오래된 경전은 모세오경입니다. 고대 이집트의 노예가 된 이스라엘 민족을 해방시켜 젖과 꿀이 흐르는 땅으로 인도한 모세가 썼다고 전해지는 책 다섯 권을 '모세오경'이라고 하는데, 유대교 성서(기독교에서는 '구약성서'로 불림)의 첫 다섯 권을 말하지요. 그중 첫째 책인 창세기 1장은 다음과 같이 시작합니다.

1. In the beginning God created the heaven and the earth.
2. And the earth was without form, and void; and darkness was upon the face of the deep. And the Spirit of God moved upon the face of the waters.
3. And God said, Let there be light: and there was light.
4. And God saw the light, that it was good: and God divided the light from the darkness.
5. And God called the light Day, and the darkness he called Night. And the evening and the morning were the first day.

킹 제임스 판[King James Version] 성서입니다. 17세기 초, 영국 왕 제임스 1세의 지시로 만들어졌는데 문학적으로 완성도가 매우 높고 지금도 널리 팔리고 있습니다. 1절을 볼까요? "In the beginning, God created the heaven and the earth." 태초에 신은 하늘과 땅을 만들었다고 합니다. 여기서 주목할 단어는 시작[beginning]과 창조[creat]입니다. '시작'이라는 단어는 특정한 시작점을 전제하고 있지요. 그런데 시작점 전에는 무엇이 있었을까요? 아직은 답이 나올 때가 아니지만 일단 질문부터 던져놓겠습니다. 그리고 '창조', 이는 우주를 의도하고 만들어낸 초월자를 등장시키는 말입니다. 이에 대해서도 조금 후에 논의하겠습니다.

다음은 2절입니다. "And the earth was without form……" 대지는 형태가 없었다. 재미있는 말입니다. 이 대지가 과연 우리가 알고 있는 대지인가? "……and void." 그리고 대지엔 아무것도 없었다. 여기서 '대지'라는 단어를 가리고 "형태가 없고 아무것도 없었다"만 남겨놓는다면 카오스를 가리킨다고 볼 수도 있지 않을까요. "……and darkness was upon the face of the deep." 심연의 표면에 어두움이 있었다. 카오스는 다르게 심연이라고도 표현할 수 있습니다. "And the spirit of God moved upon the face of the waters." 그리고 물의 표면에서 신의 영이 움직였다. 신기하게도, 처음에는 땅[earth]이라고 말해놓고 갑자기 물[waters]로 바꿔 말했습니다. 땅은 땅이되 형태가 없어서일까요? 『테오고니아』를 보면서 카오스를 물이라고 해석한 철학자가 있었음을 상기해주시기 바랍니다. 다시 '킹 제임스 판' 성서로 돌아와, 형태가 없고 아무것도 없는, 대지라고 불리지만 금세 물로 탈바꿈하는 이것을 신학자들이 카오스와 동일시하게 됩니다.

3절부터 5절까지 한꺼번에 볼까요? "And God said, Let there be light." '빛이 있으라'라고 신이 말하자마자 빛이 있었다. "And God saw the light, that it was good……" 그리고 신은 빛을 보고 좋다고 하였다. "……and God divided the light from the darkness." 그리고 신은 빛을 어둠에서 분리했다. "그리고 빛은 낮이라 부르고 어둠은 밤이라 불렀다. 저녁을 지나서 아침을 맞이하니 하루가 지났다." 이렇게 해석할 수 있어요.

헤시오도스의 『테오고니아』와는 다르게 훨씬 조직적이고 체계적인 면을 보이는데, 상상할 수 없을 정도로 강한 힘과 의지를 가진 존재가 하루씩 단계를 밟아서 하늘과 땅을, 우주를 만들어갑니다. 그리고 이 천지창조에는 두 가지 원칙이 작용합니다. "God said, Let there be light." 빛이 있으라. 그러니까 생성의 원리가 있습니다. 둘째는 뭘까요? 다음 절에 나옵니다. "God divided the light from the darkness." 빛과 어둠을 나누는데 분리의 원리에 따른 것입니다. 생성과 분리라는 대립의 힘을 기억해두시기 바랍니다.

물질과 형태

기독교 신이 하늘과 땅을 창조했답니다. 그리고 땅은 형태가 없었으며 비어 있었답니다. 여기서 형태가 없고 비어 있다는 것이 무슨 뜻인지 살펴보겠습니다.

눈앞에 500밀리리터짜리 생수병이 있다고 가정해봅시다. 이 생수병의 형태를 지우면 무엇이 남을까요? 어떤 학생은 물이라고 했습니다. 생수병이 없어지면서 물만 남았다는 얘기겠지요. 그런데 물은 다 흘러내려 없어집니다. 그래서 형태라는 것은 무언가를 담는 기능을 한다는 사실을 알 수 있지요. 그런데 생수병에서 형태를 뺐을 때 단지 물만 남았다는 말은 정확한 것일까요? 물을 먼저 빼보세요. 빈 생수병이 있지요? 이제 다시 형태를 지워보세요. 애당초 이 생수병은 뭐로 만들었지요? 이 형태가 만들어지기 전에는 뭐였습니까? 이 병이라는 형태가 없어지면 플라스틱이 남습니다. 어디론가 가서 녹여지고 다시 어떤 형태로 되살아나겠죠. 그런데 이것도 정답이 될 수 없는데, 이 플라스틱에도 '플라스틱'의 형태, 즉 플라스틱의 분자구조가 있습니다. 그렇다면 이 분자구조를 없애면 뭐가 남을까요? 원자인가요? 그런데 원자에도 구조가 있지요? 이런 식으로 계속 내려가다 보면 현대물리학이 알고 있는 최소 단위에 도달합니다. 이 단위를 생수병에서 형태를 뺄 때 남는 것이라고 생각하면 될까요? 그러면 답은 쿼크, 뉴트리노, 혹은 끈이론string theory의 '끈'이겠지요.

고대 그리스 철학자들은 세상의 모든 것을 물질과 형태로 분리해서 생각하기 시작했지요. (그리고 살아 있는 것들은 조대호 선생님이 말한 영혼, 즉 프시케 혹은 아니마가 있어서 움직일 수 있다고 생각했지요.) 예를 들어, 꽃은 물질에 꽃의 형태가 부여된 것이고, 나무는 물질에 나무의 형태가 부여된 것입니다. 반대로 꽃에서 꽃의 형태를 빼면 흑암 또는 물질이 남습니다. 정리하면 이렇게 되겠지요.

$$thing = matter + form$$
$$matter = thing - form$$
$$matter = \;?$$

세상 모든 사물은 물질에 형태를 부여한 것이다. 어떤 사물이건 형태를 빼면 물질이 남는다. 그런데 『테오고니아』에서는 카오스를 제외한 모든 것이 형태가 있습니다. 그렇다면 카오스는 형태가 없는 것들의 영역인 셈이지요? 페레키데스가 카오스를 물이라고 한 이유는 물이 끊임없이 형태를 바꾸기 때문입니다. 즉 한 가지 형태를 유지하지 않기 때문이라고 할 수 있습니다. 창세기 1장 2절에 나오는 형태 없는 대지를 카오스로 볼 수도 있겠지요.

이제 신이 물질에 형태를 부여하는 방식을 살펴볼까요? '빛이 있으라'라고 말을 하자마자 빛이 생깁니다. 기독교인들은 이를 '말씀'이라고 하는데 그리스어로 로고스logos입니다. 기독교 철학의 형성에 그리스 사상은 커다란 영향을 미쳤습니다. 로고스는 '말'이라는 뜻이 있고 '이성'이라는 뜻도 있습니다. 앞서 조대호 선생님은 엠페도클레스의 사상을 설명하면서 로고스를 '비율'이라는 의미로도 썼습니다. 로고스는 라틴어로 ratio로 쓸 수 있는데 이건 '이성,' '비율'이란 뜻입니다. 8등신이라는 말이 있지요? 예를 들어 8등신 모델은 사진 찍히기에 가장 좋은 신체 비율을 타고난 것이지요. 다시 창세기로 돌아와서, 신은 빛이 있으라고 '말씀'을 행했습니다. 그러자 빛이 나왔으며, 신은 빛을 보고 좋다고 했습니다. 말씀 자체가 좋기도 하거니와 '비율'도 보기 좋았겠지요. 이 비율이 왜 중요할까. 신은 빛과 어둠을 갈랐습니다. 비율은 이런 식으로 '가름'에 의해 나타나지요.

〈그림 9〉는 『교훈적 성경Bible Moralisée』이란, 13세기 프랑스에서 제작된 성경에 수록된 삽화입니다. 신이 황금 컴퍼스로 그린 동그라미 안에는 아직 형상화되지 않은 우주가 들어 있습니다. 이 황금 컴퍼스는 천지창조에서 분리의 원리를 상징합니다. 창조자 신은 황금 컴퍼스로 완벽한 원을 만들어서 원 안의 우주와 원 밖의 비非우주를 분리합니다. 황금 컴퍼스는 비율logos, ratio을 상징하고 이 세계의 질서를 표현하기도 하지요. 황금 컴퍼스로 그린 원은 우주의 한계를 나타내며, 이로써 우주는 형태를 받은 셈이 됩니다. 새로 생긴 원 안의 우주에는 아직 형태가 부여되지 않은 것들이 혼란스럽게 움직이고 있습니다. 이게 무엇일까요? 그리스 철학자들은 만

—
그림 9
「교훈적 성경」의 삽화, 13세기,
오스트리아 국립박물관 소장

물이 흙, 물, 공기, 불의 4원소로 만들어졌다고 생각했습니다. 황금 컴퍼스로 그린 원 안에 원소들이 밖에서부터 안쪽으로 흙, 물, 공기, 불 순서로 형성되어가고 있지요? 이 4원소들은 방금 만들어진 우주 안에서 더 나누어지기를, 더 확실한 형태가 만들어지기를 기다리고 있는 중이지요. 이런 그림들은 '중세의 우주medieval cosmos'라는 열쇳말로 검색하면 더 많이 볼 수 있습니다. 이런 중세의 우주를 표현한 그림들의 공통점은, 우주의 경계가 있고, 경계 밖에는 신이 존재하고, 흙, 물, 공기, 불의 4원소와 더불어 카오스까지 나타난다는 것입니다.

1534년판 루터 성경에 나오는 이 그림은 창세기의 천지창조를

그림 10 루터 성경에 묘사된 천지창조의 모습

묘사한 것입니다. 안에서 밖으로 나가면서 살펴보면, 제일 먼저 동물들이 노닐고 있는 땅(흙)이 있습니다. 최초의 인간 아담과 이브도 보이지요? 경계를 나타내는 동그라미 안에서 땅이 아닌 부분이 물입니다. 땅과 물 위에는 새들이 날아다니고 있는 공기가 있지요. 공기 위에는 불이 있는데 이 그림에서는 불이 태양과 별의 은유라고 보시면 될 것 같습니다. 별들이 촘촘히 경계를 이루고 있는 곳까지가 우주입니다. 그 밖에서 형태가 흐트러져 흐르고 있는 원은 아마도 카오스를 암시하는 듯합니다. 빛으로 상징되는 신이 맨 밖에 있습니다. 이는 몇 백 년간 서양을 지배했던 우주관입니다. 모든 것이 제 영역에 질서 있게 자리 잡고 있으며, 각자의 자리는 신의 말씀, 이성, 비율에 의해 정해졌다는 해석을 담은 우주관이지요.

'빛이 있으라'는 생성의 '말씀'과 빛과 어둠을 가르는 '비율'의 원리에 따라 만들어진 우주를 보고 창조자 신이 '좋았다'고 합니다. 이는 형태의 완벽함이 좋았다는 뜻이며, 따라서 '좋았다'는 말은 질적으로 좋다고 할 때의 '좋음'을 말합니다. 더불어 기독교 우주 안에서 만물이 제 분수(이것도 비율과 관련 있지요)에 맞게 자리를 지키는 것은 도덕적인 '좋음'과도 연관됩니다. 두 가지 '좋음'의 의미가 다 들어 있습니다. 나중에 기독교 사상과 인간의 위상을 다루면서 '우주 질서,' '공간,' '존재론적인 선과 도덕적인 선' 등을 이야기하면서 이 내용을 조금 더 다룰 예정입니다.

기독교에서 바라본 우주 창조

이번에는 유대-기독교 우주관에 입각해 우주를 만들어낸 존재를
생각해보겠습니다.

야훼: 영원한 현재

יהוה YHWH 야훼

I AM THAT I AM

α 와 ω

원 혹은 점

　이런 질서 있는 우주를 만들어낸 유대-기독교 신은 도대체 어
떤 존재일까요? 유대인들은 이 신을 야훼라고 했답니다. 히브리
어 יהוה는 모음이 없는, 자음만으로 만들어진 말이죠. 오른쪽에
서 왼쪽으로 읽는 이 네 글자는 영어로 YHWH로 표기하고 야훼
Yahweh 혹은 여호와Jehovah로 읽으며 '나는 존재하는 자I AM THAT I AM
혹은 I AM WHO I AM'로 번역할 수 있어요. 출애굽기 3장을 볼까요. 이때
모세는 신을 처음 접합니다. 이스라엘 민족에게 당신의 말을 전
하라고 신이 명하자 모세는 자신이 무슨 자격으로 그 말씀을 전
할 수 있겠냐고 반문합니다. 신은 답합니다. God said to Moses, "I
AM THAT I AM. This is what you are to say to the Israelites: 'I

AM has sent me to you'"(14절), 나는 스스로 존재하나니, 이스라엘 민족에게 이렇게 말하라. I AM이 보냈노라고. '나는 나다. 내가 보냈다고 전해라'고 해석하면 1인칭 '나'를 강조하게 되지요, 그러나 초점을 시제에 맞추면 다른 그림을 볼 수 있게 됩니다.

서양 사람들이 YHWH를 자기네 언어로 번역했을 때 항상 현재형으로 옮겼습니다. 어떤 언어로 번역했든 간에 항상 현재형이었지요. 신이 스스로를 칭하는 1인칭 현재형 I AM을 기독교인들은 '영원한 현재'라고 합니다. '현재'는 시간의 선線상에서 일개 점일 뿐이고 이 점도 끊임없이 움직이고 있는데…… 현재는 바로 과거가 되고 이어 미래가 현재가 되는, 멈추지 않는 시간의 흐름 앞에서 현재는 허무할 정도로 부여잡기 어려운 순간인데…… 어떻게 영원한 현재가 있을 수 있을까? 영원한 현재가 있다면 영원한 현재의 시점에서 미래나 과거란 의미가 있을까? 이런 생각을 하면 할수록 머리가 복잡해지기만 합니다.

그래서 단순화할 필요가 있습니다. 현재에 대한 생각은 일단 접어두고 영원이라는 개념을 먼저 상상해봅시다. 기독교의 신이 우주를 탄생시킨 순간에 시간도 탄생합니다. 그리고 시간은 요한계시록에 예고된 종말이 오면 우주와 같이 소멸합니다. 그런데 기독교의 신은 자신이 창조한 우주와 시간의 틀 속에 있지 않으며 시작도 끝도 없는 존재입니다. 누구도 신을 창조하지 않았고, 신보다 먼저 존재한 자는 없으며, 제일 중요하게는 '신이 없었던 때는 없다'는 것이 신의 영원성을 말할 때 자주 언급되는 표현들입니다. 신은 소멸되지 않고 변함없이 계속 존재할 것입니다. 사실, 기독교 신을 말할 때 미래형을 쓰는 것이 적합한지 의문입니다. 영원한 존재에게 시간은 무의미하기 때문이지요.

영원한 신을 표현하는 또 다른 말은 '알파와 오메가'입니다. 알파alpha(A, α)는 그리스의 스물네 개 알파벳의 첫 글자입니다. 그리고 오메가omega(Ω, ω)는 스물넷째, 마지막 글자이지요. 따라서 '나는 알파와 오메가다'라는 말은 '나는 처음이자 동시에 끝이다'라는 말이지요. 그러면 어떠한 존재가 처음이면서 동시에 끝이 될 수 있을까요?

원을 그린 다음 그 선 위에 점을 하나 찍어보세요. 이 점에서 원의 둘레를 시계방향(시계 반대방향도 괜찮습니다)으로 손가락이나 펜을 이용해 따라가 보세요. 언젠가는 원래 출발했던 지점, 즉 처음 찍었던 점으로 돌아옵니다. 그렇다면 이 점은 시작입니까 끝입니까? 알파입니까, 오메가입니까? 답은, '시작이자 동시에 끝'입니다. 더 깊이 들어가면 이 점은 시작이자 끝이요, 시작도 아니고 끝도 아닙니다. 어째서 시작도 끝도 아닌가요? 방금 찍어놓은 점이 반드시 이 원의 시작점이어야 하나요? 혹은 끝점이어야 하나요? 그 옆에 찍어도 되고 또 다른 데 찍어도 마찬가지가 되지요? 이 원의 모든 점이 시작점이 될 수 있고 따라서 끝점이 될 수도 있습니다. 그렇기 때문에 시작도 끝도 아니기도 합니다. 원은 이처럼 독특한 성격이 있어서 영원을 상징하게 되었고, 기독교에서는 반지가 신성한 결혼의 상징이 된 것입니다. 신의 축복 아래 맺어진 남녀의 약속을 영원하게 하는 상징이지요. 영원은 무한을 의미하기도 합니다. 이로써 앞에서 봤던 중세의 천지창조 그림들에 왜 황금 컴퍼스가 등장하고, 원이 그려지는지를 설명하는 또 하나의 이유를 발견한 셈입니다.

기하학적으로 영원, 무한을 나타내는 것이 하나 더 있습니다. 점! 점은 몇 차원인가요? 시간은 4차원, 공간은 3차원, 평면은 2차원, 선은 1차원, 점은 0차원이죠. 점은 무한히 커져도 점이고 무한히 작아져도 점이죠(사실 0차원인 점을 두고 크기를 논할 수 없습니다). 그리고 점은 시작도 끝도 있을 수 없습니다. 이게 신을 표현할 수 있는 또 하나의 방법이었습니다. 단테의 『신곡』 「천국편」 칸토 28에서 신은 천국 모든 것의 중심점이 되는 빛의 점으로 표현됩니다. "나는 빛을 번쩍이는 한 점을 보았다.Un punto vidi che raggiava lume." (「천국편」 28.16) 이후에 신플라톤주의를 설명하면서 이 점에 대해 더 이야기하겠습니다.

영원이라는 개념을 기독교적으로 이해해봤는데, 우리가 애당초 알고 싶었던 것은 '영원한 현재'라는 개념이었지요? 현재까지 알아낸 것을 토대로 잠정적인 답을 내놓겠습니다. 시간 안에서 보면 영원은 무한한 과거와 무한한 미래까지 확산되는 듯하지만 시간의 구속을 받지 않는 영원에 있어서 과거, 미래, 시작, 끝은 의미가 없습니다. 시작과 끝이 없고 과거와 미래가 의미 없다면 오로지 지금만 있고, 현재만 의미가 있다. 원은 이런 영원의 속성에 대한 은유입니다.

신: 전지하고 전능한 전재의 존재

천지를 창조한 기독교 신의 영원한 현재성에 대해 알아봤으니 이 신을 특징짓는 세 단어를 알아보도록 합시다. 천지를 창조한 신이리면 '이 정도'는 되어야 한다고 생각한 기독교 신학자들은 신의 위대함을 나타내는 세 가지 특징을 옴니omni, 모두라는 말을 이용해서 만들어냅니다. 신은 '전능omnipotent'하고 '전지omniscient'하고 '전재omnipresent'하다.

'전능'부터 봅시다. 신이 전능하다는 말은 못하는 게 없다는 뜻입니다. 못하는 게 없다는 것이 곧 완벽하다는 뜻인가요? 읽은 지 오래되어 제목이 기억나지 않지만 20세기 미국 소설에 사탄이 현대의 멋쟁이로 등장합니다. 완벽한 신사 차림의 사탄을 상상해보려면 여러분이 제일 좋아하는 남자 배우가 연미복을 빼입은 모습을 떠올리면 됩니다. 사실 이 배우보다 멋있어야 합니다. 그리고 반드시 담배를 하나 물고 있어야 합니다. 멋쟁이 사탄이 담배 연기를 내뿜는데 흐트러짐이 없는 완벽한 도넛 연기를 뻐금거리며 만들어내지요. 여기에 반전이 있습니다. 사탄이 하는 말이, '에잇 제기랄, 나는 왜 불완전한 도넛은 못 만들지?' 무한한 능력이란 소설 속 사탄이 지닌 완벽함을 뜻하는 것은 아닙니다. 완벽하기만 한 것도 능력의 한계라고 할까요? 원한다면 완벽하지 않은 것도 만들어내야 전능하다고 할 수 있지 않을까, 생각해봅니다. 신은 완벽한 것만을 만들겠지요. 굳이 불완전한 것을 만들 필요가 없기 때문에. 그런데 소설 속 사탄처럼 불완전한 것을 만들고 싶어도 못 만드는, 재미있는(?) 능력하고는 본질적으로 다른 능력을 갖고 있습니다.

한 가지 강조하고 싶은 점은 '전능'이 발현된 힘만을 의미하지 않는다는 것입니다. 라틴어 포텐티아poténtia는 힘이라는 뜻인데 이 단어에서 나온, 아주 많이 쓰는 단어가 있습니다. 포텐셜potential, 가능성입니다. 신의 특성을 나타내는 단어 옴니포텐트omnipotent는 단순히 발현된 능력, 가령 천지창조뿐만 아니라 아직 발현되지 않은 능력까지도 포함하는 개념입니다. 있는 능력과 아직 피어나지 않은 가능성까지 무한하게 포함한 개념이 바로 옴니포텐트입니다.

다음으로, '전지'는 모든 것을 알고 있다는 말입니다. 신은 내 마음속을 훤히 들여다보고 있다는 말인가요? 기독교 신자들이 제일 두려워하고 힘들어하는 것이 신이 내면 깊은 곳에 숨긴 일들을 알고 있다는 것입니다. 누군가 나의 좋지 않은 면을 알고 있다, 나의 배우자가 내가 깊이 숨겨둔 것을 알고 있다는 사실조차 유쾌하지 않은데, 신은 아예 더 깊이 숨겨둔 것까지도 상세히 다 알고 있다고 생각해봅시다. 이런 압박은 종교의 도덕적인 틀을 만들어내기에 충분한 힘을 가집니다. 그런데 '전지'라는 말이 원래 내면까지 모두 인지한다는 뜻이었는지는 잘 모르겠습니다. 〈나는 네가 지난여름에 한 일을 알고 있다〉는 영화가 있었지요? '지난여름에 네가 한 일을 아무도 안 봤으리라고 생각했지만 나는 알고 있거든? 그래서 넌 벌을 받아야 해.' 상황 설정이 흥미로운 공포영화였습니다. 그런데 이것은 내면의 생각을 아는 것이 아닌, 표면적인 사실을 아는 것에서 출발한 개념인 듯합니다. 내면까지 일 필요 없이 표면적인 사실이라도 모두 알고 있다고 생각하면 무섭지요.

그런데 신은 어떻게 모든 것을 알까요? 전재하기 때문에, 다시 말해 모든 곳에 있기 때문입니다. 앞에서도 얘기했지만 '있다'라는 개념에는 공간과 시간의 양축이 다 관여합니다. 시간이 4차원 요소이지요? '나'라는 존재가 지금 연구실에 있다고 가정합시다. 이곳에 있을 수도 저곳에 있을 수도 있습니다. 그런데, 어제는 여기에 없었습니다. 시간이 흐르면서 같은 공간에 내가 존재할 수도 그렇지 않을 수도 있습니다. 반면 시간이 흐르면서 나는 이곳에 있다가 저곳에 있다가 합니다. 비슷하면서도 묘하게 다르지요?

2014년 개봉된 공상과학 영화 〈인터스텔라〉의 말미에 나오는, 시간 축을 따라 같은 공간이 수없이 펼쳐진 테서랙트(tesseract: 4차원 정육면체) 안에서 주인공은 자신이 원하는 시간의 방을 골라 메시지를 남깁니다. 기독교 신 앞에도 이런 테서랙트가 있다고 생각해봅시다. 영화의 주인공에게는 과거와 현재, 미래가 모두 구분되지만 신은 모든 방을 현재 시점으로 보고 있습니다. 우리처럼 시간에 묶여 있지 않기 때문이지요. I AM THAT I AM. 신은 영원히 모든 시간과 공간에 현재하며 그런 의미에서 전재한 것입니다.

완벽에 대하여: 이데아론

기독교의 신에 대해 알아봤으니 이번에는 신이 창조한 우주를 알아볼까요. 아까 나온 중세의 그림을 다시 봅시다. 황금 컴퍼스로 그린 원 안에 우주가 있었죠. 이 원은 흠이 전혀 없는 완벽한 원입니다. 이 완벽함은 신이 형태가 없는 물질에 형태를 부여한 데서 시작됩니다. 신이 하늘과 땅을 만들었고 땅은 형태가 없었습니다. 이어 신은 빛이 있으라 하여 로고스를 부여했으며 빛과 어둠을 가른 후에 보기 좋다고 말했습니다.

기독교에서는 천지창조를 완벽한 사건으로 해석하기 위해 신플라톤주의자 플로티노스의 우주생성론을 빌려왔습니다. 플로티노스Plotinos의 우주생성론은 플라톤의 이데아론에 근거하고 있으니, 천지창조의 완벽함을 이해하기 위해 먼저 플라톤의 이데아론을 알아보고 이를 발판으로 우주생성론을 살펴보겠습니다.

플라톤의 이데아들은 변하지 않고 영원하며 물질이 관여하지 않습니다.[7] 아까 생수병에서 형태를 지우고 물질만 남기는 상상을 해봤는데, 이번에는 물질을 지우고 형태만 남겨보기로 하지요. 이데아의 영역은 형태의 영역이라고 볼 수도 있습니다. 종이에 삼각형을 그려보세요. 이데아를 이해하지 못한 분들에게 꼭 그려보기를 권합니다. 정삼각형이어야 합니다.

　방금 그린 도형이 정삼각형인지 아닌지부터 점검할까요? 세 변의 길이가 같나요? 그리고 내각이 모두 60도인가요? 두 조건이 충족되면 정삼각형입니다. 정삼각형을 제대로 그린 분들은 자축하셔도 좋습니다. 그러나 엄밀히 말하면 여러분의 그림은 틀렸습니다. 왜죠? 아무리 완벽하게 그렸다고 자신해도 여러분이 그린 도형은 절대로 정삼각형이 될 수가 없습니다. 현미경으로 보면 선이 거칠고 똑바르지도 않을뿐더러 세 변의 길이나 내각의 각도가 정확히 일치하지 않습니다. 물질의 세계에서는 정삼각형이란 존재할 수 없습니다. 그럼에도 불구하고 정삼각형은 존재합니다. 정삼각형은 정의가 이미 내려진 것이기 때문에. 이렇게 개념으로만, 형^{形}으로만 존재하는 것이 이데아입니다. 이데아로서 정삼각형은 변함이 없습니다. 변했다면 정삼각형이 아니지요. 그리고 인류가 멸망해도, 아무도 정삼각형을 사유하지 않는다 해도 정삼각형의 이데아는 영원합니다. 마지막으로 이데아 정삼각형은 물질에 매이지 않고 자유롭습니다. 물질이 개입되면 절대 정삼각형이 될 수 없습니다. 변하지 않고, 영원하고, 물질의 불완전성에서 자유로운 이데아는 그래

7　플라톤의 이데아론은 『국가』 7권에 있는 동굴 비유를 통해 가장 쉽게 이해할 수 있다.

서 완벽합니다. 플로티노스는 이 이데아론을 토대로 우주생성론을
내세웁니다.

  우주 생성의 원점에는 '3대 원리' 가운데 첫째인 '유일자The One'
가 있습니다. 유일자는 빛 또는 점으로 상징되며 완벽할 뿐만 아
니라 변함없고 영원합니다. 의식도 없고 의도도 없으며 오로지
가능성으로만 존재합니다. 따라서 유일자는 우주 창조의 집행자
로 참여하지 않습니다. 참여 자체가 의식도 의지도 없는 유일자
개념과 맞지 않지요. 우주 창조의 집행자는 유일자에게서 발산
된, 둘째 원리인 신적인 지성Divine intellect입니다. 신적인 지성은 쉽
게 얘기하면 플라톤의 이데아 영역에 있는 모든 형태를 담고 있

그림 11 플로티노스의 우주생성론 도식

습니다. 그리고 신적인 지성에서 세계 영혼이 발산되어 나오지요. 여기에 화살표를 그린다면 유일자에서 신적인 지성으로, 그리고 신적인 지성에서 세계 영혼world Soul 방향으로 그리면 됩니다. 신적인 지성은 모든 플라톤적 이데아, 형태의 집합체로도 볼 수 있습니다. 유일자와 신적인 지성과 세계 영혼은 지성의 영역에 있지만 신적인 지성은 감각의 영역, 즉 물질 영역에 형태를 부여함으로써 우주를 생성시킵니다. 그리고 세계 영혼은 형태가 부여된 생성물들에 영혼을 불어넣음으로써 우주를 움직이게 합니다. 개별 영혼들은 세계 영혼에서 발산되어 개체로 들어가 움직일 수 있게 됩니다. 플로티노스의 우주에는 '악'의 영역도 있는데, 사탄이 악하다는 식의 악이 아니라 그냥 좋지 않은 영역입니다. 악의 영역은 유일자의 확장 영역, 다시 말해 지성의 영역이 감각의 영역에 작용하여 생성된 우주 영역의 힘이 더 이상 미치지 않는 한계선 너머에 있는 영역입니다. 즉 유일자, 신적인 지성, 세계 영혼의 세 원리가 미치지 않는 영역이죠. 카오스의 영역이라고 생각하면 됩니다.

왜 창조했는가?

어느 사회, 어느 종교의 우주생성설을 접하든 나오는 질문이 하나 있습니다. 창조에는 목적성이 있는가? 헤시오도스의 『테오고니아』에 나오는 우주 생성 이야기는 목적성이 없지요. 어떻게 우주가 생겨났으며 지금의 질서는 어떻게 만들어졌는지를 그냥 서술해놓았을 뿐입니다. 유대교의 천지창조 이야기에도 야훼의 목적은 뚜렷하게 나타나지 않습니다. 야훼는 이스라엘 민족을 사랑하지만, 그들과 가까워졌다 멀어졌다 하지요. 그리고 간간히 예언자를 보내 뉘우치라고 권하며 경고합니다. 1990년대에 퓰리처상을 받은 잭 마일스Jack Miles의 『신: 하나의 전기God: A Biography』는 이스라엘 민족을 사랑하다가 실망하고, 화내고 외면하다가, 속아주는 셈치고 다시 한 번 사랑하다가 또 실망하고 외면하는 일을 반복하는 유대교 신의 모습을 구약성서를 통해서 추적합니다. 기독교는 플로티노스를 비롯한 그리스 사상가들의 생각을 흡수하여 목적성이 훨씬 분명한 우주관을 내놓습니다. 가령 삼위일체의 역할을 플로티노스의 세 원리에 따라 나눠서, 성부는 직접 물질세계에 작용하지 않고 성자(신적인 지성의 원리)가 창조자의 역할을 맡으며, 성령은 세계 영혼처럼 물질을 움직이게 하지요. 기독교 세계의 대작인 존 밀턴의 『실낙원』 7권에 나오는 천지창조 장면은 놀랍게도 이 모델을 그대로 따릅니다.

신이 세상을 만들고, 이 세상에 질서를 부여하고, 좋았다고 얘기를 합니다. 무한하고 전지전능한 존재가 이 정도의 우주를 만들었을 때는 분명 의도가 있으리라 추측할 수밖에 없겠지요. 틀림없이 신이 만들었다면. 인간은 신을 단순히 무한한 존재로 여기는 걸로는 만족하지 못하는 듯합니다. 왜 물질에 형을 부여하고 움직이게 했는가? 이 세상의 모든 생명은 무엇을 위해 존재하는가? 신의 목적은 선한가? 선이 목적이었으면 악은 왜 존재하는가? 선악과는 왜 있었을까? 사탄은 왜 존재해서 인간이 타락하게 되었을까? 인간의 타락은 누구의 탓인가? 이러한 의문들이 꼬리에 꼬리를 물면서 신에게 질문을 던지게 되는 것입니다.

1802년, 다윈이 『종의 기원』을 발표하여 기독교 세계를 흔들어 놓기 전, 윌리엄 페일리William Paley는 『자연철학Natural Philosophy』이라는 책에서 다음과 같이 말합니다.

> (만약 어느 황량한 벌판에서 시계가 놓여 있는 것을 보게 된다면) 어느 때, 어느 곳에선가 이 시계를 만들고 …… 구조를 이해하고 용도를 디자인한 숙련공 혹은 숙련공들artificer or artificers이 반드시 있을 것이라고 생각할 것이다.
>
> 이 시계에 있는 모든 인공적인 점, 모든 디자인의 징후는 자연의 제 현상에도 존재한다. 단, 자연에서는 이런 면들이 연산이 불가능할 정도로 더 거대한 것이다.
>
> —『자연철학』 1장

성서가 아니더라도, 세상의 모든 현상이 신의 창조와 섭리를 증명하고 있다는, 소위 '시계공 이론'입니다. 다윈 이후 이런 생각은 계속 후퇴일로에 있지요. 최근에 리처드 도킨스는 『눈먼 시계공』

이라는 책에서 자연의 유일한 시계공은 "물리의 눈먼 역학일 뿐"
이라며 창조론을 반박했습니다.[8] 여러분은 어떻게 생각하시나요?

---

8 Richard Dawkins, *The Blind Watchmaker*, 2006 ed. (Penguin, 2006), ch. 1.

2부

진화론과
과학혁명

1장

近近

근대의 과학혁명

과학혁명과 중세

앞에서 기독교적 생명관에 대해 알아봤습니다. 그동안 생명이라는 주제를 탐구했지만 생명을 포함한 세계, 우주를 역사적으로 어떻게 보아왔는가를 알아보기도 했습니다. 지금부터는 인간이 세계를 보는 중요한 전환점인 과학혁명에 대해 알아보겠습니다. 과학혁명은 네덜란드의 튀코 브라헤Tycho Brahe가 신성新星을 발견한 1572년부터 영국의 아이작 뉴턴이 『광학Opticks』을 발표한 1704년 사이에 일어난 일련의 변화를 통해 현대 '과학'이 자리 잡게 된 흐름을 가리킵니다. 과학혁명을 이해하려면 우선 지식에 대한 서유럽 지식인들의 시각과 태도를 알아볼 필요가 있습니다.

중세는 과연 '암흑기'였나

유럽의 중세는 서로마제국이 멸망한 5세기와 르네상스가 꽃을 피운 15세기 사이의 긴 기간을 말하지요. 로마는 한때 지중해를 중심으로 거대한 영토를 지배했으며 그리스 문화를 이어받아 최고의 문명을 자랑했습니다. 이 영토는 너무나 방대하여 4세기에는 서로마제국과 동로마제국으로 갈라졌고 얼마 후 서로마제국은 엄청난 환란을 맞게 됩니다. 중앙아시아에서 태동한 훈족이 지금의 동유럽에 해당하는 영역으로 이동하는데, 훈족에게 내몰린 여러 게르만족이 로마제국으로 밀려들어와 결국 476년에 서로마제국이 멸망하게 됩니다. 이때부터 중세가 시작되지요.

중세를 흔히 암흑기라고 하는데, 아마도 문명의 계승 문제와 관련이 있는 듯합니다. 로마가 그리스 문명을 계승했다면 르네상스 유럽은 그리스·로마 문명을 재발견해 계승했다고 볼 수 있습니다. 중세를 어둠이라 표현한 사람은 르네상스를 태동시킨 프란체스코 페트라르카Francesco Petrarca였습니다. "오류의 장막 속에서 천재들이 밝게 빛났다. 그들은 비록 짙은 어둠에 둘러싸였지만 눈은 어둠을 꿰뚫어볼 수 있었다."[8] 페트라르카가 말한 '오류,' '어둠'은 우리가 알고 있는 중세를 가리키는 말이고, 기나긴 어둠을 뚫고 진리

---

8 Francesco Petrarca, *Apologia cuiusdam anonymi Galli calumnias* (1367), in Petrarch, *Opera Omnia* (1554), p. 1195.

를 볼 수 있었던 천재들이 아니었더라면 그나마 남은 빛조차 사라졌을지도 모른다는 생각이 담겨 있지요. 그리고 '암흑기'라는 말을 처음 쓴 사람은 카이사르 바로니우스Caesar Baronius로서 그는 1602년 교회의 역사를 집필하면서 다음과 같이 말합니다.

> [샤를마뉴 이후] 시작되는 이 시기는, 혹독함과 황량함에 있어 철의 시기로, 저속함과 흉악함에 있어 납의 시기로, 특히 글 쓰는 이들의 부재에 있어 암흑의 시기로 칭해 마땅하다.[9]

바로니우스는 이 '암흑기'를 신성로마제국의 초대 황제인 샤를마뉴가 세운 왕조가 몰락한 888년부터 11세기 중반까지로 보았지만 사람들은 '암흑기'를 중세를 통칭하는 말로 사용하기 시작했습니다.

중세를 암흑기로 보는 이유는 일견 타당한 면이 있지요. 서로마제국의 몰락과 함께 유럽 전역에 산재했던 교회들과 수도원들이 약탈당하면서 얼마나 많은 그리스·로마 문헌이 유실되었는지는 알 수조차 없습니다. 마치 문명의 스위치를 끈 것과 같았습니다. 그 결과로 태어난 중세가 '어둡다'는 생각은 후대 사람들만 하진 않았던 듯합니다. 중세 초기의 글들을 보면 세상을 어두운 곳으로 표현한 사례가 많습니다. 영국 최초의 서사시인 『베오울프』

---

9 Caesar Baronius, *Annales Ecclesiastici, Vol. X* (1602), p. 647.

(8세기경)에는 깊은 어둠 속에서 빛을 발하는 헤오롯Heorot이라는 궁(실은 왕과 신하들이 모여서 다 같이 먹고 마실 수 있는 대형 연회실처럼 묘사됩니다)이 나옵니다. 헤오롯은 문명의 상징으로서, 현명한 왕이 용사들에게 숙식을 제공하고 혹독한 바깥세상으로부터 보호해주는 대신 충성 서약을 받는 곳이기도 합니다. 밤마다 이곳을 침범해서 살인을 저지르는 그렌델이라는 괴물은 문명의 빛을 위협하는 어둠의 힘이지요. 이런 명암의 대비는 서사시를 남긴 무명 기독교 작가의 편견 때문에 생겼는지도 모릅니다. 이런 작가의 시각으로 보면 서로마제국과 기독교의 빛이 야만인들에 의해 소멸된 것이나 마찬가지이니까요.

페트라르카와 바로니우스의 공통점은 '암흑'을 '글 쓰는 이의 부재'와 동일시한다는 것입니다. 여기서 주목할 것은 글 쓰는 이, 즉 작가author와 글의 권위authority의 관계입니다. 서양에서는 '건축가, 창시자, 주인'을 뜻하는 라틴어 아우크토르auctor를 '작가'라는 뜻으로 사용하기 시작했는데 이는 라틴어의 영향을 받은 고대 프랑스어 오토르autor로 거슬러 올라갑니다. 그런데 재밌는 일이 벌어집니다. 작가를 의미하는 오토르autor와 정치권력, 권위를 의미하는 아우크토리타스auctoritas가 연결되면서 작가의 지위는 급상승합니다. 신을 대문자 A로 강조해 Author로 표현하기도 할 만큼 오더author라는 말이 권위를 갖게 되지요. 오더Author(신)가 천지를 오더author(창조)하듯 작가의 '창조'는 더 이상 보통 사람의 일반적인 행위가 아니었습니다. 당시에는 아무나 '창조'한다고 말하지 못했고, 글 쓰는 사람이라 해서 아무나 '오더'라는 호칭을 받지도 못했습니다. 중세나 르네상스 시대에 살고 있었던 문인을 오더로 칭하는 경우는 드물었습니다. '신성하다'는 뜻의 호칭을 받은 단테를 비롯한 몇 사람 정도가 그렇게 불렸을까. 오더는 고대 그리스·로마의 권위를 등에 업은 작가들을 가리키는 말이었습니다.[10] 그러면 이제 중세의 암흑과 작가의 관계를 생각해볼까요. 서로마제국의 멸망 이후 고대 문헌이 대량 유실되었다고 얘기했죠? 다행히 유럽 전역의 사원, 수도원, 성당 등지에서 이름 없는 수도사들이 물려받은 문헌을 보존하는 데 공을 들였습니다. 하지만 천년의 기다림은 망각을 낳고, 고대 문헌이 보존되고 있던 수도원과 사원들조차 고대의 작가와 저작의 존재를 잊고 말았지요. 14세기에 드디어 르네상스가 태동하고, 페트라르카 같은 사람들의 눈에는 어둠의 장막이 걷히면서 드디어 고대 문명의 빛이 되살아난 것처럼 보였을 것입니다.

중세·르네상스의 기술혁명

그런데 천년 중세를 뭉뚱그려 암흑기로 부르는 것이 타당한 일일

---

10   기독교 초기에 복음서와 교리 등을 집필한 사람들도 '작가'로 불리기도 했지만 그보다는 '교부Church Father'라는 호칭이 일반적이었다. 교부 역시 작가 못지않은 권위를 부여받았다.

까요? 이는 마치 19세기 열강들이 아프리카를 '어둠의 대륙'이라고 부르던 것과 같습니다. 아프리카인들이 자신들의 대륙을 어둡다고 생각했을지 의문입니다. 르네상스 시대가 들어서면서 '암흑'이 타파되었다고 하지만, 이는 인문학 중심의 생각일 뿐입니다. 더구나 고대에만 권위를 부여함으로써 과거에 집착하고 새로운 것을 의심하는 부작용을 낳기도 했습니다. 페트라르카 등이 견지했던 인문학 중심의 시각은 천년 중세에 필연적으로 일어난, 문명의 역사에 굵은 획을 그은 사건들을 등한시한 것이지요. 우리는 이제 르네상스 인문학자들이 친 어둠의 장막을 걷고 기술혁명 혹은 제1차 산업혁명이라고 부를 만한 사건이 일어난 시대를 재평가할 필요가 있습니다.

5세기 말 서로마제국의 멸망으로 고대 문명의 지식이 대량 유실되었지만 지금의 터키 일대에 자리 잡은 동로마제국과 동쪽 이슬람 왕국들, 그리고 영토를 잃고 중동과 동부 유럽 전역에 흩어져 있던 유대인들은 관련 지식을 계승하고 있었습니다. 몇 세기가 흘러서 서유럽에는 동면에서 깨어나듯 여러 왕국들이 세워지고 로마 교회의 영향 아래 놓이게 됩니다. 그러던 중 11세기에 기독교의 성지인 예루살렘이 이교도들의 위협을 받고 있다는 소식이 전해지면서 제1차 십자군 원정이 일어나죠. 이들은 성지를 회복하고 주위에 작은 기독교 왕국들을 세워서 이슬람교도들에 맞서 성전을 벌입니다. 십자군 원정의 중요성은 원정군이 성지와 성지로 향

그림 12 네덜란드의 풍차들

하는 여정에서 접한 유대인들과 이슬람교도들의 저작들을 서유럽으로 대거 가져온 데서 찾을 수 있습니다. 여기에는 아랍어와 히브리어로 해석되고 주석이 달린 그리스 철학과 과학 저술이 포함되었어요. 특히 수학, 천문학, 의학 등은 유대인들과 이슬람교도들을 통해 한층 더 발전한 상태로 유럽에 전해졌지요.

이런 지식이 유입된 시기는 11세기 말로 대학이 탄생할 무렵입니다. 이 때문에 대학이 탄생하진 않았지만 덕분에 대학에 힘이 생기기 시작하죠. 이보다 더 중요한 것은 대학이 아닌 일상생활에 미친 영향입니다. 새롭게 유입된 수학, 과학 지식은 노동 효율성을 높이는 신기술을 낳았습니다. 〈그림 12〉를 볼까요. 소나 말을 이용해서 힘들여 곡식을 빻다가 이런 풍차를 이용함으로써 효율이 몇 십 배 높아지게 됩니다. 그리하여 '잉여'가 생기고 사회 구조가 변하고 정치변혁까지도 초래되지요. 때마침 유럽은 오랜 기간 풍년을 누리면서 인구가 급증하고, 곳곳에 도시가 발전했고, 도시에 인구가 집중되어 상업이 활성화됩니다. 중세의 기술혁명은 12세기부터 시작하여 14세기 중반까지 유례없는 경제성장을 이뤄냈습니다. 안타깝게도 인구의 급증과 도시 집중으로 주민들은 질병에 취약해졌는데, 14세기 중반에 적어도 7500만 명의 생명을 앗아간 흑사병으로 인해 기술혁명은 일단락을 짓게 됩니다.

중세·르네상스 기술혁명의 정점을 찍는 영역은 건축입니다. 〈그림 13〉은 프랑스 남부에는 세계유산으로 등록된 퐁 뒤 갸르^{Pont du Gard}라는 고대 로마 수도교인데, 약 2000년 전에 만들어졌지만 아주 잘 보존돼 있습니다. 18세기경 통행을 위해 하단부를 두껍게 증축했지만 원래 모습은 대체로 그대로 남아 있습니다. 서로마제국 멸망 후, 유럽 전역에 이런 수도교들이 묵묵히 서 있는 모습을 상상해보세요. 버팀목도 없이 지탱하고 있는 아름다운 아치형 다리는 보는 이의 경외심을 불러일으켰을 것입니다. 거인의 작품 같았겠지요. 그러다가 비트루비우스^{Vitruvius}라는 로마 건축공학자의

그림 13 고대 로마의 수도교 퐁 뒤 가르. 프랑스 남부 소재

건축 지식을 담은 열 권의 책이 15세기 초에 발견되면서 건축의 혁명이 일어납니다. 건축이 단순히 적당한 자재를 쌓아올리기만 해서 되는 일은 절대 아니죠. 정교한 기하학적 계산 능력과 상상력, 고체역학에 대한 지식 등이 모두 필요한 분야입니다. 이런 지식과 상상력을 통해 건축가들은 르네상스의 기원을 상징하는 '두오모 Duomo', 즉 피렌체의 대성당이라는 아름다운 건축물을 지어올렸을 뿐만 아니라 르네상스 미술의 핵심 기법인 원근법을 창안

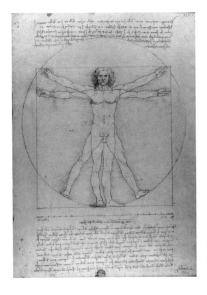

그림 14
레오나르도 다빈치, 〈비트루비우스적 인간〉
(인체비례도)

하게 됩니다.

기술혁명은 사람들의 사고를 '부분'에 대한 관심으로 이끌게 됩니다. 부분들이 잘 맞아야 만들어낸 것들이 오래 작동하고 지탱할 수 있으니까요. 세상 만물을 부분으로 나누고, 부분의 합으로 보고, 부품화하는 과정에서 인간이 세상을 보는 시각이 점진적으로 기계화되고 있었던 것입니다. 이것이 이번 강의의 핵심입니다. 다빈치가 비트루비우스를 따라서 그린 것처럼 인간조차 수학적인 도형 속에서 정확한 비율로 나뉠 수 있고 수학적인 공식으로 측량될 수 있게 된 것이죠. 일체一體로 인지되지 않고 부분으로 보이기 시작합니다. 〈그림 15〉의 다빈치의 인체해부도와 〈그림 16〉의 기계

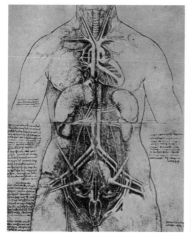

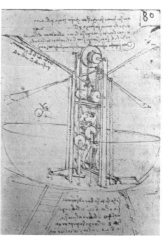

그림 15 레오나르도 다빈치의 인체해부도　　　그림 16 레오나르도 다빈치의 기계설계도

설계도가 묘하게 비슷해 보이지 않나요?

인간, 시간을 쪼개다

앞서 페일리의 시계공이론을 소개했습니다. 한 가지 주목할 점은 페일리가 설명하는 세계가 기계적이라는 것입니다. 자연을 시계에 비유한 것 자체가 페일리가 글을 썼던 1802년 즈음에는 인간의 의식이 이미 기계적인 틀 안으로 들어갔음을 의미하지요. 이런 의식을 중세인의 의식과 비교해보면 차이를 확연히 느낄 수 있습니다. 중세인들의 의식에서는 세상 만물이 부분 혹은 부품으로 쪼개져 있다는 생각이 지배적이지 않았어요. 물론 당시에도 꽤 세련된 기계들이 있었으니까 부분이니 부품이니 하는 말을 모르진 않았겠지만, 그렇다고 세상을 부품들의 집합으로 보지는 않았습니다. 세상이 유기적으로 맞물려 움직인다고들 생각했지요.

중세인들의 시간관을 살펴볼까요? 중세인들의 하루는 분초를 다투며 치열하게 일에 매진하는 우리의 하루와는 달랐습니다. 당시 서구의 모든 사회가 교회를 중심으로 움직였는데, 중세인들은 교회와 유기적인 조화를 이루며 살았습니다. 그들의 시간은 교회의 시간과 다르지 않았지요. 아침 종소리에 맞춰 일어났고, 낮에 종이 울리면 '아 지금 수도사들은 식사를 하고 계신데 그럼 나도 밥을 먹을까' 하며 점심을 먹었고, 날이 저물면서 종이 울리면 집에 가서 저녁을 먹고 잠을 청했지요. 당시엔 자연조명 밖에 없었기 때문에 5시, 6시쯤 되면 깜깜해집니다. 그러니까 종이 치면 집으로 가는 수밖에 없었지요. 그게 중세인들의 일상이었고 이런 삶은 매일 똑같았습니다. 시간이 정지돼 있진 않지만, 다람쥐 쳇바퀴 돌듯 교회의 시간 안에서 무한 반복될 뿐 발전, 진보와는 무관했지요.

그런데 14세기 들어 이탈리아에는 큰 변화가 일어납니다. 도시의 주요 광장에 자리 잡은 성당들에 사람들이 볼 수 있는 거대한 탑시계들이 설치되기 시작하지요. 탑시계뿐만 아니라 이탈리아 도시 곳곳에서 시계 수요가 급등하면서 모래시계, 기계화된 시계가 속속 등장하더니 중세 유럽 전역으로 퍼집니다. 탑시계, 기계화된 시계의 등장은 인간의 의식을 바꾸는 일대 사건이었습니다. 교회 종소리에 따라 반복되던 하루가 정확히 24시간으로, 한 시간은 60분으로, 1분은 60초로 쪼개지면서 분초를 다투는 삶이 문을 열었지요. 어찌 보면 인간이 굉장히 불행해진 순간이기도 합니다. 하루가 조각조각 나뉘면서 인간은 시간에 쫓기게 된 것이죠. 이 또한 기계화되어가는 인간의 의식에 영향을 주게 됩니다. 그러나 인간의 의식 속에 세상이 기계화되어 보인다고 해서 갑자기 과학이 탄생하는 것은 아니죠. 자연과학으로서 '과학'이 탄생하기 위해서는 결정적인 인식 전환이 필요했습니다.

발견을 발견하다

밀턴의 『실낙원』 8권에서 천사 라파엘을 손님으로 맞아 대화하던 최초의 인간 아담은 돌연 질문을 합니다. 하늘에 떠 있는 수많은 별들은 왜 이 하찮은 지구를 위해 끊임없이 돌면서 빛을 비춰주고 있냐고. 천사 라파엘은 천문학 강의를 하며 "그대 분수에 맞는 지혜를 구하라; / 그대와 그대 존재에 관한 것만을 생각하라; / 다른 세상을 꿈꾸지 마라"(173~175행)라고 충고합니다. 인간이 알아야 하는 것은 이미 다 알려졌으며, 그 이상을 '알려고 하면 다친다'는 얘기로서 성서의 선악과 이야기의 핵심 개념입니다. 중세의 사고관도 이와 유사하지요. 고전 작가들의 권위를 의심하지 않고, 알 필요가 있는 것은 그들의 글에 다 있다는 생각은 천사 라파엘의 생각과 매우 유사합니다. 중세인과 르네상스인들은 구약성서 「잠언」 1장 9절, "태양 아래 새로운 것은 없다"는 말을 굳게 믿은 듯합니다. 이런 사고를 하는 사람들에게는, 꼭 알아야 하는 것은 이미 신이 다 알게 해줬으니 '새로운' 것은 하찮거나 위험해 보였겠지요. 따라서 이들로서는 새로운 것들이 속속 드러나는 16~17세기가 편하지는 않았을 것입니다.

데이비드 우튼David Wootton은 『과학의 발명Invention of Science』이라는 책에서 실명하기를, 콜럼버스가 1492년에 대서양을 횡단해 새로운 대륙을 발견했을 때 '발견discovery'이라는 말 자체가 발견되었다고 합니다. 포르투갈어로 디스코브리아discobria라는 말이 그보다 10년 전쯤에도 쓰였는데, 이는 '발견'이라기보다는 '숨겨진 것을 드러나게 한다'는 뜻이었답니다.[11] 우리가 뭔가를 발견했다고 했을 때, 이미 있었던 것을 잠시 잃었다가 다시 찾아냈다는 말인가요, 아니면 옛날에는 없었거나 몰랐던 것을 밝혀냈다는 말인가요? 물론 후자입니다. 신대륙이 발견된 지 50년 만에 '디스커버리'라는 말이 후자의 의미로만 사용되기 시작했다는 것은 놀라운 일입니다. 이 세상에 발견할 것들이 많고 우리가 아직 모르는 게 많다는 사실을 자각한 결과로 보입니다. 컬럼버스 이전에는 사람들이 '모든 것은

---

[11] David Wootton, *The Invention of Science: A New History of the Scientific Revolution* (HarperCollins, 2015), Ch. 3.

그림 17 카미유 플라마리옹, 『대기권: 일반기상학』 삽화

제 자리가 있고, 신이 질서를 부여해 만들었기에 영원히 변치 않을 것'이라고 생각했다면, 신대륙의 발견으로 인해 '세상에 아직도 알아낼 것이 많다'고 생각하게 되었겠지요. 이 발견이야말로 과학혁명의 원동력이었습니다.

프랜시스 베이컨은 1620년에 출판한 『신기관Novum Organum』에서 진리를 가리고 왜곡하는 네 개의 우상을 지적했습니다. 이 우상들은 다음과 같습니다.

———

> 종족의 우상: 과장, 왜곡, 편견 등의 오류를 초래하는 인류 공통
> 의 우상.
> 동굴의 우상: 자신의 관심 영역에서 쌓은 지식으로만 세상을 해
> 석하려 하는 개인의 우상.
> 시장의 우상: 말을 잘못 사용하여 의사소통을 방해하는 언어의
> 우상.
> 극장의 우상: 기존의 믿음, 사고 체계가 진실을 오도하는 믿음
> 의 우상.

종족의 우상은 집단 우상입니다. 인간이 집단으로 만들어낸 허구
와 그로 인해 생겨나는 편견 등을 가리키지요. 동굴의 우상은 플
라톤의 동굴의 비유에서 유래한 말 같은데, 개인의 우상을 말합니
다. 개인의 편견, 개인의 편협한 관심사를 잣대로 세상을 보는 착
시의 오류입니다. 고려시대에 『삼국사기』를 쓴 김부식이 「감로사
甘露寺」라는 시에 평생 명예를 좇아 살던 자신을 돌아보며 '자참와
각상自慙蝸角上'이라는 구절을 남깁니다. 작디작은 달팽이 뿔 위에 올
라앉아서 세상을 바라보았음을 부끄러워하는 회한 어린 말로 베
이컨의 동굴의 우상과 유사한 오류를 지적하는 것 같습니다. 지식
을 추구하는 사람들이 빠져서는 안 되는 우상이죠. 셋째, 시장의
우상은 사람과 사람 사이의 의사소통이 의도적인 언어 왜곡 혹은
잘못된 언어 사용으로 인해 방해를 받는 것을 말합니다. 진리를

제대로 전달해줄 수 있는 언어가 얼마나 중요한가를 깨닫게 해주는 우상입니다. 마지막, 극장의 우상은 종교 등의 믿음 체계가 진실을 가리는 사태를 가리키는데, 1616년에 갈릴레오의 태양중심설을 정식으로 부정한 가톨릭교회를 염두에 둔 말인지는 모르겠으나 이 특정한 사례가 아니더라도 베이컨은 이와 유사한 사례를 충분히 떠올렸을 것입니다.

결국 베이컨이 하고 싶었던 말은, '객관적인 눈으로, 관찰을 통해서(관찰의 결과와 관계없이 기존 지식만을 내세우는 것이 아니라), 내 생각을 바꿀 수 있다면 그것이야말로 진정한 지식으로 향하는 하나의 길'이라는 것입니다. 관찰에 의해, 즉 직접 보고 분석함으로써 새로운 지식을 추구해야 한다는 베이컨의 생각은 1660년 영국 왕립학회, 과학과 진리를 추구하는 최초의 단체의 토대가 됩니다. 그래서 왕립학회가 발표하는 보고서에는 표지 삽화에 베이컨이 한 자리를 차지하고 있습니다.

근대와 '과학'

점심을 먹고 나서 강의를 들으려 하면 나른해지면서 살살 졸음이 찾아옵니다. 식곤증이라고 하지요. 가끔씩 불편하기는 하지만, 우리 몸이 제대로 작동하고 있다는 증거입니다. 맛있게 먹은 밥을 소화하는 과정에서 생기는 일시적인 현상이니까요. 소화란 섭취한 음식물을 원료로 우리 몸의 성장과 유지, 보수 등에 필요한 다양한 물질과 에너지를 만들어내는 과정입니다. 소화된 영양분의 대부분은 소장에서 혈액으로 흡수되어 혈관을 통해 심장으로 전달된 다음, 온몸으로 퍼져 나갑니다. 그럼, 우리 몸에서 영양분이 가장 많이 필요한 기관은 무엇일까요? 바로 머리, 뇌입니다.

우리 뇌는 보통 1.4킬로그램 정도밖에 안 되지만, 몸 전체 에너지의 4분의 1가량을 소비합니다. 수험생들이 하루 종일 앉아서 공부만 했는데, 운동한 만큼이나 아니 그 이상으로 배가 고파지는 이유가 바로 여기에 있습니다. 왕성한 뇌 활동으로 많은 에너지를 사용하면 당을 보충해야 합니다. 밥을 먹고 나면 피가 영양분을 받기 위해 소화기관(특히 소장) 쪽으로 몰리게 됩니다. 그만큼 뇌로 가는 혈액의 양이 줄어들게 되지요. 피는 산소 공급이라는 중요한 기능도 수행하기 때문에 혈액 공급의 감소는 일시적인 산소 부족으로 이어집니다. 그래서 잠이 오게 되는 것이지요. 그런데 이것이 근대의 과학혁명과 무슨 관계가 있을까요?

근대, 과학, 혁명

본격적으로 이야기를 풀어가기 전에 먼저 핵심 용어를 명확히 정의합시다. 우리가 지금 다루는 주제가 '근대 과학혁명'입니다. 자! 여기서, 근대는 뭐고, 과학은 뭐고, 또 혁명은 무엇인가요? 국어사전을 한번 펴볼까요? 국립국어원에서 제공하는 표준국어대사전에서 검색을 해보았습니다.

근대(近代)

1) 얼마 지나가지 않은 가까운 시대

2) 역사의 시대 구분의 하나로, 중세와 현대 사이의 시대. 우리
나라에서는 일반적으로 1876년의 개항 이후부터 1919년 3·1 운
동까지의 시기를 이른다.

과학(科學)

보편적인 진리나 법칙의 발견을 목적으로 한 체계적인 지식. 넓
은 뜻으로는 학(學)을 이르고, 좁은 뜻으로는 자연과학을 이른다.

혁명(革命)

1) 헌법의 범위를 벗어나 국가 기초, 사회제도, 경제 제도, 조직
따위를 근본적으로 고치는 일.

2) 이전의 왕통을 뒤집고 다른 왕통이 대신하여 통치하는 일.

3) 이전의 관습이나 제도, 방식 따위를 단번에 깨뜨리고 질적으
로 새로운 것을 급격하게 세우는 일.

지금 우리가 말하는 근대는 1)번 뜻, '얼마 지나가지 않은 가까운
시대'입니다. 그런데 정확히 언제인지 정의가 좀 애매합니다. 대략

1600년대에서 1700년대 또는 1800년대 초반까지라고 볼 수 있습니다. 과학은 좁은 뜻, 즉 자연과학을, 혁명은 3)번 뜻풀이인 '이전의 관습이나 제도 방식 따위를 단번에 깨뜨림'을 말합니다. 그런데 '단번에'라는 말이 조금 걸리네요. 앞에서 살펴보았듯이 과학혁명이 단일 사건이 아닌데 말입니다. 하지만 인류의 전체 역사에서 보면 100여 년이라는 시간은 짧다고 볼 수 있으니 크게 문제가 되지는 않을 것 같습니다. 그리고 혁명이라 하려면 어떤 사건을 경계로 이전과 이후에 어떤 단절이 있어야 합니다. 예를 들어 프랑스혁명이라고 하면 왕정이 무너지고 공화정이 들어섰습니다. 그럼, 과학혁명에는 어떤 단절 또는 큰 변화가 있었을까요? 한마디로 요약하면, 세상(자연 또는 우주)을 보는 사람들의 시각이 근본적으로 바뀌었다고 할 수 있습니다. 그러면 과학혁명을 불러온 몇 가지 사건을 살펴보겠습니다.

앞에서 설명한 대로, 이미 2500여 년 전에 고대 그리스의 (자연)철학자들이 자연의 구성 요소와 작동 원리를 나름대로 설명했습니다. 예컨대, 엠페도클레스는 물, 불, 흙, 공기 이렇게 4원소가 만물을 이루는 기본 성분이고, 이들 사이의 조합에 따라 물질의 특성이 결정된다는 원시 화학식(?)까지 제안했다고 합니다. 아리스토텔레스는 개별 원소가 본래 형태로 돌아가려는 본성이 있는데, 이것이 자연을 움직이는 원동력이라고 했습니다. 다시 말해 가장 근본이 되는 원소와 흙은 제일 무거워서 밑으로 가라앉아 땅을 만들었고 그 위로 물과 공기, 불이 차례로 층을 이루었다는 얘기입니다. 그리고 화산 폭발과 지진, 비 등은 원소들이 자기 자리를 찾아가는 움직임의 증거라는 주장도 했답니다. 또한 아리스토텔레스는 이런 생각을 발전시켜 지구가 중심이 되는 우주관을 내놓았습니다. 후대 학자들은 우주에 대한 아리스토텔레스의 견해에 종종 의문을 품었지만 이를 비난하는 것은 오랫동안 금기시되었습니다. 왜냐면, 자연의 완벽한 조화를 믿는 그리스인들이 비판을 허락지 않았고 가톨릭교회는 아리스토텔레스의 시각을 정통 종교의 가르침이라 했기 때문이죠. 이로 인해 아리스토텔레스의 주장은 기원전 4세기부터 1600년대에 이르기까지 사실로 받아들여졌어요. 그런데 1543년에 세상을 뒤집어놓을 책(『천구의 회전에 관하여 De revolutionibus orbium coelestium』)이 한 권 등장했습니다.

　태양을 비롯한 온 우주가 지구를 중심으로 질서 정연하게 돌고 있다고 철석같이 믿고 있었는데, 사실은 지구가 태양 주변을 맴도는 떠돌이별(행성) 중 하나에 지나지 않는다는 이야기를 들었다고 상상해보세요. 당시 사람들은 엄청난 충격을 받았을 것입니다. 전에도 이런 생각을 한 사람들이 있었지만, 과학적인 계산으로 뒷받침하여 태양중심설을 정립하고 책으로 펴낸 인물은 니콜라우스 코페르니쿠스가 처음이었습니다. 요즘에는 걸핏하면 '패러다임의 변화'라는 말을 사용하는데, 엄밀히 따지자면 이는 사람들의 인식이 대거 바뀐다는 말입니다. 인류 역사상 가장 큰 패러다임의 변화를 불러일으킨 인물은 바로 코페르니쿠스일 것입니다.

인간의 몸을 탐구하다

엠페도클레스에게 영향을 받은 고대 그리스의 의사들은 인체에
대해 이런 주장도 했답니다. 4원소에 상응하는 네 가지 체액, 즉
혈액, 점액, 검은 담즙, 노란 담즙이 우리 몸을 이루는 요소이며
이들의 균형과 조화에 따라 건강 상태가 결정된다고 말입니다. 이
후 로마시대에 이르러 클라우디우스 갈레노스Claudius Galenos라는 의
사가 4체액설을 의학 원리로 체계화하게 됩니다(그림 18). 당시 사
람들은 병이 걸려 몸이 아프면, 부족해진 체액은 보충하고 넘치는
체액은 덜어내면 된다고 믿었다고 합니다. 일례로, 혈액이 부족하
다고 여기면 혈액을 만들어낸다고 여긴 음식물 또는 약초를 먹이
고, 혈액이 과다하다고 생각되면 피를 뽑아냈다고 하지요. 서홍원
선생님 말에 따르면 이런 사혈瀉血이 19세기 초까지도 널리 사용되
었고, 심한 경우에는 피를 너무 많이 쏟아 목숨을 잃는 경우도 있
었다고 합니다.

갈레노스는 우리가 먹은 음식을 소화하여 얻은 영양분의 일부
가 간에서 혈액으로 만들어져 혈관을 따라 몸 전체로 퍼져서 사
용되고 나서 없어진다고 했습니다. 이후 거의 1500년 동안 거의 모
든 사람이 이런 갈레노스의 설명을 그대로 믿었습니다. 그러다가
전통과 권위를 무조건 따르기를 거부했던 윌리엄 하비William Harvey

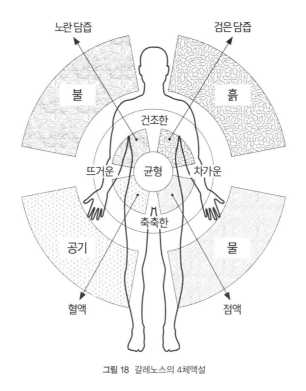

노란담즙

검은담즙

불

흙

건조한

뜨거운   균형   차가운

축축한

공기

물

혈액

점액

그림 18 갈레노스의 4체액설

라는 영국 의학도가 해부학 시간에 정맥 벽에 있는 판막의 방향
을 보고 의문을 품게 됩니다. 갈레노스의 말대로 혈액이 몸의 중
심에 있는 간에서 온몸으로 흐른다면, 정맥의 판막이 피의 흐름
을 방해할 것처럼 보였기 때문이지요. 하비가 옳았습니다. 피는 갈
레노스의 권위 있는 주장과는 전혀 다르게 흐르니까요. 정맥판막
은 정맥혈이 몸의 주변에서 심장 쪽으로 흐를 때 열리며, 피가 반
대로 흐르려 할 때는 닫힙니다. 정맥판막의 기능은 바로 혈액의

역류 방지입니다. 이런 기능이 왜 필요한지는 잠시 후에 설명하겠습니다. 하비는 여기서 멈추지 않았어요. 당시로서는 파격적이라고 할 수 있는 정량적인 실험을 감행했던 것입니다. 동물실험을 통해 심장의 부피와 심장에서 나가는 피의 양을 측정했던 거지요. 갈레노스의 주장대로라면 어마어마한 양의 피가 만들어져야 하는데, 이 정도의 혈액은 우리가 먹는 음식으로는 도저히 감당할 수 없다는 사실을 발견했습니다. 자신의 관찰과 실험 결과를 토대로 1628년에 하비는 혈액은 순환한다는 사실을 세상에 알립니다. 권위와 전통 대신 관찰과 실험, 합리적이고 논리적인 추론을 기반으로 하는 근대과학의 서막을 올린 사건이라고 할 수 있습니다.

 말이 나온 김에 혈액의 순환 경로를 알아볼까요. 온몸으로 혈액을 보내는 펌프인 심장은 네 개의 방으로 구성되어 있어요. 위쪽 두 개를 좌심방과 우심방 그리고 아래쪽 두 개를 좌심실과 우심실이라고 하지요. 그리고 피가 심장으로 들어오는 혈관에는 정맥, 심장에서 나가는 혈관에는 동맥이라는 이름을 붙입니다. 혈액의 순환 경로는 폐순환(소순환)과 체순환(대순환)으로 나뉘어 있습니다. 폐에서 산소를 받아들이고 이산화탄소를 방출하는 폐순환은 우심실에서 폐동맥을 통해 보내진 혈액이 폐의 모세혈관에 도착하여 기체 교환을 마친 다음, 폐정맥을 타고 좌심방으로 돌아오는 경로를 거칩니다. 좌심방으로 들어온 혈액은 '좌심실 → 대동맥 → 동맥 → 온몸의 모세혈관 → 정맥 → 대정맥 → 우심방'

의 순서로 온몸을 돌면서 산소와 영양소를 공급하게 되지요

　요컨대 심방은 혈액을 접수하고 심실은 펌프(폐순환에서는 우심실, 체순환에서는 좌심실) 역할을 합니다. 이처럼 혈액이 한 방향으로 순환하려면 펌프뿐만 아니라 역류 방지 장치가 필요합니다. 우리 몸은 판막이라는 일종의 밸브를 심장과 정맥에 두고 있습니다. 판막은 아파트 현관에서 흔히 볼 수 있는 세대별 우편함 투입구처럼 한쪽 방향으로만 열리게 되어 있어요.

　심장에는 총 네 개의 판막이 있어요. 좌우 심방과 심실 사이에

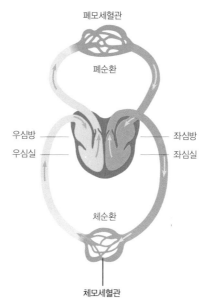

그림 19 포유류의 심장혈관계 모식도

있는 '왼방실판막'과 '오른방실판막'은 심실의 강력한 수축에 의해 닫히면서 심실에서 심방으로 혈액의 역류를 막습니다. 한편 좌우 심실과 대동맥 및 폐동맥 사이에 위치한 두 개의 반월판막(반달 모양이라 이런 이름이 붙었습니다)은 심실 수축에 의한 압력으로 열렸다가 심실이 이완될 때 동맥에 형성된 높은 압력 때문에 혈액이 역류하는 것을 막아줍니다. 좌심실이 수축함과 동시에 이 안에 있던 피가 울컥하고 대동맥으로 밀려들어가 온몸으로 쫙 퍼져나갑니다. 이때 팔 윗부분에서 측정되는 압력이 수축기 혈압(최고 혈압)이고, 심실이 확장할 때 측정되는 압력이 확장기 혈압(최저 혈압)입니다. 정상 혈압은 수축기에 120~130mmHg, 이완기에 80~85mmHg 정도인데, 이보다 높으면 고혈압, 낮으면 저혈압 진단을 받는 것이지요. 혈압은 심장에서 멀어질수록 당연히 낮아지겠지요. 소동맥과 모세혈관을 지나면서 계속 떨어진 혈압은 정맥에서는 아주 미미한 수준에 이릅니다. 그럼에도 불구하고 중력의 힘을 이겨내고 혈액순환이 계속 일어날 수 있는 이유는 정맥 판막과 주변 근육의 수축 덕분입니다. 그래서 스트레칭과 걷기 등 생활 운동을 부지런히 해야 합니다.

연역과 귀납, 과학의 방법론

하비가 혈액순환에 대한 연구를 진행하던 무렵에 영국 철학자 프랜시스 베이컨은 새로운 논리 체계를 내놓습니다. 베이컨의 방법

(귀납법)은 어떤 문제를 최대한 간단한 용어로 설명하면서 시작하는데, 그는 이것이 아리스토텔레스를 비롯한 그리스 철학자들이 제안한 삼단논법보다 더 효과적이라고 주장했어요. 삼단논법의 연역적인 논리 전개는 두 진술을 합침으로써 결론을 도출합니다. 예를 들어 "모든 사람은 죽는다"와 "베이컨은 사람이다"라는 진술에서 "베이컨 역시 죽는다"는 결론을 이끌어낼 수 있습니다. 연역법은 진술들이 옳으면 아무 문제가 없지만, 단 하나의 오류만 발생하면 연쇄적으로 논리가 무너집니다. 그래서 베이컨은 귀납법을 제안했던 것이지요. 연역법과는 다르게 귀납법의 경우 진술 자체가 유효한 게 아니라, 실험 또는 관찰을 통해 수집된 증거가 있어야 인정을 받습니다. 이와 같은 베이컨의 업적 또한 과학혁명을 일으키는 데 큰 역할을 했습니다. 이렇게 말하고 나니, 연역적 탐구 방법은 과학혁명에 기여한 바가 없다는 오해를 할까 봐 걱정됩니다. 절대로 그렇지 않습니다.

많은 사람들이 사실로 알고 있는 피사의 사탑 실험은 무거운 물체가 가벼운 물체보다 더 빨리 떨어진다는 아리스토텔레스의 주장을 반박하기 위해서 갈릴레오가 지어낸 이야기였을 거라고 추정합니다. 실제로 갈릴레오는 경사판과 공을 이용해 실험을 했고, 이를 통해 아리스토텔레스의 이론이 틀렸음을 증명함과 동시에 자유낙하[12] 법칙을 수학 공식(낙하 거리 = 가속도×시간의 제곱)으로 나타내는 데 성공했지요. 갈릴레오는 자유낙하하는 물체의 속도가 질량과는 무관하다고 생각했습니다. 2000여 년 동안 버티고 있던 거인의 권위에 도전한 것이지요. 그것도 사고실험思考實驗13으로 말입니다.

갈릴레오는 무거운 물체와 가벼운 물체를 연결해서 떨어뜨릴 경우의 속도를 생각해보았습니다. 아리스토텔레스의 말대로라면 질량이 늘었으니 무거운 물체 하나일 때보다 낙하 속도가 빨라지겠지요. 그러나 갈릴레오의 생각은 달랐습니다. 가벼운 물체가 달려있으니 무거운 물체의 낙하 속도가 늦추어질 거라고 보았지요. 이런 모순을 실제 실험이 아닌, 머릿속 생각만으로 발견하고 이를토대로 자유낙하하는 물체의 속도가 질량과 상관이 없을 거라는생각(가설)을 하게 된 것입니다. 애당초 갈릴레오가 아리스토텔레스의 자유낙하 이론을 의심하는 데 기반이 된 것은 경험이나 관찰이 아니라 논리였습니다. 즉 연역적 사고를 통해 가설을 세웠던것입니다. 사실 과학혁명의 마중물이 되었다고도 할 수 있는 르네상스 시대의 학자들은 아리스토텔레스보다 플라톤의 생각을 선호했다고 합니다. 오류의 여지가 있는 감각과 경험보다 이성과 연역적 방법을 중시했기 때문이죠.

지구에서 갈릴레오의 자유낙하 이론을 완벽하게 증명할 수는

---

12 일정한 높이에서 정지하고 있는 물체가 중력의 작용만으로 떨어질 때의 운동.
13 실행 가능성이나 입증 가능성에 구애되지 아니하고 생각만으로 성립되는 실험. 하나의 이론
     체계 안에서의 연역 추리의 보조 수단으로 쓴다.

없습니다. 공기의 저항 때문에 그렇습니다. 결국 300년 넘는 세월이 흐른 뒤에야 우주에서 이를 증명하기 위한 실험이 진행되었습니다. 1971년 8월 2일, 우주인이 아폴로 15호를 타고 공기 저항이 없는 달로 가서 30그램의 깃털과 1.32킬로그램의 알루미늄 망치를 동시에 떨어뜨렸습니다. 촬영된 영상을 통해 마흔 배 이상 질량 차이가 나는 두 물체가 달 표면에 동시에 도달하는 모습을 볼 수 있습니다. 당시에는 무모해 보였을 한 사람의 엉뚱한 사고실험이 결국 우주실험으로 확장되어 비로소 사실로 완전히 정립되는 과학의 속성을 잘 보여주는 사례라고 생각합니다. 결론적으로, 과학 이론의 정립 과정에는 귀납과 연역의 방법 모두 필요합니다. 자연현상을 있는 그대로 묘사하고 특수한 개별 현상에서 귀납적 추론을 통해 "모든 생명체는 세포로 되어 있다"와 같은 일반 명제를 끌어냅니다. 세심한 관찰과 이를 근거로 한 귀납적 결론은 자연을 이해하는 기초가 됩니다. 관찰한 결과에서 의문점이 생기면, 과학자는 이를 해결하기 위해서 가설을 세웁니다. 과학에서 말하는 연역적 추론은 〈그림 20〉에서 보듯 '~라면(if) ~일 것이다(then~)'라는 식의 추론입니다. 그리고 과학적 가설은 반드시 검증을 할 수 있어야 합니다.

근대과학은 우리 삶을 어떻게 바꾸었나

지금까지 소개한 몇 가지 사건만 보아도 과학혁명이 특정 순간에

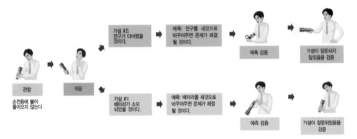

그림 20 연역적 추론 과정

일어난 특정 사건에 의한 결과가 아님은 분명합니다. 그렇다면 과학혁명을 어떻게 정의해야 할까요? '17세기 무렵 서양에서 일어난 우주(자연)를 바라보는(이해하는) 방식의 급격한 변화'라고 정리하면 어떨까요? 중요한 사실은 과학혁명 이후로는 베이컨이 주장한 대로 접근법의 권위가 아니라 경험을 중요시하게 되었다는 것입니다. 그런데 이와 같은 급격한 변화의 결과물이 곧 근대과학이라고 할 수 있을까요? 이 문제에 답하기 전에 먼저 도대체 과학이 무엇인지를 알아봐야겠습니다. 국어사전에 나와 있는 과학의 정의는 이미 살펴보았으니, 이번에는 영어사전[14]을 보도록 하지요.

Science

— 1330년 무렵. 연구를 통해 얻어지는 (무엇에 관한) 지식.

— 1670년대부터 '비인문학 연구non-arts studies'라는 근대적 의미로 사용됨.

— 1725년 "어떤 주제 또는 추측에 대한 체계적인 관찰 또는 진술 체제"라는 좁은 의미의 과학; 17~18세기에는 보통 이런 개념을 철학이라고 불렀음.

이 설명을 보니, '과학science'이 비인문학 연구라는 뜻으로 사용되는 시기가 1670년대 그러니까 과학혁명이 일어난 때입니다. 18세기 들어 의미가 한층 더 구체화되었고요. 그런데 아직 이때까지는 과학과 철학의 구분이 명확하지 않은 듯합니다. 사실 과학의 뿌리는 철학에 있죠. 다만 질문의 성격과 이에 대한 답을 구하는 방법 또는 과정이 조금 다를 뿐입니다. 강의를 시작하면서 식곤증 이야기를 했는데, 왜 식곤증이 생기느냐고 갈레노스에게 묻는다면, 먹은 음식으로 피를 만드느라 몸이 잠시 힘들어서 그렇다고 답했을지도 모르겠습니다. 과학이 제시한 답은 이미 설명했으니, 이것과 갈레노스식 답변을 직접 비교해보고 다른 점을 찾아보기 바랍니다. 간단히 말해서 과학에서는 우리가 알고 있는 사실에 근거해서 어떤 현상의 원리를 체계적으로 설명합니다. 우리는 살아가면서 끊임없이 문제에 부딪히고 이를 해결하기 위해 애씁니다. 그리고 철학과 종교가 문제 해결에 큰 역할을 담당했습니다. 적어도 과학혁명 이전까지는 말입니다. 이런 상황을 철학자 이정은은 다음과

---

14 영어어원사전, Online Etymology Dictionary(http://www.etymonline.com)

—

같이 설명했습니다.

> 변화무쌍함 속에도 질서는 있고, 으뜸이 되는 원리가 있다. 으
> 뜸이 되는 원리를 고전적으로 말하면 진리라고 할 수 있다. 그
> 렇다면 무엇이 으뜸이 되는 원리인가? 누가 그 진리를 다루는
> 가? 이렇게 묻는다면, 여러 분야에서 손을 들 것이다. 그중에서
> 도 오래도록 경쟁하며 호적수로서 진리의 쌍벽을 차지했던 분
> 야가 종교와 철학이다. 그리고 종교와 철학의 팽팽한 대립을 깨
> 면서 제3자로서 본격적으로 개입을 하기 시작한 것이 있으니 과
> 학, 특히 근대과학이다.[15]

문제는 과학이 우리가 세상을 이해하고 많은 문제를 해결하는 데
큰 도움이 되는 매우 실용적인 지식을 제공하지만, 우리가 던지는
모든 질문에 대한 답을 주지는 못한다는 사실입니다. 예를 들어
"우리는 왜 태어나야만 했는가?"라고 물으면, 쓸데없는 질문이라
고 일축해버리는 과학자가 있을 수도 있습니다. 과연 과학적으로
의미가 없는 그래서 비과학적인 질문은 무의미한 걸까요? 과학이
답을 할 수 없을 뿐, 우리에겐 나름의 의미가 있다고 생각합니다.
이런 질문을 '궁극 질문'이라고 합니다. 과학은 보통 궁극 질문을

---

15 한국철학사상연구회, 『다시 쓰는 서양 근대철학사』(오월의봄, 2012), pp. 8~9..

다루지 않습니다. 바로 앞 질문을 이렇게 바꾸어보면 어떨까요? "우리는 어떻게 태어났을까?" 이런 질문을 '근접 질문'이라고 하는데, 과학은 주로 이런 질문에 대한 답을 제공하려고 노력합니다. 이런 과정에서 과학자들은 가용한 모든 정보와 실험 결과, 관찰을 근거로 가설을 세우고, 이를 검증하기 위해 실험을 하고 또 다른 관찰을 하기도 합니다. 검증 과정에서 가설이 맞지 않으면 폐기되거나, 수정·보완되어 다음 검증을 받게 되지요. 이런 과정에서 가설이 살아남아 계속 다듬어지면 이론으로 발전하는 것입니다. 결국 과학 이론은 진리가 아니라 현재까지는 유효하다고 인정되는 강화된 가설이라고 할 수 있습니다. 그러나 과학 이론을 논박하려면 그동안 축적된 많은 과학 원리가 잘못되었음을 먼저 증명해야만 합니다. 그런데 현재 가용한 지식으로 해명할 수 없는 자연현상에는 과학이 어떤 판단을 내려야 할까요? 다음과 같은 하비의 역설力說에서 실마리를 찾을 수 있을 것 같습니다.

> 진리와 지식을 갈구하는 '진정한 과학자[16]라면 자기가 이미 잘 알고 있다는 생각을 결코 해서는 안 된다. 말하는 사람과 출처에 상관없이 새로운 정보를 받아들이고, 예로부터 내려오는 예

---

16 하비는 현재 철학자를 뜻하는 '필로소퍼philosopher'라는 단어를 사용했다. 당시에는 아직 과학자라는 말이 생기지 않았다.

술이나 과학에 대해서도 상상의 나래를 펼 수 있는 열린 자세를 가져야 한다. 그리고 우리가 알고 있는 것보다 모르고 있는 것이 훨씬 더 많다는 사실을 명심해야 한다. 과학자는 다른 사람의 가르침이나 주장을 맹신하여 생각의 자유를 잃어서도 안 된다.

지금 알고 있는 지식만으로 모든 문제에 답을 하기보다는 더 유용하고 확실한 판단의 준거를 찾기 위해 다각도로 노력하는 것이 바람직한 과학자의 자세라는 생각이 듭니다. 우리가 현재 직면한 문제, 향후 닥쳐올 난제들을 해결해가기 위해서는 각 문제의 본질을 더욱더 깊이 이해해야 합니다. 이전 세대와는 전혀 다른 새로운 미래를 살아갈 젊은이들은 특히나 열린 태도, 다면 사고 능력이 필요합니다. 과학과 철학, 문학의 한계를 직시하고 앎과 사유, 상상 사이에 경계를 그어 사안마다 갈리는 세 학문의 해석이 어떻게 다른지를 이해하려 노력하고 이를 통해 이들 학문의 접점을 찾아가는 여정에 동행하길 바랍니다.

2장

다윈이 일으킨 혁명

19세기 과학의 지각변동

앞에서 세상을 보는 인류의 시각을 근본적으로 바꾸어놓은 사건, 근대 과학혁명에 대해 얘기했습니다. 다시 한번 정리해보면, 이제 말하는 사람의 권위보다는 관찰이나 실험 등으로 검증된 지식이 더 인정받는 시대가 된 것이죠. 그렇다 보니 자연스럽게 자연을 더 잘 이해하기 위해서 혁신적인 생각을 하는 사람들이 늘었고, 이런 흐름 속에서 크고 작은 사건들이 일어났습니다. 그리고 또다시 '혁명'이라고 부를 만한 사건이 19세기 중반에 터집니다. 자꾸 혁명이라는 단어를 써서 극단적인 사람으로 비칠까 살짝 걱정도 되지만, 이 사건의 본질이 그러하니 어쩔 도리가 없습니다.

———

『종의 기원』, 다윈이 던진 돌직구

1859년 영국에서 출판된 책 한 권이 또 한 번 세상을 흔들었습니다. 이번에는 무엇을 바꾸어놓았을까요? 과학혁명 이후 우리가 살고 있는 지구가 우주의 중심이 아니라는 사실은 받아들여졌지만, 그래도 인간이라는 존재 자체는 만물의 영장으로서 여전히 우주의 중심에 서 있었어요. 어쩌면 그러기를 간절히 바랐다고 하는 편이 더 정확할지도 모르겠네요. 당시 대다수 서양 사람들은 신(하느님)이 자신의 모습대로 인간을 창조했다는 성경 내용을 믿었습니다. '이마고 데이(IMAGO DEI: 신의 모상)'에 대한 굳은 믿음을 가지고 있었지요.

신의 모습을 반영하기 때문에 인간은 다른 모든 피조물보다 우월하다는 확신에 차 있던 사람들에게, 정도의 차이가 있을 뿐 인간과 동물 사이에 본질적인 차이는 없다는 날벼락 같은 소리가 들려왔습니다. 이제 인간은 원죄로 인해 신과 멀어진 존재가 아니라, 자연계에서 차지하는 위상이 동물과 별 다를 바 없는 존재로까지 한없이 떨어지고 말았습니다. 인간도 곰팡이부터 원숭이에 이르기까지 다른 모든 생명체와 동일한 방식으로 지구상에 존재하게 되었다는 얘기죠. 세상에 알려진 지 160여 년이 지난 지금까지도 이 책이 일으킨 파장이 이어지고 있으니 출판 당시에는 사람들이 얼마나 큰 충격을 받았겠습니까. 혁명이라는 단어가 붙을 만한 사건이지요.

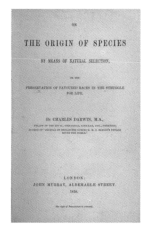

『자연선택에 의한 종의 기원, 또는 생존경쟁에서 유리한 종의 보존에 대하여』, 흔히 『종의 기원』이라고 알려진 책의 전체 제목입니다. '종의 기원'이라고 하니까 많은 사람들이 생명체의 탄생을 자연스레 떠올리는 듯한데, 이 책은 생물의 기원을 말하지 않습니다. 새로운 종의 기원, 그러니까 기존 생명체에서 어떻게 새로운 생명체가 생겨날 수 있는지를 설명합니다. 한마디로 생명체의 '기원'이 아니라 '변화'를 말하고 있어요. 무엇에 의해서 변하냐고요? 바로 '자연선택'이지요.

'다윈' 하면 제일 먼저 '진화evolution'라는 단어가 떠오를 것입니다. 그런데 의외로 『종의 기원』에는 이 단어가 딱 한 번 나옵니다. 그것도 책의 맨 끝에 말입니다. 대신 변이variation라는 단어는 100번이 넘게 나옵니다. 앞서 언급한 대로 진화 개념은 다윈이 등장하

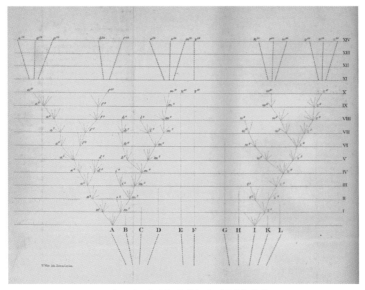

그림 22 「종의 기원」에 실려 있는 '생명의 나무'

기 훨씬 이전부터 있었습니다. 고대 그리스 철학자 엠페도클레스를 '진화 사상의 아버지'라고 하잖아요. 책벌레였던 다윈이 이런 사실을 모를 리 없었고, 1861년에 출판된 『종의 기원』 3판의 머리말에서 자신보다 앞선 사람들의 진화 사상을 요약 설명했습니다. 맨 먼저 엠페도클레스와 아리스토텔레스의 주장을 소개하면서, 이 고대 그리스 철학자들이 희미하게나마 자연선택의 원리를 예시했다고 기술했습니다. 예컨대, 치아가 필요에 의해서 자라면서 앞니는 음식물의 절단에, 어금니는 음식을 으깨는 데 적합해지는데, 앞니와 어금니가 애당초 이런 기능을 위해 만들어진 것이 아니라 우연히 그렇게 되었다는 아리스토텔레스의 말을 소개했어요. 다윈이 둘째로 언급한 인물은 프랑스 왕실 식물원장이었던 르클레르 뷔퐁Leclerc Buffon 백작입니다.

　뛰어난 수학자이기도 했던 뷔퐁은 지구가 기원전 4004년에 만들어졌다는 성경 기록을 믿지 않았습니다. 대신 혜성이 태양에 충돌했을 때 지구가 형성되었고 지표면 아래는 아직도 뜨겁지만 점점 열기가 식어가고 있다는 이론을 세웠습니다. 나아가 지구의 자기장이 지구가 거의 쇳덩이임을 암시한다고 생각하고, 이 쇳덩이가 식어가는 속도를 이용해 지구의 나이를 측정할 수 있으리라 추론했습니다. 실제로 뷔퐁은 작은 쇠공을 가열하고 식을 때까지 걸리는 시간을 측정한 다음, 이를 근거로 지구만 한 크기의 쇠공이 식으려면 시간이 얼마나 걸릴지 계산했습니다. 그가 얻은 답은 7만 5000년이었다고 합니다. 물론 엄청나게 빗나간 값이지만 그동안 알려진 것보다는 지구의 나이가 훨씬 더 오래되었음을 보여주는 최초의 과학적 증거(?)였습니다. 뿐만 아니라 뷔퐁은 당시에 사용 가능했던 화석과 동식물 분포, 비교해부학 자료 등을 분석하여 훗날 다윈이 정립한 이론에 포함된 상당수의 요소를 파악했습니다. 하지만 다윈도 지적했듯이 인과관계나 작동 원리 등에 대한 구체적인 설명을 하지 못했고 논리적이지 않은 부분이 많았습니다. 1753년에 출간한 『자연사Histoire naturelle』 4권에 있는 다음 내용만 보아도 이런 문제점을 알 수 있습니다.

우리가 일단 식물과 동물의 가족들이 있다는 것을 인정한다면 당나귀가 말 가족의 일원일 수 있다. 하나가 다른 하나와 공동 조상에서 퇴보되어 다르게 되었을 뿐이라면, 원숭이는 인간의 가족으로 퇴보한 사람일 뿐이다. 따라서 당나귀와 말이 그렇듯이 원숭이와 사람에게도 공동 조상이 있다는 것을 받아들일 여지는 충분할 것이다. 그렇다면 동물이든 식물이든 모든 가족은 단일한 선조로부터 태어났음이 분명할 텐데, 단일한 선조는 세대를 거듭한 후에 어떤 경우에는 높은 자손이 되었고, 다른 경우에는 낮은 자손이 되었다.[17]

다윈이 생물 진화의 핵심을 제대로 짚은 최초의 인물로 지목한 사람은 바로 라마르크입니다. "어! 더 높은 나무의 가지에 달린 잎을 먹겠다고 점점 더 목을 빼느라 목이 길어지고, 그게 유전되어 오늘날 기린이 되었다는 잘못된 주장을 했던 사람?"이라고 반문하며 고개를 갸우뚱하는 이들이 있을 것입니다. 맞습니다. 라마르크는 기린의 조상이 우리가 알고 있는 기린과는 전혀 다른 모습이었는데, '목 길어짐'이라는 '획득형질'이 세대를 거치며 유전되고 누적되어 지금처럼 목이 긴 기린이 출현하게 되었다고 주장했습니다. 물론 획득형질은 유전되지 않습니다. 꼬리를 자른 반려동물이

17 위키백과에서 발췌 번역.

낳은 새끼의 꼬리가 짧던가요? 옛날의 중국 여인들에게 강요된 전족 풍습 때문에 그들의 후손인 현대 중국 여성들 발이 작아졌나요? 유대나 이슬람 세계에서 수천 년간 할례가 시행됐는데, 현재 그쪽 남아들은 성기에 포피가 없는 상태로 태어나나요? 모두 아니죠. 획득형질이 유전된다는 주장은 말끔하게 논파되었습니다. 그런데 왜 다윈이 이런 라마르크를 높이 평가했을까요?

라마르크가 진화에 대한 생각을 공표한 때가 1809년이에요. 『종의 기원』이 1859년에 출판되었으니까 정확하게 50년 차이가 납니다. 그러니까 라마르크는 다윈보다 한 세대 이상 앞선 거의 할아버지뻘 되는 사람입니다. 우리가 흔히, 라마르크는 틀렸고 다윈이 옳았다는 이분법 사고로 실수를 저지르는데, 사실 라마르크는 다윈에게 큰 영감을 주었습니다. 라마르크가 중요한 이유는, 그가 생물 종이 불변의 피조물이 아니며 환경과의 상호작용, 즉 창조주의 개입이 아닌 자연현상의 결과로 인해 변할 수 있음을 간파하고 이를 자신의 저서 『동물철학』에 인류 역사상 처음으로 기록했기 때문입니다. 라마르크의 이론이 나오기 전까지는 모든 생물은 원래 모습 그대로 창조되었기 때문에 절대로 변할 수 없다고 믿었습니다. 아리스토텔레스도 '자연의 사다리'를 통해서 생물 종은 불변이라고 말했잖아요. 그러나 라마르크는 달랐어요. 자연 또는 환경과 상호작용함으로써 생물이 변할 수 있다고 생각했던 것입니다. 지금 보면 별거 아닌 듯해도, 당시로서는 파격적인 발상입니다. 예로부터 모든 사람이 생물은 자연의 사다리에 고정되어 있거나 신의 피조물로서 변하지 않는다고 믿었는데, 나름의 과학적인 방법으로 얻은 자료를 근거로 반론을 제기한 것은 대단한 발상의 전환입니다. 획득형질의 유전을 주장했다고 해서 라마르크의 업적을 폄하하지 않기를 바랍니다. 라마르크는 또 독일의 박물학자 고트프리트 트레비라누스Gottfried Treviranus가 1802년에 제안한 '바이올로지biology'라는 단어를 과학 용어로 도입한 사람이기도 합니다.

생명체는 생존과 번식에 필요한 환경이 제공되는 곳에서만 산다는 사실을 우리는 잘 알고 있습니다. 그런데 이 환경이 늘 바뀌고 있으니, 변화에 적응하지 못한다면 살아남기가 어려울 것입니다. 바꾸어 말하면 현존하는 모든 생물 종은 오랜 시간 동안 예측할 수 없는 환경 변화에 잘 적응해왔다고 볼 수 있습니다. 여기서 중요한 것은, 환경 변화는 예측할 수 없다는 것입니다. 그렇기 때문에 환경이 변한 다음에 여기에 맞춰 생명체가 변하는 것이 아닙니다. 생명체는 항상 무작위로 변하고 그리하여 모든 생명체 집단 내에는 다양한 변이체들이 존재하게 됩니다. 이런 상황에서 변화한 환경에 적합한 개체만이 살아남게 되겠지요. 따라서 생명체의 적응이란 생물학적 변이가 우연히 환경 변화와 맞아떨어진 결과라고 볼 수 있습니다. 이것이 바로 『종의 기원』에 담겨 있는 핵심 내용입니다. 한마디로 생물 진화의 원리를 인류 최초로 명쾌하게 설명한 책입니다. 자, 그럼 이 책 속으로 들어가 볼까요.

자연선택, 일상에서 발견한 놀라운 힘

'사육 과정에서 생기는 변이'라는 『종의 기원』 첫째 장의 제목에서 알 수 있듯이, 다윈은 생물의 여러 특성, 특히 사육과 재배 과정에서 관찰되는 생물학적 변이에서 힌트를 얻어 자연선택이론을 창안했습니다. 1장은 이렇게 시작합니다. "옛날부터 길러온 작물과 가축의 변종들을 비교할 때 가장 놀라운 점은, 우리가 재배 또는 사육하는 변종들 사이에서 나타나는 차이가 자연 상태에 존

그림 23
다양한 모습의 개

재하는 변종들에서 볼 수 있는 차이보다 훨씬 더 크다는 것이다."
집에서 기르는 반려견에서 이런 다윈 주장의 핵심을 볼 수 있습니다. 전부 개인데 외양은 천차만별이잖아요. 왜 그럴까요? 바로 인간이 선별과 교잡을 통해 품종을 개량해왔기 때문입니다.

농업에서 육종이라고 하는 이 과정을 보고 다윈은 생물의 변이를 빠르게 만들어내는 인간의 선택 능력을 간파했습니다. 그는 이런 원리를 인공선택이라고 부르고, 만약 인간이 아닌 자연이 선택을 한다면 어떻게 될지를 생각했습니다. 시간이 오래 걸리기는 하겠지만, 궁극적으로 인공선택과 다름없는 결과를 낳을 거라는 결론에 이릅니다. 이렇게 해서 생물 진화의 중요한 원리인 '자연선택' 개념이 정립된 것이죠. 다윈의 책을 한 번 더 볼까요. 이번에는 맨 마지막 장입니다.

사실 인간이 변이를 일으키는 것은 아니다. 아무 의도 없이 생물을 새로운 생존 조건에 노출시킬 뿐이다. 그러면 자연이 작용하여 변이를 일으킨다. 하지만 우리는 자연이 준 변이를 선택하고 원하는 대로 누적시킬 수 있다. 그러므로 인간은 자신의 이익과 기호에 맞게 동식물을 적응시키는 것이다. 우리는 이런 일을 체계적으로 하기도 하고, 품종을 개량할 생각 없이 무심코 그 당시에 가장 유용한 개체를 보존함으로써 할 수도 있다. 매 세대에 나타나는 개체의 변이는 비전문가의 눈에는 보이지 않을 정도로 경미하지만 이런 변이를 계속 선택하여 교배하면 해당 생물의 특성을 크게 변화시킬 수 있음은 확실하다. 이러한 선택 과정은 그 특징이 아주 뚜렷하고 유용한 가축을 육종하는 데 주요한 요인으로 작용해왔다. (……) 사육과 재배 과정에서 이 토록 효율적으로 작용하는 원리가 자연에서 작용하지 않을 이 유는 없다. 끊임없이 벌어지고 있는 '생존경쟁Struggle for Existence' 에서 유리한 개체나 종족이 보존되는 것을 보면서 우리는 가장 강력하고 항상 작용하는 선택의 여러 수단을 알 수 있다. (……) 자연선택은 경쟁으로 작동하므로, 어디에 사는 생물이든 함께 사는 생물들과의 관계 속에서만 적응한다. 따라서 특별하게 창 조되어 그 지역에 맞게 적응했다고 생각되는 생물들이 다른 곳 에서 온 생물과 겨루다가 져서 쫓겨난다고 하더라도 전혀 놀랄 필요가 없다.

모든 생물은 생존을 위해, 즉 번식할 때까지 살아 있기 위해 치열하게 경쟁합니다. 한 곳에서 함께 살고 있는 같은 종의 무리, 즉 개체군의 구성원들이 모두 똑같지 않죠. 여러분 자신과 똑같은 사람이 있는지 당장 주위를 둘러보세요. 당연히 없죠. 언제나 조금씩 다르고, 즉 변이가 있고 어떤 구성원은 다른 것들보다 처한 환경에서 살아가기에 더 유리합니다. 결과적으로 각 세대마다 주어진 환경에서 최적의 개체가 살아남아서 상대적으로 더 많은 자손을 남기게 되지요. 그러면 다음 세대에는 이들의 자손이 더 많아질 테니 '선택'을 받은 셈이지요. 그리고 이 세대는 앞선 세대와는 분명히 다릅니다. 해당 환경에 적합하지 않은 구성원(개체)들이 사라졌으니까요. 그러나 여전히 상대적으로 생존에 더 적합한 개체들은 존재하고, 자연선택도 그대로 작용합니다. 그런데 자연(환경)은 끊임없이 변하기 때문에 한때 번성했던 생물들이 쇠퇴할 수도 있고, 자연선택은 순간순간 최적의 개체를 선택하여 개체군을 변화시킵니다. 결국 세대를 거치면서 생물 종의 특징은 조금씩 계속 변해가겠죠. 다윈이 살던 시대에는 지구의 나이가 몇 억 년이 넘고 역사가 굉장히 오래되었다는 강력한 증거들이 발견되고 있었습니다. 다윈은 아무리 사소한 변화라도 이렇게 엄청난 시간 동안 지속되면 현재 지구에 살고 있는 생물과 멸종된 생물까지 포함하여 다양한 생물들이 생겨날 수 있다고 생각했습니다. 물론 이런 과정에 조물주나 지적 설계자의 개입을 상정할 필요는 없습니다.

진화이론 확립에 기여한 또 다른 사람들

생명체가 진화한다는 생각은 이미 고대 그리스의 자연철학자 시절부터 있었지만 생물 진화에 대한 현대적인 생각은 17세기 과학혁명 이후에 나타났습니다. 생물분류학의 아버지라고 불리는 스웨덴 출신의 칼 린네Carl Linne는 혼자서 8000여 종류의 식물과 4000여 종류의 동물을 관찰하고 특징들에 맞게 분류했을 뿐만 아니라, 라틴어를 사용하여 각 생물에 이름을 붙였습니다. 일례로 사람은 호모사피엔스라고 하는데, 호모는 속屬, 사피엔스는 종種 명을 나타냅니다. 린네가 창안한 이명법二名法 덕분에 사용하는 언어에 얽매이지 않고 전 세계적으로 통용될 수 있는 생물 명칭 체계가 수립된 것이죠. 목사의 아들로 태어난 린네는 어려서부터 신앙심이 매우 두터웠고 관찰력과 분석력도 뛰어났다고 합니다. 생물이 성경에 기록된 대로 창조되었으며, 생물 종들은 절대 변하지 않고 고정되어 있다고 믿었습니다. 모든 생물 종이 창조주의 섭리에 따른다고 보았으며, 이를 질서 정연하게 분류하는 작업은 창조주에게 영광을 돌리는 일이라고 확신했습니다.

고생물학과 비교해부학의 창시자인 프랑스의 조르주 퀴비에 Georges Cuvier도 린네의 종 불변설에 동의하면서 서로 다른 지층에서 발견되는 화석의 거대 변화, 즉 새로운 종들이 나타났다가 사라지는 패턴에 주목했습니다. 그는 이것을 멸종의 증거로 보았고, 멸종이 일어나면 새로운 종들이 창조된다는 '격변설'을 주장했습니다. 그러나 린네와 퀴비에의 업적에 나타난 다양한 생물들 사이의 유사성과 차이점을 생물이 변화해왔다는 징표로 보는 사람들도 있었습니다. 예컨대, 파리 자연사박물관에서 함께 일하던 선배 박물학자 라마르크는 퀴비에의 격변설 얘기를 듣고, 생물 종들이 멸종한 게 아니라 새로운 종으로 변화한 것이라는 의견을 개진했어요. 그러나 퀴비에는 물론이고 당대의 많은 학자들이 라마르크를 무

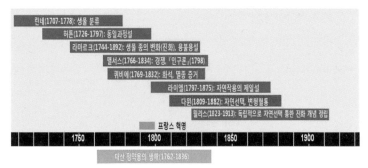

그림 24 연대순으로 본 다윈과 진화 이론 선구자들의 생애와 업적

신론자라고 힐난했고, 결국 인류 최초의 과학적 생물 진화 개념은 철저히 무시되었죠. 아이러니하게도 손자뻘 되는 영국인이 이 억울하고 처량한 프랑스인의 명예를 회복시켜줍니다.

이 영국인은 '비글호'라는 영국 해군의 측량선을 타고 5년 (1831~36년) 동안 탐험 여행을 하면서 같은 생물 종이라도 살고 있는 지역에 따라 서로 다르다는 사실을 발견합니다. 특히 그 유명한 갈라파고스제도[18]는 무척 호기심을 끌었습니다. 남쪽과 북쪽 끝에 자리 잡은 섬이 220킬로미터 떨어져 있으며 각 섬들은 불과 수십 킬로미터 떨어져 있지만, 섬들에는 각기 다른 종류의 동식물이 서식하고 있었기 때문이죠. 또한 다윈은 항해 내내 이 배의 선장인

---

18 남미 에콰도르에서 약 1000킬로미터 떨어진 적도 근처 태평양에 있는 열아홉 개 화산섬과 주변 암초로 이루어진 제도이다.

피츠로이가 선물한 찰스 라이엘Charles Lyell의 저서 『지질학의 원리 The Principles of Geology』를 탐독했다고 합니다. 물과 바람 같은 자연의 힘이 아주 오랫동안 작용해서 지구에 변화를 일으켰다는 내용이 담긴 책인데 이 덕분에 수십 년 앞서 허튼이 주장했던 '동일과정설'이 널리 알려지게 됩니다. 관찰과 독서, 사색으로 채워졌던 비글호 항해 여행에서 돌아온 다윈에게 생물의 진화는 분명한 사실로 다가왔고, 문제는 어떻게 진화가 일어나는가 하는 것이었습니다. 다윈이 사육사와 원예가들이 행하는 품종 개량 과정을 보고 인공선택의 힘을 인식했다고 앞서 설명한 바 있습니다. 이즈음, 다윈은 토머스 맬서스Thomas Malthus의 『인구론』을 재미 삼아 읽었다고 합니다. 인간 사회에서 제한된 재화를 놓고 나날이 치열해지는 생존경쟁에서 승자만이 살아남는다는 맬서스의 주장을 접하고 다

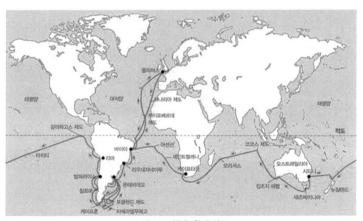

그림 25 비글호 항해 경로

원은 경쟁의 중요성을 간파합니다. 그는 경쟁 대상을 같은 지역에 사는 모든 생물 종으로 확대하여 갈라파고스제도의 섬들에 각기 다른 동식물이 서식하는 이유를 생물 종들 간의 경쟁으로 설명할 수 있었습니다. 다윈 진화이론의 핵심인 자연선택의 작동 원리가 정립되는 순간입니다.

진화이론, 누가 먼저일까?

1858년 6월 18일, 진화이론을 거의 완성하고 이를 다듬던 다윈에게 앨프리드 러셀 월리스Alfred Russel Wallace라는 박물학자가 보낸 날벼락 같은 편지 한 통이 날아들었습니다. 편지를 읽던 다윈은 아연실색하여 의자에서 떨어질 뻔했다고 합니다. 동인도제도에서 연구를 수행하고 있던 이 영국 젊은이의 편지에는 다윈 자신이 20여 년에 걸쳐 이룩한 연구 성과와 거의 같은 내용이 담겨 있었기 때문입니다. 다윈은 라이엘을 비롯한 지인들에게 이 사실을 알리고 도움을 청했는데, 이들은 다윈이 먼저 발견했다는 것을 전제로 월리스와 공동 명의로 학회에 논문을 발표하라고 조언했습니다. 결국 1858년 7월 1일 다윈은 월리스와 공동으로 린네 학회지에 논문을 발표하고, 서둘러 이듬해 11월 24일에 『종의 기원』을 출간하게 된 것입니다.

다윈 주변에는 조력자들이 많았던 것 같습니다. 내성적인 성격 탓에 공개 석상에서 좀처럼 자기주장을 방어하려 하지 않았던 다원을 위해 당대의 유명한 생물학자였던 토머스 헉슬리^{Thomas Huxley}가 발 벗고 나서 다윈을 대신해 언쟁을 벌였습니다. 이로 인해 헉슬리는 '다윈의 불독'이라는 별명을 얻게 됩니다. 사회학자이자 철학자였던 허버트 스펜서^{Herbert Spencer}는 다윈의 이론에 크게 공감하여 이를 사회학에 도입하여 사회진화론의 창시자가 됩니다. 그는 '적자생존^{survival of the fittest}'이라는 말을 만들어, 사회는 단순한 상태에서 복잡한 상태로 진화하며 더 발달한 사회가 덜 발달한 사회를 지배하는 적자생존의 원리가 적용된다고 주장했습니다. 지금도 이 용어는 널리 알려져 있고, 많은 사람들이 다윈의 용어로 착각하고 있죠. 사실 다윈도 이 용어를 『종의 기원』 5판에서부터 사용하기 시작했습니다. 하지만 스펜서의 이런 발상은, 강자의 약자 지배를 당연시하는 사조의 단초가 되어 우생학이라는 사이비 과학을 낳는 불행한 결과를 초래하기도 했습니다.

다윈과 월리스의 관계를 두고 오늘날에도 논란이 많습니다. 다윈이 월리스의 업적을 일부 가로챘다고 비난하는 사람들까지 있을 정도니까요. 다윈 시절에도 그랬었는지 『종의 기원』 3판부터 머리말에 월러스를 포함하여 진화이론을 거론한 사람 수십 명의 이름을 언급하고 있습니다. 어쨌든 발매 당일 매진된 다윈의 책은 1872년 6판까지 출판되었는데, 이 기간 동안 2만 부 이상 팔렸다고 합니다. 요즘 말로 밀리언셀러입니다.

그의 아버지는 알았을까, 아들의 마음을

다윈은 아버지와 할아버지가 모두 의사인 유복한 가정에서 태어났습니다. 다윈의 아버지는 당연히 아들이 의사가 되기를 원했습니다. 성격이 조용한 이 아들은 의학에 별 관심이 없었지만, 아버지의 설득으로 마지못해 1825년에 에든버러대학교 의학부에 입학합니다. 그러나 피에 대한 거부감과 수술 중에 환자들이 받는 고통을 견딜 수 없어 1827년에 자퇴를 하고 맙니다. 당시는 아직 마취제가 발명되기 전이었습니다. 이번에는 아버지가 방황하는(?) 아들을 케임브리지대학 신학대학으로 인도합니다. 아들은 성직자가 되면 여가 시간이 많아서 자기가 좋아하는 박물학을 공부할 수 있으리라 생각하고, 아버지의 제안을 기꺼이 받아들였다고 합니다. 애당초 아들의 관심사는 의학도 신학도 아닌 박물학이었다는 사실을 아버지는 알고 있었을까요? 1831년 드디어 아들은 우수한 성적으로 케임브리지대학교를 졸업합니다. 하지만 이 아들은 훗날 회고록에서 대학교에서 얻은 학문적 성과는 아무것도 없었다고 밝히고 있습니다. 졸업 후 아들이 세계일주 여행을 계획하자, 아버지는 심하게 반대합니다. 다행히 에든버러대학 시절의 은사 한 분이 아버지를 설득해서 다윈은 역사적인 비글호 항해 길에 오를 수 있었습니다. 자칫했으면 진화이론의 창시자에 다윈이 아닌 다른 사람의 이름이 붙을 뻔했습니다.

'격세유전'이 무슨 뜻일까요? 사자성어는 아닙니다. 조부모의 특징이 자식에게서는 나타나지 않고 손자 대에서 나타나는 경우를 가리키는 생물학 용어입니다. 어쩌면 다윈이 격세유전의 사례인지도 모르겠습니다. 찰스 다윈의 할아버지인 이래즈머스 다윈 Erasmus Darwin은 지구상 생물은 원시 생명체에서 점차 발달하여 오늘날처럼 다양한 모습을 띠게 되었다는 주장을 하여 주변 사람들의 비웃음을 샀다고 합니다. 이러한 생각은 그가 남긴 「자연의 전당」이라는 시에 고스란히 담겨 있습니다.

> 망망한 파도 아래 생명이 움텄나니
> 바다 속 진주 동굴에서 태어나고 자랐도다
> 처음엔 작아서 돋보기로도 보이지 않던 것들이
> 뻘 위를 헤매고 그 속으로 파고들었다
> 이들이, 대를 이어 번성하면서
> 새 힘을 얻으며 점점 더 커지더니
> 거기서 수많은 초목들이 저마다 솟아나고
> 지느러미와 다리, 날개가 달린 것들이 숨을 쉬도다

현대 생물학에서도 최초 생명체의 근원을 바다로 추정하는데, 이 시는 처음부터 최초 생명체의 탄생 과정을 정확하게 짚어내고 있네요. 이어서 맨눈으로 안 보이는 작은 생물, 미생물을 얘기하고요. 이어지는 시 구절을 보세요. 한마디로 점입가경漸入佳境입니다.

시간이 흐르면서 다양한 물풀들이 나타났고, 이런 것들이 육상으로 올라왔다고 읊고 있네요. 그러고 나서 어류와 육상동물, 조류의 탄생을 암시하며 시가 마무리됩니다. 한마디로 생명의 탄생부터 진화에 이르기까지 일련의 과정을 함축해놓은 시입니다. 이것이 사실이라면 생명이 없던 것에서 생명체가 탄생한 것입니다. 최초의 생명체가 세대를 거듭하며 축적되는 변화로 인해 다양한 생명체가 나타나기 시작했고요. 그런데 생명체의 변화는 점점 물에서 멀어지는 방향으로 갑니다. 어류는 물을 떠나서 살 수가 없습니다. 양서류는 말 그대로 물과 뭍을 오갈 수 있지만, 물 밖에서 오래는 못 있어요. 몸도 마르고, 특히 체외수정은 반드시 물속에서 해야 합니다. 개구리를 생각해보세요. 파충류에 이르면 물에서 상당히 독립을 합니다. 체내수정을 하고 알도 단단한 껍질로 싸여 있죠. 조류와 포유류는 대부분 육상에서 생활을 합니다. 어떤가요? 지역에서 유명한 의사이면서 박물학자이기도 했던 다윈의 할아버지가, 비록 근거는 매우 부족하지만, 생물 진화 과정을 정확하게 설명하고 있습니다. 그리고 손자가 진화이론을 완성했어요.

다윈과 멘델, 따로 또 같이

빨간색 물감과 하얀색 물감이 섞이면 분홍색 물감이 되는 것처럼, 옛날 사람들은 부모의 유전물질이 자손 대에서 섞인다고 믿었습니다. 1860년대에 그레고어 요한 멘델Gregor Johann Mendel은 수도원 정

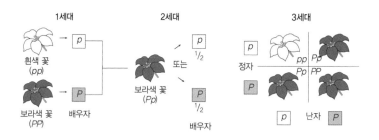

그림 26 우열의 법칙과 분리의 법칙

원에서 보라색과 흰색 완두콩 꽃을 대상으로 두 세대에 걸쳐 형질 변화를 관찰 분석하여 부모가 물려주는 유전물질은 자손 대에서 섞이지 않고 각자의 본질을 유지한다는 사실을 발견합니다. 만약 유전물질이 섞인다면 보라색과 흰색 꽃이 핀 식물의 교배로 생긴 자손의 꽃들은 세대가 지나도 모두 연한 보라색일 것입니다. 그런데 1세대의 꽃은 모두 보라색이었고, 2세대에서는 약 3대 1의 비율로 보라색과 흰색 꽃이 모두 나타났어요.

멘델은 흰색 꽃 유전인자(현재의 유전자 개념)가 1세대에서 사라진 것이 아니라 보라색 꽃 유전인자에 가려졌다고 추론하고, 보라색과 흰색을 각각 우성과 열성 형질이라는 용어로 표현했습니다. 나아가 다음 네 가지 개념을 도입하여 2세대에서 우성과 열성 형질[19]이 3대 1의 비율로 나타나는 이유를 설명했습니다(여기서는 이해를 돕기 위하여 현재 알려진 용어를 사용합니다).

① 형질의 다양성은 유전자 변이 때문이다. 예컨대, 멘델 완두콩의 경우에는 꽃 색깔에 대해 각각 보라색과 흰색 유전자가 존재한다. 이렇게 하나의 형질(꽃 색깔)을 놓고 서로 대응하는 유전자를 대립유전자라고 한다.

② 생명체는 부모에게서 각 형질에 대한 대립유전자를 각각 한 개씩 물려받는다.

③ 멘델의 완두콩 꽃처럼 해당 형질에 대한 대립유전자가 서로 다른 경우에는 우성 대립유전자(영문 대문자로 표시)가 표현형(겉으로 보이는 모양새)을 결정하기 때문에 열성 대립유전자(영문 소문자로 표시)의 형질은 드러나지 않는다. 이것이 우열의 법칙이다.

④ 한 가지 형질에 대한 두 개의 대립유전자는 배우자(정자와 난자) 형성 과정에서 분리되기 때문에 정자와 난자에는 체세포에 있는 대립유전자 중 하나만 존재한다. 이것이 분리의 법칙이다.

우성과 열성 형질 유전인자가 1세대에서 함께 있어도 혼합되지 않는다는 사실을 멘델이 과학적으로 증명하면서 부모가 물려주는 유전인자는 자손 대에서 섞이지 않고 각자의 본질을 유지하는 입자 형태라는 '입자 가설'이 이전의 '혼합 가설'을 대체하게 됩니다.

---

19 동식물의 모양, 크기, 성질 따위의 고유한 특징.

그리고 멘델은 한 개체에서 어떤 형질을 결정하는 유전인자는 두 개이며 이는 부모에게서 온다고 생각했습니다. 염색체(다음 장에서 설명)에 대해 전혀 모르는 상태에서 이런 추론을 했다는 것이 매우 놀랍습니다. 여기서 오해를 피하기 위해 잠시 논지에서 벗어난 얘기를 하겠습니다.

생물학에서 우성과 열성 형질이란 표현을 하는데 이는 우월하거나 열등하다는 뜻이 전혀 아닙니다. 요컨대 우리가 좋아하는 열성도 있고 기피하는 우성도 있다는 얘깁니다. 대표적인 예로 쌍꺼풀이나 보조개는 보통 원하는 우성이지만, 대머리는 분명 원치 않는 우성일 것입니다. 2002년 영국 BBC 방송에서 금발 미녀가 200년 후에 모두 사라질지도 모른다고 보도한 데 이어, 최근에는 미국에서 천연 금발은 스무 명 중 한 명꼴이라는 조사 결과가 알려지면서, 인종의 용광로라고 불릴 만큼 다양한 인종이 함께 살고 있는 미국에서 금발이 사라지는 것은 시간문제라는 말들이 나오고 있습니다. 왜 금발이 줄어드는 걸까요? 금발은 멘델이 150여 년 전에 말한 열성 형질이기 때문이죠. 적어도 서양인들에게 금발은 다들 원하는 좋은 열성일 텐데 말입니다. 다시 본론으로 돌아와서, 혹시 멘델의 업적에서 다윈의 모습이 보이지 않나요?

다윈은 부모와 자식이 대체로 닮았지만 조금씩은 다른 것처럼 자식이 살아가야 할 환경도 부모가 살았던 환경과 비슷하면서도 조금씩 다름을 인지하고 새로운 환경에서 생존에 도움이 되는 변이를 가진 자식이 더 번성한다는 가설을 세워 이를 자연선택과 '변형 혈통'이라고 정의합니다. 다윈과 거의 동시대를 살았던 멘델은 부모가 자식에게 전달하는 인자가 입자이고 이것의 전달에 일정한 규칙이 있음을 밝혀냈습니다. 결국 다윈과 멘델은 같은 것을 다른 시각으로 본 것입니다. 당시에는 다윈과 멘델 사이에 교류가 없었기 때문에 1930년대에 후대 과학자들이 두 사람의 견해를 합쳐 '현대종합설' 또는 '신다윈주의'라고 명명하게 됩니다. 이후 분자생물학의 발전으로 유전자의 정체가 규명되어 돌연변이로 생긴 유전 변이가 자연선택을 받아서 생물의 진화를 일으킨다는 사실이 밝혀지면서 현대종합설은 더 탄탄한 이론으로 정립되고 있습니다.

소진화와 대진화

『종의 기원』이 세상에 나온 후 꼭 100년이 지난 1959년 옛 소련의 유전학자가 야생동물의 가축화는 온순함과 친근함을 기준으로 계속 선택한 결과라는 가설을 입증하려고 흥미로운 실험에 착수합니다. 은여우 모피 농장 운영 책임자였던 드미트리 벨랴예프Dmitry Belyaev는 은여우(학명: *Vulpes vulpes*) 암컷 100마리와 수컷 서른 마리를 고른 후 공격성이 적고 사람의 손길을 허락하는 새끼들을 골라 교배했습니다. 불과 4세대 만에 사람에게 꼬리를 흔들며 친근감을 보이는 은여우가 생겨났고, 35세대가 지나자 이 여우들은 행동과 모습이 심지어 개와 비슷해졌습니다. 다윈에게 영감을 주었던 인공선택의 위력을 보여준 대표적인 실험 가운데 하나입니다.

　이번에는 해충 방제에서 일어나는 진화 과정을 보겠습니다. 특정 지역에 살충제를 살포하면 대부분의 해충은 죽게 됩니다. 그런데 해당 집단 내에서 돌연변이가 나타나 살충제에 내성이 생긴 소수의 돌연변이체들은 살아남을 테고, 일대에는 이 살충제에 내성이 있는 해충들이 득실거리겠지요. 다시 말해서 이전 세대에 비해서, 집단을 구성하는 해충의 비율이 크게 달라진 것입니다. 최근 항생제 내성 병원성 세균이 증가하고 있는데 이 역시 근본적으로 동일한 사건입니다. 이렇게 세대를 거치면서 돌연변이들이 선택되면, 결국 집단의 유전자 조성이 변하게 됩니다. 생명체가 대를 이어가면서 해당 집단에 유전 변화가 생기는 현상, 즉 소진화小進化는 완전히 입증된 과학적 사실입니다.

　주류 생물학자들은 소진화적 변이가 계속 쌓여서 결국 새로운 종이 출현하는 대진화로 이어질 수 있다고 봅니다. 문제는 이런 소진화가 얼마나 진행되어야 새로운 생명체가 생겨날 수 있느냐는 것입니다. 대진화를 통해 새로운 종의 출현을 판단하려면 먼저 관련 기준을 세워야 합니다. 그런데 아쉽게도 이런 기준을 마련하기가 쉽지 않습니다. 생물 종을 명쾌하게 설명할 수 있는 정의가 없기 때문이죠. 일반적으로 사용하는 생물학적 종은 자연 상태에서 구성원들이 교배하여 생식 능력이 있는 자손을 낳을 수 있는 생물 집단을 말합니다. 그런데 이런 생물학적 종의 개념은 화석으로만 알려졌거나 무성생식으로만 번식하는 생명체에는 적용할 수가 없다는 한계가 있습니다. 그럼에도 불구하고 유성생식 생물을 대상으로 하나의 조상 집단에서 새로운 종이 출현하는 과정(종 분화)을 생각할 때는 유용하기 때문에 일단 이 정의에 의거하여 종 분화를 살펴보겠습니다.

유성생식 생물에서 종 분화가 일어나려면 우선 개체 간의 유전자 흐름을 제한하는 생식적 격리가 있어야 합니다. 이 격리 작용은 크게 두 가지로 나누어 볼 수 있습니다. 우선 난자와 정자의 수정을 막는 것입니다. 번식 시기나 사는 곳이 다르거나, 뚜렷이 구별되는 구애 행동을 하거나 생식기의 구조가 달라지면 교배 자체가 불가능해집니다. 다른 하나는 수정이 일어난 후에 유전자 전달을 막는 것입니다. 이종 간 배우자 수정으로 형성된 배아가 발생 과정에서 죽게 되는 '잡종 치사'와 생식 능력이 없는 자손이 태어나는 '잡종 불임' 등을 사례로 들 수 있습니다. 그렇다면 이런 생식적 격리를 유발하는 유전자의 변화를 찾으면 대진화의 증거를 얻을 수 있지 않을까요?

달팽이에서 껍데기의 나선 방향을 조절하는 유전자 하나에 돌연변이가 생겨 껍데기의 나선 방향이 반대가 되는 경우가 있습니다. 이렇게 되면 생식기의 접촉이 불가능해지기 때문에 단 하나의 유전자 변화만으로도 종 분화가 가능해질 수 있습니다. 일부 초파리의 경우에는 네 개의 유전자 차이에 의해 잡종 불임이 일어난다는 보고가 있고, 해바라기에서는 생식적 격리가 일어나려면 최소한 스물여섯 곳의 염색체 부위에 변화가 있어야 한다고 합니다. 이러한 연구 결과들은 생물 종마다 생식적 격리가 일어날 때 변화해야 할 유전자의 개수는 다르지만, 유전자 변이만으로도 새로운 종이 출현할 수 있음을 보여주는 증거라고 생각됩니다. 또한 다양한 생물의 유전체 비교 연구에서도 대진화를 뒷받침하는 단서들이 발견되고 있습니다. 일례로 발생 과정에서 동물의 형태 형성을 조절하는 혹스*Hox* 유전자는 척추동물과 턱이 있는 생물이 출현하는 과정에서 두 번 복제된 것으로 확인되었습니다. 이처럼 생물의 발생 과정에 관여하는 유전자 및 유전자 발현의 차이에 따른 변화를 대진화의 한 과정으로 볼 수도 있습니다.

오래된 논쟁, 오래 지속될 논쟁

많고 많은 과학 이론 중에, 왜 유독 진화이론에 대해서만 이렇게

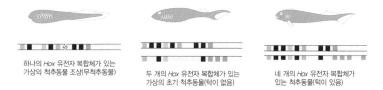

하나의 *Hox* 유전자 복합체가 있는
가상의 척추동물 조상(무척추동물)

두 개의 *Hox* 유전자 복합체가 있는
가상의 초기 척추동물(턱이 없음)

네 개의 *Hox* 유전자 복합체가
있는 척추동물(턱이 있음)

그림 27 혹스 유전자의 중복과 척추동물의 진화

갑론을박이 심할까요? 예를 들어 아인슈타인의 상대성이론은 빛보다 빠른 물질이 없다는 전제하에서 유효한 이론인데, 2011년 빛보다 빠른 물질이 발견되었다는 주장이 나왔을 때, 일반인들은 크게 관심을 보이지 않았어요. 만약 이런 주장이 사실로 확인되면 상대성이론은 대폭 수정되거나 심지어 폐기될 수도 있는 엄청난 사건인데도 말입니다. 물론 이 주장은 한바탕 해프닝으로 끝났습니다. 진화이론이 뜨거운 논쟁에 휘말리는 이유는 아무래도 일부 종교 교리와 충돌하기 때문인 것 같습니다.

다윈은 현존하는 생물 종들이 유전 형질에 대한 자연선택으로 인해 천천히 진화했다고 생각했습니다. 하지만 그런 형질들이 어떻게 생겨나고 유전되는지는 전혀 알지 못했죠. 그는 『종의 기원』을 다음과 같이 끝맺습니다.

> 몇 가지 능력과 함께 애초에 몇 개 또는 하나의 형태로 숨이 불어넣어져서, 지구가 중력이라는 일정한 법칙에 따라 회전하는 동안 그토록 단순한 시작에서 매우 아름답고 경이로운 무수히 많은 형태들로 진화해왔고, 진화하고 있으며, 앞으로도 진화할 것이라고 생명을 보는 이 견해에는 장엄함이 깃들어 있다.

20세기 들어서야 유전에서 DNA가 담당하는 역할이 밝혀졌고, 이후 눈부시게 발전한 현대 생물학(특히 유전학과 분자생물학)은 다윈의 진화이론을 시험대 위에 올려놓았습니다. 즉 새로운 생물학 연구 결과들이 진화론의 주요 주장들을 반박할 수도 있었기 때문입니다. 한데 실상은 그렇지 않았습니다. 현재까지의 연구 결과는 모두 다윈 진화론의 세부 가설들을 지지하고 있습니다. 하나의 예로 사람과 유인원의 염색체 개수와 관련된 연구 결과를 소개합니다.

침팬지와 고릴라, 오랑우탄과 같은 유인원의 세포에는 스물네 쌍의 염색체가 존재합니다. 인간과 유인원의 조상이 같다면 인간도 스물네 쌍의 염색체가 있어야 자연스러울 텐데, 우리의 염색체는 스물세 쌍입니다. 다윈의 진화론에서 말하는 공통 조상 가설이 옳다면 도대체 염색체 한 쌍은 어디로 갔을까요? 한 연구진이 인간 세포에는 원래 스물네 쌍의 염색체가 있었는데, 이중 한 쌍이 다른 염색체와 붙어 스물세 쌍이 되었다는 가설을 세우고 이를 검증하기 위해 인간 염색체의 구조 분석을 시도했습니다.

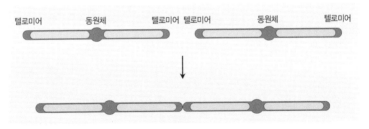

그림 28 사람과 침팬지의 염색체 개수 차이를 설명하는 모델

염색체의 중간과 양쪽 끝에는 '동원체'와 '텔로미어'가 있어요. 만약 어떤 변이에 의해서 두 쌍의 염색체가 붙었다면, 해당 염색체에는 텔로미어가 염색체의 말단뿐만 아니라 중간에도 나타나야 할 테고, 동원체는 하나가 아니라 두 개가 있어야 할 것입니다. 이런 구조를 가진 염색체가 있다면 인간 염색체 개수가 유인원보다 하나 적은 이유가 설명될 수 있을 테고, 그렇지 않다면 공통 조상 가설은 버려질 위기에 놓일 것입니다. 그런데 인간의 2번 염색체가 이러한 구조를 가지고 있음이 확인되었습니다.

과학 이론은 자연현상들에 대해 보편적이고 객관적인 설명을 제공하지만 그렇다고 불변의 진리는 아닙니다. 유전체 정보를 분석할 수 있는 현대 생물학에서는 돌연변이로 새로운 변이가 생긴 개체들이 집단에 나타나고 이들이 자연선택 과정을 거치면서 집단의 유전자 구성이 변화한다는 소진화는 명확히 검증되어 생물학을 하나로 묶어주는 핵심 과학 원리로 자리매김하였습니다. 그러나 소진화적 변화들이 오랜 기간 축적되어 새로운 종의 출현 등으로 이어질 수 있다는 대진화를 둘러싼 의문들은 아직 완전히 풀리지 않은 상태입니다. 따라서 생물학의 진화이론은 경험적 자연과학과 사변적思辨的 자연철학의 성격을 모두 지니고 있다고 할 수 있습니다.

종종 후자의 성격을 부각시켜 진화이론의 성격을 왜곡하여 진화이론을 단지 가설로 폄하하려는 이들이 있습니다. 이런 우를 범하는 주된 이유 중 하나는 진화이론의 내용 또는 과학 이론의 의미를 제대로 이해하지 못했기 때문이라고 생각합니다. 과학에서 말하는 이론이란, 수많은 증거를 토대로 더 완벽한 이론이 나오기까지 사실로 인정받는 지식의 체계를 말합니다. 진화이론은 명백한 과학 이론입니다. 개인의 성향에 따라 진화론이 좋거나 싫을 수는 있겠지만 무조건 진화이론을 부정하려는 태도는 옳지 않다고 생각합니다. 마찬가지로 과학이라는 잣대로 다른 사람의 종교적 믿음을 비웃는 것도 바람직하지 않지요. 소모적인 논쟁보다는 열린 자세로 논리적이고 건설적인 비판을 통해 서로 약점을 보완하면시 진리를 찾아가는 데 힘을 합치는 것이 현명한 선택이 아닐까 생각합니다.

3장
~~~
다윈 이후의 생물학

생물학의 발전과 과학의 역할

나는 존재하나 내가 누군지 모른다

나는 왔지만 어디서 왔는지 모른다

나는 가지만 어디로 가는지 모른다

내가 이렇게 유쾌하게 산다는 게 놀랍기만 하다

17세기 한 시인[20]의 읊조림에서 "생명(또는 인간)이란 무엇인가?"라는 생물학의 큰 물음에 대한 고민을 봅니다. 어쩌면 이 시인은 당시 2000년에 이르는 세월 동안 진리로 여겼던 '생기론生氣論'이라는

---

20 독일의 신비주의 철학자이자 종교 시인이었던 앙겔루스 실레시우스 Angelus Silesius.

생명관의 붕괴 조짐을 목도하면서 시상詩想에 잠겼을지도 모르겠습니다. 이때는 이미 데카르트와 베이컨, 하비 등을 비롯한 근대과학의 선구자들이 자연을 이해하는 데 있어서 생기론처럼 합목적적인 사고는 배제하고 관찰과 실험 같은 실증적이고 객관적인 과정을 거쳐야 한다고 역설하고 나선 이후였기 때문이죠. 이들은 생명현상도 물리와 화학의 방법론으로 해석할 수 있으며, 생명체에만 적용되는 자연법칙은 없다고 생각했습니다. 말하자면 생명체를 하나의 정교한 기계로 보는 '기계론'이라는 새로운 생명관을 내놓은 것입니다.

　생명현상의 비밀을 밝히는 과정에서 생기生氣 같은 비과학적 요소는 제거해야 한다는 이 발상은 이후 생물학 발전에 크게 기여했습니다. 라마르크의 업적을 필두로 하는 19세기의 획기적인 연구 성과들, 이를 테면 살아 있는 것은 모두 세포로 구성되어 있다는 세포설과 다윈 진화론 및 멘델 유전법칙, 파스퇴르의 자연발생설 반박 실험 등을 통해서 생물학은 비로소 학문적 토대를 굳건히 했습니다. 개선된 현미경과 염색 방법을 이용하여 과학자들은 세포를 더 자세히 관찰할 수 있었고 애초에 빈 방과 같다고 생각했던 세포의 내부 구조가 훨씬 더 복잡하다는 사실이 밝혀집니다. 사실 1831년에 이미 식물학자인 로버트 브라운Robert Brown21은 세포 안에서 핵심 구조를 발견하고 '핵nucleus'이라고 명명한 상태였어요. 1869년에는 스위스의 한 의사가 핵 안에 들어 있는 물질에 인산 성분이 많다는 것을 발견합니다. '핵산^{nucleic acid}'이라는 이름은 말 그대로 핵에서 분리한 산酸이라는 뜻이죠. 19세기 말에 이르러 핵 안에서 '염색체'가 발견됩니다. 여러 개의 막대 모양 물체가 염색되어 선명하게 보여서 염색체라는 명칭이 붙게 되었습니다. 흥미롭게도 염색체는 세포분열 과정에서 잠시 보였다 사라질 뿐만 아니라, 개수가 두 배로 늘었다가 절반씩 나뉘어 딸세포로 이동하는 모양이 목격되었어요. 상황이 이러하니 많은 과학자들이 핵 안에 들어 있는 염색체가 유전물질의 실체 또는 생명의 본질일 거라고 짐작하게 되었지요. 이런 배경 속에서 20세기로 접어들자 생물학은 그야말로 눈부신 발전을 거듭하면서 마침내 21세기 바이오 시대를 열게 된 것입니다.

생명의 기원

앞에서 설명한 대로, 과학은 실험과 관찰을 통해서 결론을 끌어내는, 즉 결과를 보고 원인이나 작용 원리를 밝혀내려는 시도라고 할 수 있습니다. 동일한 접근 방법으로 생명체에 대한 의문을 풀어볼까요. 지구에 사는 모든 생물은 지구에 존재하는 원소들로 이루어져 있습니다. 지금까지 자연계에 존재하는 것으로 알려진 원소는 아흔 가지 정도이고, 생명체를 이루기 위해서는 이 가운데

---

21 현미경으로 물에 떠 있는 꽃가루를 관찰하다가 '브라운 운동'을 발견한 과학자.

약 스물다섯 가지 원소가 반드시 필요합니다. 바꾸어 말해서, 자연계에 존재하는 여러 원소들이 마치 레고 블록이 조립되듯이 우리 인간을 비롯한 생물들의 몸을 구성한다는 것입니다. 그런데 생명체를 이루기 위해서는 탄소나 수소 원소처럼 단순한 물질이 아니라 탄소화합물같이 훨씬 더 복잡한 물질이 필요합니다. 따라서 원시 지구에서 생명체가 어떻게 생겨났는지를 알아보려면, 단순한 물질로부터 더 복잡한 화합물이 만들어질 수 있는지, 또 여기서부터 세포가 생겨나는지, 그리고 단세포생물에서 다세포생물이 탄생할 수 있는지를 알아보아야 합니다.

1950년대 초반에 스탠리 밀러라는 20대 초반의 미국 대학원생이 간단한 물질에서 복잡한 물질이 저절로 만들어질 수 있는지를 알아보려는 실험에 나섭니다. 이 실험의 핵심은 당시 과학계에서 추정하던 원시 지구의 환경을 실험실에서 재현한 것입니다. 그때나 지금이나, 원시 지구의 대기에는 산소 없이 메탄, 암모니아, 수소, 일산화탄소 등의 기체들이 있었다고 추정하고 있습니다. 밀러는 이에 맞게 공기를 구성한 다음, 뜨거웠던 원시 지구의 바다를 모방하여 물을 끓여 수증기를 만들고, 마지막으로 원시 지구에서 자주 일어났을 것으로 추정되는 번개를 흉내 내어 전기 방전을 일으켰습니다. 실험이 시작되고 일주일 정도가 지나, 비에 용해된 물질이 내려오는 것을 재현한 부분에서 아미노산을 비롯한 다양한 탄소화합물, 즉 생명체를 이루는 핵심 성분이 만들어졌음을 발견했습니다. 이 실험 결과가 생명체의 탄생 과정을 입증하는 것은 절대 아닙니다. 원시 지구의 대기에 존재했을 것으로 추정하는 간단한 기체 원소에서 생명체를 이루는 데 필요한 복잡한 유기화합물이 저절로 만들어질 가능성이 있음을 보여준 것이지요. 간과하지 말아야 할 사실은, 이 실험은 원시 지구의 대기가 현재와는 조성이 전혀 다른 환원성 대기라는 '가정'에서 출발했다는 것입니다. 1959년에 지도 교수인 해럴드 유리Harold Urey(1934년 노벨화학상 수상자)와 함께 세계적인 권위를 자랑하는 과학 학술지 『사이언스』에 발표한 논문에도 이 점이 분명히 언급되어 있습니다.

'밀러-유리' 실험의 또 다른 의미는, 러시아 생물학자 알렉산드르 오파린Alexandr Oparin이 『생명의 기원The Origin of Life』(1936)에서 제안했던 생명의 기원에 관한 가설을 지지하는 실험적 증거를 제공했다는 것입니다. 오파린은 원시 지구의 대기에 풍부했던 수소와 메탄, 암모니아 등이 물 분자와 결합해 물에 잘 녹지 않는 콜로이드22 상태로 존재했고, 이런 액상 물질들이 막 형태를 이루어 안과 밖 또는 자기self와 비자기nonself를 구분해주는 경계가 되었다고 주장했습니다. 그는 이런 원초적인 세포 형태를 코아세르베이트라고 불렀습니다. 이후 최근까지 수행된 연구 결과를 종합해보면, 매우 흥미로운 사실이 발견됩니다. 지질막과 DNA를 시험관

---

22 기체 또는 액체 중에 분산되어 있는 나노 수준의 미세한 물질.

에 함께 넣어 건조한 다음 다시 물을 넣어주면, 지질이 저절로 공 모양 구조를 이루었고 일부에는 DNA가 들어 있어서 세포의 기본 형태를 갖춘 것처럼 보이는 것입니다. 그렇다면 원시 지구에서도 이처럼 자발적인 반응을 통해 지질막과 DNA 등이 저절로 만들어졌고, 이 물질들이 우연히 만나 섞이면서 원시세포 탄생의 길을 열었을까요? 과학적으로 그렇다고 확언할 수는 없지만, 가능성을 완전히 배제할 수도 없는 상황입니다.

DNA, 20세기 생물학의 아이콘

20세기 초반에 핵산은 DNA와 RNA라는 두 가지 물질의 혼합물임이 밝혀집니다. Ribo-는 5탄당(다섯 개의 탄소 원자로 된 당)인 리보스ribose를 지칭합니다. 리보스는 산소 원자를 꼭짓점으로 네

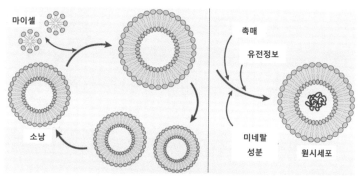

그림 29 원시세포 탄생 가설 모형
마이셀은 콜로이드의 일종으로, 용액에서 용질이 일정한 농도에 도달하여 만들어진 물질이다.

개의 탄소 원자가 만드는 오각형 구조입니다. 나머지 탄소 하나는 네 번째 탄소에 결합하여 오각형 평면 위로 돌출되어 있고, 여기에 인산기가 붙습니다. 이런 구조에 염기라는 성분 하나가 더 추가되면 핵산의 기본 구조가 완성됩니다. 이것이 핵산의 구성단위인 뉴클레오티드입니다. 염기에는 아데닌^A, 티민^T, 구아닌^G, 시토신^C, 이렇게 총 네 가지가 있는데, 1997년에 개봉된 영화 〈가타카 GATTACA〉[23]는 이 네 가지 염기 이름을 조합해 제목을 지었습니다.

Deoxy-에서 de-는 제거를 의미하는 접두사이고 oxy-는 oxygen, 즉 산소를 뜻합니다. 따라서 deoxy-는 산소가 없다는 얘

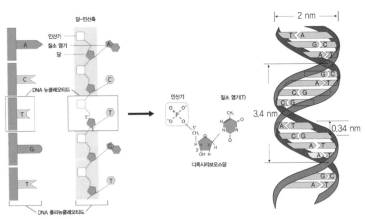

그림 30 DNA 한 가닥(왼쪽)과 뉴클레오티드(가운데), 이중나선 구조(오른쪽)

---

23 인간 마음대로 유전자를 조작할 수 있는 미래 사회를 그린 영화로서, 올더스 헉슬리의 소설 『멋진 신세계』(1932)와 일맥상통하는 면이 있다.

기죠. 정확히 말하면 2번 탄소에 산소가 없습니다. 여기에 산소가 그대로 있으면 리보핵산ribonucleic acid, 즉 RNA가 됩니다. 결국 DNA와 RNA의 결정적 차이는 리보스에 있는 산소 원자가 결합했느냐 아니냐에 있습니다. 추가로 RNA에서는 티민 대신 우라실U 염기가 있다는 점에서도 차이가 있습니다. 물론 우라실과 티민은 구조가 거의 같습니다. 뉴클레오티드 각각은 하나의 레고 블록으로 생각할 수 있습니다. 인접한 뉴클레오티드의 인산기와 3번 탄소에 붙어 있는 수산기-OH가 결합하여 하나의 긴 사슬(폴리뉴클레오티드)을 이룹니다. 이렇게 만들어진 두 개의 DNA 사슬은 'A-T, G-C'라는 일정한 규칙에 따라 염기들이 결합하여 이중나선 구조를 이루게 됩니다. 이것이 1953년 제임스 왓슨James Watson과 프랜시스 크릭Francis Crick이 발표한 DNA 구조 모형입니다. 이들은 1962년 노벨생리의학상을 수상합니다. 이중나선의 폭은 2nm이고, 나선을 한 바퀴 돌면 3.4nm인데 이 안에 열 쌍의 염기 결합이 들어 있습니다. 이중나선의 폭이 2nm로 일정하게 유지되는 이유는 규칙에 따른 염기 결합 때문입니다. 바로 이 DNA가 부모에서 자손으로 전달되면서 생명의 연속성을 나타내는 유전물질의 물질적 실체인 것이죠!

이쯤에서 여러분의 이해를 돕기 위해 DNA와 관련된 용어를 정리해보겠습니다. 먼저 유전자는 해당 생물의 특징에 관한 특정 정보를 가진 DNA 조각을 의미합니다. 염색체의 특정 위치에 특정 유전자가 존재하기 때문에 염색체는 유전자의 집합체라고 볼 수 있죠. 유전체란 한 생명체가 가지고 있는 유전자(또는 염색체)의 총합을 말합니다. 그리고 이 모든 것을 이루는 물질적 실체가 DNA입니다. 다시 말해서 지금 입고 있는 옷이 모두 같은 천으로 만들어졌다고 하면, 이때 천에 해당하는 것이 바로 DNA인 셈이죠. 윗옷과 바지, 외투 등을 염색체에, 거기에 있는 주머니와 장식 등을 유전자에 비유할 수 있겠네요. 그리고 이 모두를 합친, 현재 입고 있는 옷 전부가 유전체에 해당합니다.

생명, 부호화된 정보의 흐름

DNA에 해당 생물에 대한 모든 정보가 담겨 있기는 합니다. 하지만 DNA만으로는 아무 능력도 발휘할 수가 없지요. DNA에 있는 정보가 단백질로 만들어질 때 비로소 제 기능을 하게 됩니다. 단백질이 대부분의 생명현상을 수행하기 때문이죠. 생명체의 단백질은 보통 스무 가지의 아미노산으로 이루어집니다. 모든 단백질은 아미노산의 개수와 조성 비율이 다를 뿐 이들 스무 가지 아미노산의 혼합체입니다. 문제는 DNA에 있는 네 개의 염기로 어떻게 서로 다른 스무 개의 아미노산 정보를 감당할 수 있느냐입니다. 해결책은 세 개의 인접한 뉴클레오티드의 염기(코돈codon)가 하나의 아미노산을 담당하는 것입니다. 이 경우 총 예순네 개(4×4×4=64)의 서로 다른 조합이 만들어지거든요. 이 가운데 예순한 개

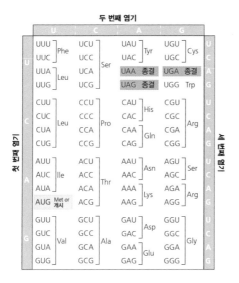

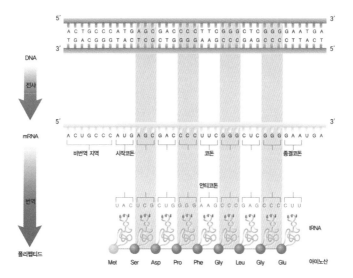

그림 31 유전부호 표(위)와 중심 원리(아래)

는 특정 아미노산을 지정하는 부호로 기능하고 나머지 세 개에는 대응하는 아미노산이 없어서 이 부호가 오게 되면 단백질 합성이 종결됩니다.

DNA에 있는 정보를 끄집어내는 과정, 즉 단백질 합성은 두 단계를 거쳐 일어납니다. 먼저 DNA는 RNA로 전사轉寫되고 단백질로 번역되는데, 이 과정을 '중심 원리'라고 부릅니다. 전사의 일반 의미는 '글이나 그림 따위를 옮기어 베낌'입니다. DNA와 RNA의 기본 화학 성분과 구조가 거의 같다는 사실에 비추어 보면 'DNA의 유전정보가 RNA에 옮겨지는 과정'을 전사라고 명명한 이유를 알 수 있습니다. 한편 RNA로 복사된 유전정보가 단백질로 전환되는 과정은 네 개의 염기(A, G, C, T)로 구성된 언어가 스무 개의 아미노산으로 이루어진 단백질 언어로 바뀌는 것이기 때문에 번역이라고 합니다. 번역에는 전령 RNA^{mRNA}와 운반 RNA^{tRNA}, 리보솜 등이 관여해요. mRNA가 전달하는 정보는 tRNA의 도움으로 해석되어 단백질로 번역됩니다. 즉 특정 아미노산을 운반하는 tRNA가 mRNA의 코돈과 이에 상보적인 안티코돈^{anticodon}의 도움으로 정렬하여 인접한 아미노산 간의 결합이 일어나게 됩니다. 그리고 단백질 합성이 일어나는 장소가 리보솜입니다. 기본적으로 지구상에 존재하는 모든 생명체는 동일한 유전부호를 사용합니다. 결국 생명현상이란 동일한 문법을 내장한 정보의 흐름인 셈이죠!

유전공학, 경계를 뛰어넘는 인공선택

앞에서 보았듯이 인류는 오랫동안 인공선택을 통해 농작물과 가축을 육종해왔습니다. 생물학적으로 보면 품종 개량 과정에서 우리는 결국 형질에 대한 정보를 담고 있는 유전자를 선택했습니다. 1970년대에 들어 원하는 유전자를 단번에 선택하여 원하는 형질을 발현시킬 수 있는 길이 열립니다. 바로 '유전공학'의 시대가 도래한 것이지요. 이는 생물학 역사에 또 하나의 획을 그은 사건으로, 특이한 DNA 절단 효소의 발견에서 시작되었습니다. 1970년대 초반 세균을 감염시키는 바이러스[24]의 DNA가 세균 숙주 안에서 잘려서 더 이상 숙주를 공격하지 못하는 현상이 관찰되었습니다.

세균의 입장에서 외래 DNA는 주로 바이러스 감염을 의미합니다. 흡사 우리의 면역 체계처럼 침입한 바이러스 DNA를 파괴하는 세균의 효소가 발견된 것입니다. 그리고 DNA 이중나선의 특정 염기서열만을 인식하여 절단하는 특성 때문에 '제한효소'라는 이름이 붙었습니다. 잘린 DNA를 붙여주는 '연결효소'는 이미 1960년대에 발견된 상태였습니다. 쉽게 말해서, 제한효소[25]와 연결효소는 각각 '유전자 가위'와 '유전자 풀'이라고 보면 됩니다. 이제 가

---

24 박테리오파지|bacteriophage 또는 파지|phage라고 한다.

25 제한효소의 분리와 작용 원리 규명에 크게 기여한 세 명의 과학자(베르너 아버, 해밀턴 스미스, 대니얼 네이선스)는 1978년 노벨생리의학상을 받았다.

위와 풀은 손에 넣었으니 마치 종이 공작 하듯이 DNA를 다룰 수 있게 되었죠.

조금 전에 모든 생물은 똑같은 유전부호를 사용한다고 말했습니다. 유전자는 소속에 얽매이지 않는다는 뜻입니다. 바꾸어 말하면, 다른 생물의 세포 안에서도 작동한다는 얘깁니다. 심지어 사람의 유전자를 대장균에 집어넣어 원하는 단백질을 생산할 수 있습니다. 유전자를 어떻게 이동시키느냐고요? 유전자를 실어 보낼 운반체가 필요하죠. 세균에는 염색체와는 별도로 플라스미드 plasmid라는 유전물질이 존재합니다. 이 플라스미드를 이용하면 유전자 배송 임무를 완수할 수 있습니다. 동일한 제한효소로 자른 유전자 조각과 플라스미드를 섞은 다음, 연결효소로 처리하면 원하는 유전자가 삽입된 플라스미드가 만들어집니다. 이 재조합 플라스미드를 대장균 등에 집어넣으면 되는 거죠. 이와 같은 유전자 재조합 과정을 클로닝 cloning이라고 하는데, 이것이 바로 유전공학 기술의 핵심입니다.

1978년 최초로 사람 유전자를 대장균에 집어넣어 인슐린을 생산하는 데 성공하고, 1982년 미국식품의약국 US FDA이 이 재조합 인슐린을 승인하면서 유전공학이란 단어가 대중에게 널리 알려지게 되었습니다. 이후 다양한 효소와 백신, 고부가가치 화합물 등이 유전자재조합 기술을 이용하여 생산되어 우리의 일상으로 들어왔습니다. 찬물에서도 때가 잘 빠진다는 세제 광고를 본 적이 있

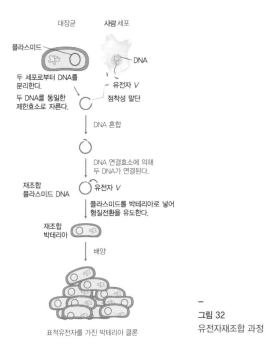

대장균   사람 세포

플라스미드

DNA

두 세포로부터 DNA를
분리한다.

유전자 V

두 DNA를 동일한
제한효소로 자른다.

점착성 말단

DNA 혼합

DNA 연결효소에 의해
두 DNA가 연결된다.

재조합
플라스미드 DNA

유전자 V

플라스미드를 박테리아로 넣어
형질전환을 유도한다.

재조합
박테리아

배양

표적유전자를 가진 박테리아 클론

—
그림 32
유전자재조합 과정

을 것입니다. 저온에서 활성이 좋은 단백질 가수분해 효소를 유전
공학 기술을 통해 값싸게 대량 생산해서 세제에 첨가했기 때문에
가능한 일입니다. 해를 거듭할수록 적용 범위가 늘어난 유전공학
기술은 우리의 먹을거리에도 큰 변화를 초래했습니다. 1994년 미
국에서 빨갛게 잘 익은 상태에서도 물러지지 않아 햄버거 등에 넣
어 먹기 좋은 토마토가 개발된 이래로 수많은 농작물이 유전자재
조합을 통해 개량되었습니다. GMO Genetically Modified Organism 식품이
등장한 것이지요.

GMO라는 말에 눈살을 찌푸리는 분들도 있을 것입니다. 이 용어가 '유전자조작생명체'라고 번역되면서 '조작'이라는 단어 때문에 부정적인 이미지가 더 부각된 듯합니다. 생물학적으로 보면 '유전자조작'보다는 '유전자재조합'이 더 정확한 표현이라고 생각합니다만, 단순히 명칭의 문제만은 아니지요. "이름이란 게 무슨 소용인가? 장미꽃은 다른 이름으로 불려도 똑같이 향기로울 텐데"라는 셰익스피어의 말대로 어쨌든 '생명정보'를 인위적으로 바꾸어 인간이 원하는 기능을 지닌 새로운 생명체를 만들어내는 것이니까요. 유전자재조합[GM] 식품에 대한 논란이 계속되는 가운데, 2015년 11월 GM '슈퍼연어'가 미국 식품의약국 승인을 받았고, 캐나다는 한 발 더 나아가 2016년 5월부터 이 연어의 시판을 허용했습니다. GM 동물 중에서 최초로 FDA 승인을 받은 슈퍼연어는 왕연어의 성장호르몬 유전자를 대서양연어에 삽입시켜 만들었는데, 몸 안에서 성장호르몬이 항상 만들어지기 때문에 빨리 자라서 몸집이 커질 수밖에 없습니다.

보통 GM 식품이 화제가 될 때 가장 많이 듣는 질문이 '먹어도 괜찮아?'입니다. 인체 안전성을 걱정하는 물음인데, 이에 대한 과학적 답변은 '실질적 동등성'에 근거합니다. 1993년 OECD에서 GM 식품의 안전성 평가 원리로 확립된 이 개념은, 재조합된 유전자의 특성을 충분히 알고 있어서 기존 농작물과 동등한 정도로 무해하다는 과학적 확신이 있는 경우에 해당 GM 식품의 안전성이 원래의 식품과 같다고 보는 것입니다. 쉽게 말해서, 유전자 일부를 바꾸어도 여전히 물질적 실체는 DNA이고, 달라진 DNA 염기서열 때문에 유전부호가 달라져 해당 단백질의 아미노산 조성은 다소 바뀌겠지만 그래도 스무 가지 아미노산의 혼합물이지 새로운 아미노산이 생겨난 것은 아니라는 얘깁니다. 물론 필수 영양 성분의 변화로 인한 알레르기 유발 가능성 등은 여전히 문제로 남아 있습니다. 그래서 GM 표시를 명확하게 하여 소비자에게 선택의 자유를 주는 것이지요.

생물학 전공자로서 저는 변형된 유전자가 자연환경에 퍼져 나가 미칠 수 있는 거시적 영향, 즉 진화라는 자연의 거대한 수레바퀴를 흔들 수 있는 GMO의 잠재력에 주목합니다. 전통적인 육종 기술과 유전공학 기술 모두 궁극적으로 특정 유전자를 재조합해 원하는 성질을 지닌 새로운 품종을 만들어낸다는 점만 보면, 기간이 다를 뿐 기본 원리는 같다고 볼 수 있습니다. 하지만 짚고 넘어가야 할 한 가지 차이점이 있습니다. 전통 육종에서는 상대적으로 유연관계가 가까운 생물 종들을 교배하여 실제 재배 또는 사육 환경 조건에서 여러 세대를 거치며 선별을 합니다. 따라서 오랜 시간이 걸리지만 원하는 특성과 이 특성에 영향을 주는 유전자들이 안정적으로 발현되는 유전 배경을 가진 개량된(재조합된) 개체를 선별할 수 있습니다. 반면 자연적으로는 교배가 불가능한 이종 유전자를 실험실에서 인위적으로 재조합하여 GM 농작물을 만드

는 경우에는 상대적으로 유전적 불안정성이 증가할 것입니다. 예
컨대, GM 농작물 유전체에 삽입된 DNA 조각이 기존 유전체에
예상치 못한 구조적 혼란을 일으킬 수도 있습니다. 또한 시간이
지나면서 삽입된 유전자가 다른 장소로 옮겨갈 수도 있습니다. 심
지어 다른 생물로 전이될 가능성도 완전히 배제할 수는 없습니다.

인공 유전체, 독자에서 작가로

2000년대 초반에 인간 유전체 사업이 완료되면서 인간 DNA를
이루고 있는 약 30억 개의 염기쌍(DNA는 두 가닥임을 상기하십시
오)을 모두 해독했습니다. 비유하면, 30억 개의 알파벳으로 쓰인
총 스물세 장(인간 염색체 개수는 스물세 쌍)으로 구성된 책 한 권을
완독한 셈이지요. 인류가 자신의 생물학적 본질(?)을 독파한 '포
스트게놈 시대'의 서막을 알리는 사건이었습니다. 인간을 포함해
서 현재까지 해독된 동물의 유전체는 80여 종에 달하는데, 이중
에는 반려동물과 가축처럼 우리에게 친숙한 동물도 여럿 있습니
다.[26] 2004년 닭을 시작으로 개(2005년), 고양이(2007년), 소(2009
년), 말(2009년), 칠면조(2010년), 돼지(2012년), 염소(2013년), 오리
(2013년), 양(2014년), 토끼(2014년)의 유전체 정보가 밝혀졌습니다.
식물도 90종 이상의 유전체가 해독되었고, 미생물의 경우는 7만

---

26 유전체 숫자는 2016년을 기준으로 한 수치다.

개 이상의 유전체 정보가 공개된 상태입니다. 이 정도 독서량이라면, 마르지 않는 호기심과 지치지 않는 탐구심을 자랑하는 인간의 마음속에서 생명책의 '독자'를 넘어서 '작가'가 되고 싶은 욕망이 피어날 법하지 않을까요? 실제로 그러했습니다.

인간 유전체 사업을 주도했던 과학자 중 하나였던 크레이그 벤터Craig Venter가 이끄는 연구진은 2010년 5월 「화학 합성 유전체가 통제하는 세균의 창조 Creation of a bacterial cell controlled by a chemically synthesized genome」라는 논문을 발표하여 세간의 이목을 끌었습니다. 이들은 마이코플라스마Mycoplasma 속屬 세균을 연구 대상으로 삼았습니다. 여기에 속하는 세균들이 지금까지 알려진 생물 중에서 가장 작고 단순한 자기복제 개체로 알려져 있고, 유전체의 크기도 작기 때문입니다. 어떤 종은 단 500여 개의 유전자만을 가지며, 이 가운데 생존과 번식에 필요한 최소 유전자 개수는 265~350개에 불과합니다. 연구진은 데이터베이스에 등록되어 있는 마이코플라스마 마이코이데스Mycoplasma mycoides 세균의 유전체 정보에 의거하여 이 세균의 전체 유전체를 인공적으로 합성했습니다. 그리고 다른 종의 마이코플라스마 세균Mycoplasma capricolum에서 원래 있던 유전체를 제거한 다음 합성한 유전체를 집어넣은 것이죠. 이렇게 만들어진 새로운 생명체, 'Mycoplasma mycoides JCVI-syn1.0'은 물질대사와 자기복제 등 정상적인 생명체의 기능을 수행했고, 모든 면에서 마이코플라스마 마이코이데스와 차이가 없었습니다.

연구진은, 비록 세포질은 합성하지 않았지만 JCVI-syn1.0을 '합성세포'라고 말했습니다. 다시 말해서 유전체를 이식하여 세균의 종을 바꾸어놓은 것이죠. 바야흐로 원하는 유전체를 설계하고 합성하여 다른 생명체에 이식해 맞춤형 생명체를 만들 수 있는 길이 열린 것입니다.

2013년 『월 스트리트 저널』과 했던 인터뷰에서 벤터는, 인간도 지구상의 다른 모든 생물과 마찬가지로 소프트웨어로 작동하는 종이라고 말하면서 JCVI-syn1.0 연구의 핵심은 소프트웨어를 바꾸면 종을 바꿀 수 있음을 보여준 것이라고 말했습니다. 그리고 2016년 3월, 그의 연구진은, JCVI-syn1.0의 전체 유전자 901개 중에서 거의 절반(428개)을 제거하고도 살아갈 수 있는 JCVI-syn3.0을 만드는 데 성공했다고 발표합니다. JCVI-syn1.0과 JCVI-syn3.0의 배가 시간doubling time27은 각각 한 시간과 세 시간으로 JCVI-syn3.0의 성장 속도가 느려졌습니다. 이는 유전자 개수 감소에 따른 결과로 추측됩니다. 생명체를 온전히 이해하기 위해서는 이를 인공적으로 만들어보아야 한다는 벤터의 신념을 실현한 이 연구 성과는 생명체가 되는 데 필요한 최소한의 유전정보가 있는 '최소세포'를 합성했다는 평가를 받고 있습니다.

---

27 세균이 한 번 분열하는 데 걸리는 시간. 일반적으로 세균의 증식은 한 개의 세균이 성장하여 두 개로 나뉘는 이분법으로 수행된다.

합성생물학, 유전자 연금술

인간 유전체 사업이 완료된 후, 벤터를 비롯한 여러 과학자들이 '합성생물학'이라는 개념을 제시하면서 유전정보를 읽어낼 수 있게 됐으니 역으로 유전정보를 조립하여 새로운 생명체를 만들자고 제안합니다. 드디어 2004년 6월 최초의 합성생물학 국제학술회의인 '합성생물학1.0'이 미국 MIT에서 열렸습니다. 이후 합성생물학은 학문적 배경이 다양한 연구자들이 참여하는 융합 학문으로 발전하면서 생명에 대한 새로운 시각을 제시하고 있습니다. 예컨대, 생명체를 여러 부품들이 모여 전체적으로 작동하는 하나의 시스템으로 보고, 컴퓨터 같은 기계처럼 생명체도 모듈module28로 나누어 접근하면 생명체를 더 체계적으로 이해할 수 있다는 것입니다. 게다가 이렇게 해서 얻은 지식에 방금 소개한 첨단 유전자 변형 기술을 적용하면 생명체를 맞춤형으로 변형할 수 있다는 생각을 실현하기 시작한 것이지요.

합성생물학은 다양한 산업 분야에 응용될 가능성이 매우 높다는 전망이 나옵니다. 미국의 대통령 자문기구인 PCSBI[29]는 2010년에 발간한 보고서에서 합성생물학이 재생 가능 에너지와 의료 및 보건, 농식품, 환경 등의 분야에 응용될 수 있는 잠재력이 크다

---

28 컴퓨터 시스템에서, 부품을 떼어내 교환이 쉽도록 설계되어 있을 때의 각 부분.
29 President's Commission on Bioethical Issues(대통령생명윤리위원회).

고 전망했습니다. 실제로 세계 최대 규모의 제약 회사인 노바티스는 합성생물학을 이용하여 2013년 상하이를 중심으로 중국 각지에서 인체 감염이 확산된 H7N9형 조류인플루엔자[AI] 백신을 개발했습니다. 중국 보건 당국이 연구자용으로 인터넷에 공개한 바이러스 유전자 염기서열을 내려받은 연구진은 단 이틀 만에 중국 현지에서 발견된 것과 똑같은 바이러스를 만들어냈지요. 나흘 후에는 원래 바이러스에서 독성 부분을 제거한 인플루엔자 바이러스를 합성한 다음, 이를 이용해 백신을 대량으로 생산했고요. 기존 방법대로라면 수개월 이상 걸렸을 과정을 불과 며칠로 단축한 것입니다.

2010년 발간된 PCSBI 보고서에는 합성생물학에 대한 우려와 당부의 목소리도 담겨 있습니다. 구체적으로, 합성생물학의 위험을 최소화하고 혁신을 일으키기 위해 공익성, 책무성, 지적 자유와 책임성, 민주적인 숙의 과정, 정의와 공평이라는 다섯 가지 윤리 원칙에 따라 기술의 사회적 의미를 고려해야 한다는 점을 명시하고 있습니다. 특히 이 보고서는 인류에게 잠재적 혜택과 더불어 위험을 안겨줄 수 있는 신생 기술들에 대한 정부의 기본 대처 원칙도 제시하고 있어요. 합성생물학의 낙관적인 응용 가능성을 알리는 데 치우치지 않는 균형 있는 정부의 조정 기능을 강조한 것이지요.

함께 나아가야 할 길

근대 생물학의 출발점이라고 볼 수 있는 다윈 진화론과 멘델 유전 법칙이 19세기 중반에 세상에 알려지고 나서 100년이 채 지나지 않은 때인 1953년, 두 과학자가 유전물질의 물질적 실체인 DNA 의 구조를 밝혀냈습니다. 이때부터 DNA의 작동 원리를 연구하는 분자생물학이 본격 가동됩니다. 이 분야의 엄청난 연구 성과는 생명현상도 물리와 화학의 방법론으로 설명할 수 있다는 과학혁명 초창기 선구자들의 주장을 속속 확인해주었습니다. 그리고 DNA 구조를 규명한 지 50년 만에 인류는 자신을 비롯한 다양한 생명체의 유전체 정보를 완전히 해독하고 준＊인공생명체를 탄생시키는 단계에 도달합니다. 급기야 2016년 5월에는 미국 하버드대학에서 전 세계 과학자와 기업인, 법률가 등 150여 명을 초청하여 인간 유전체 합성 연구에 관한 비공개 회의를 열었다는 사실이 언론에 공개되어 큰 파장을 일으켰습니다.

당초 이 모임 주최 측은 참석자들에게 회의 사실을 비밀에 부칠 것을 요구했다고 합니다. 그런데 비공개 회의 방침에 반발한 일부 참석자들이 이 사실을 공개하면서 큰 논란이 일었고 비판을 받은 것이지요. 회의 초청장에는 이 사업의 궁극적인 목표가 10년 안에 인간 유전체를 완벽하게 합성하는 것이라고 명시되어 있었다고 합니다. 초청을 받았지만 회의에 불참했던 일부 학자들은 "아인슈타인의 유전체 합성이 과연 옳은 일인가. 만약 가능하다면 누가, 얼마나 많이 복제할 것인가"라며 윤리 문제를 제기했습니다. 논란이 커지자 주최 측에서는 "이 사업의 목표가 인간을 창조하려는 것이 아니라, 세포 차원에서 유전체 합성 능력을 향상시켜 동물과 식물, 미생물 등에 적용하는 것"이라고 해명했습니다. 그리고 연구 내용이 학술지 발표를 앞두고 있었기 때문에 불가피하게 비공개로 진행할 수밖에 없었고, 윤리 문제도 충분히 논의하고 있다고 덧붙였습니다

과학은 두 가지 요인, 기술 발전과 미래를 보는 비전에 힘입어 발전합니다. 기술이 없으면 과학은 한 걸음도 나아갈 수 없지요. 그러나 기술만으로는 우리가 어디로 가고 있는지, 아니 어디로 가야 하는지를 알 수 없습니다. 시인의 말을 패러디하면, '기술은 나아가지만 어디로 가는지 모른다'는 것입니다. 향후 어떤 전략을 세울 것인가를 진지하게 고민해야 합니다. 두말할 나위 없이 현대는 과학의 시대입니다. 특히 생물학의 비약적인 발전이 자연은 물론이거니와 과학의 주체인 인간을 변형시킨다는 점에서, 생물학은 미래 과학의 주도권을 선점하고 있습니다. 좁게는 제반 학문에, 넓게는 사회, 문화, 문명 그리고 자연 전체에 상상할 수 없을 정도로 크나큰 영향력을 미치게 된(될) 생물학은 이제 철학적인 기반을 견고하게 다질 필요가 있습니다. 생물학은 철학과 함께 과학의 전망을 성찰해야 할 것입니다. 바다처럼 넓고 깊어야만 큰 배를 띄울 수 있듯이, 현재의 영향력과 미래의 잠재성에 비추어 볼 때, 생

물학은 철학과 만날 준비가 이미 되었으며 또한 만나야만 합니다. 철학의 입장에서도 생물학과의 만남은 필요하다고 생각합니다. 가장 활력 있는 지적 영역과 창조적으로 조우함으로써 철학의 현실성과 미래를 약속할 수 있기 때문이죠.

---

* 3장은 「기술은 나아가지만 어디로 가는지 모른다—인공유전체 합성기술의 유래와 미래」, 「지식의 지평」, 21호(대우재단, 2016)에서 발췌, 수정 보완한 내용이다.

인간, 동물, 기계

1장

아리스토텔레스와
자연의 사다리

생물학자 아리스토텔레스

3부 강의는 아리스토텔레스에서 시작해서 아리스토텔레스로 끝
납니다. 왜 아리스토텔레스가 시작과 끝에 오는지, 의문을 가질
사람도 있을 겁니다. 당연합니다. 인간과 생명을 주제로 다루는
강의에서 왜 철학자 아리스토텔레스가 그렇게 큰 비중을 차지할
까요? 그 이유는 여기서 만나는 아리스토텔레스가 철학자이면서
또 생물학자이기 때문입니다. 오늘은 서양 최초의 생물학자로서
아리스토텔레스가 생명계에 대해서 가졌던 생각을 살펴보면서 그
가 생명계의 기본 모델로 삼은 '자연의 사다리'를 소개하고 그것을
다윈이 제시한 다른 모델, 즉 '생명의 나무'와 비교하려고 합니다.
그리고 다른 동물들과 비교해 볼 때 인간의 고유한 특징이 어디에

있는지, 그에 대한 다윈과 아리스토텔레스의 생각이 어떻게 다른
지도 다루겠습니다. 방금 우리가 다룰 아리스토텔레스가 생물학
자라고 말했는데, 이 말의 뜻부터 살펴볼까요?

천상이냐, 지상이냐

우리가 잘 아는 이 그림은 라파엘로가 그린 〈아테네 학당〉의 일부
입니다. 라파엘로는 그림에 수많은 그리스 철학자들을 그려 넣으
면서 한복판에 두 철학자를 배치했습니다. 한쪽에는 나이가 여든
은 돼 보이는 노인이, 그 옆에는 나이 마흔쯤 될 것 같은 사람이

—
그림 33
라파엘로, 〈아테네 학당〉(부분),
프레스코, 1501

있지요. 실제로 두 사람, 플라톤과 아리스토텔레스는 마흔세 살의 나이 차이가 납니다. 그림 속의 두 사람에게서 우리는 여러 가지 다른 점을 찾아낼 수 있지만, 핵심 포인트는 물론 손 모양의 차이입니다. 오른손의 움직임이 두 철학자가 내세운 세계관의 근본적인 차이를 보여주지요. 플라톤이 손가락을 세우고 가리키는 곳은 이데아계입니다. 이데아계란 눈에 보이지 않지만 생각을 통해 도달할 수 있는 세계, 영원하고 불멸하는 원형의 세계, 영원한 진리의 세계입니다. 그림 속 아리스토텔레스는, 마치 그런 플라톤에게 따지듯이, 손바닥을 펴서 땅을 가리키고 있어요. 라파엘로는 이 단순한 손놀림의 차이를 통해 플라톤이 보이지 않는 이데아계에 관심을 가졌던 철학자인 반면 아리스토텔레스는 지상의 현실에 대해서 관심을 두었던 철학자라는 사실을 표현했습니다. 절묘하지요?

아리스토텔레스가 얼마나 지상의 현실에 관심을 두었는지 확인하기 위해 그의 말을 한번 들어봅시다. 그는 『동물부분론De partibus animalium』에서 이렇게 말합니다.

> 우리는 덜 가치 있는 동물들을 연구하는 데 대한 유아적인 혐오증을 떨쳐버려야 한다. 왜냐하면 자연적인 사물들 속에서는 놀라운 무엇인가가 존재하기 때문이다.
>
> ─『동물부분론』1권 5장

아리스토텔레스가 보기에 플라톤과 그를 따르는 사람들은 '유아적인 혐오증'에 사로잡혀 있던 사람들입니다. 지상에 있는 것들은 생겨났다가 사라지고, 끊임없이 변화하기 때문에 영원한 진리를 다루는 고상한 학문의 대상이 될 수 없다고 생각했던 사람들, 그런 플라톤주의자들에게 맞서 아리스토텔레스가 반론을 제기합니다. '신적인 것을 천상에서만 찾으려 하지 마라. 신적인 것은 이 지상에도 있다. 기어 다니는 벌레, 지렁이, 뱀, 악어, 이런 미천한 것들 가운데도 신적인 힘이 드러난다. 그러니 이러한 지상의 동물들에 대해서도 우리는 눈길을 돌려야 하며 거기서 진리를 찾아내야 한다.' 아리스토텔레스는 그 이전 시대의 철학자들과 과학자들이 무시했던 생명의 세계에 대한 관심과 탐구의 필요성을 역설하고 있는 것이지요. 그런 점에서 『동물부분론』의 인용문은 라파엘로의 그림에 가장 잘 들어맞는 구절일 뿐만 아니라 생물학 연구를 권유하는 서양 최초의 문헌적 기록입니다.

생물학의 탄생지 레스보스섬

아리스토텔레스의 생물학 연구는 뜻하지 않은 상황에서 시작되었습니다. 그가 아카데미아에 머문 지 20년이 지났을 때 이 학교의 교장이었던 그의 스승 플라톤이 세상을 떠납니다. 아리스토텔레스는 열일곱 살에 아카데미아에 입학했으니 그가 서른일곱 살 때의 일이지요. 플라톤이 여든두 살의 나이로 세상을 떠나면서 아

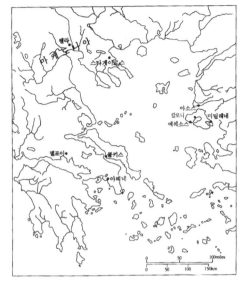

그림 34
아리스토텔레스의 활동 무대

리스토텔레스의 인생에도 갑작스런 변화가 찾아옵니다.

아리스토텔레스는 아테네에서 북쪽으로 600킬로미터 이상 떨어진 '스타게이로스' 또는 '스타게이라'라는 이름의 작은 도시 출신이었고, 그의 아버지는 인근 국가인 마케도니아 왕의 주치의였습니다. 그런 만큼 그의 집안은 마케도니아 왕가와 아주 가까운 사이였고, 아리스토텔레스는 의술에 친숙한 환경에서 성장했습니다. 그런데 플라톤이 세상을 떠날 무렵 마케도니아가 그리스 전역에 걸쳐 정치적 지배력을 행사하게 되면서 아테네 역시 마케도니아의 세력 팽창에 위협을 느꼈고, 이때 아리스토텔레스는 친마케도니아 분자로 지목되어 아테네 사람들에게 배척을 당하는 신세가 됩니다. 뒤를 보아줄 스승도 없는 처지에 그런 정치적 격동에 휘말리게 된 것이지요.

아리스토텔레스에게는 달리 선택의 여지가 없었을 겁니다. 스승의 죽음과 그에 잇따른 정치적 격변 때문에 그는 아테네를 떠나 지금의 터키 서부 지방으로 유배 아닌 유배의 길을 떠납니다. 경유지를 거쳐서 그가 정착한 곳은 레스보스섬입니다. 시인 사포의 고향으로 유명한 섬이지요. 아테네에서 직선거리로 350킬로미터 이상 떨어져 있습니다. 반면 터키와 레스보스 사이의 거리는 몇십 킬로미터밖에 안 됩니다. 아리스토텔레스는 이 레스보스섬에서 2년 동안 머무는데, 그때 동물 연구에 몰두합니다. 만일 아리스토텔레스가 아카데미아를 떠나지 않았거나 혹은 플라톤의 뒤를 이어 아카데미아의 교장 자리를 물려받았다면, 서양의 사상과 과학은 지금의 모습과 많이 달라졌을 겁니다. 의사의 집안에서 태어나 자연과학적 성향을 가진 아리스토텔레스였지만, 아카데미아에 머물던 20년 동안에는 그런 성향을 충분히 발휘할 수 없었죠. 아카데미아를 떠난 뒤에야 비로소 그는 자신의 숨은 역량을 발견하고 독자적인 철학과 과학의 길을 개척하게 된 셈입니다. 레스보스섬에 머문 기간 동안 아리스토텔레스는 주로 물고기와 철새에 대한 관찰에 몰두하는데, 그가 체류했던 곳은 오늘날 '칼로니Kalloni'라고 불리는 곳입니다. 한쪽은 섬 안으로 깊숙이 들어와 있고 한쪽 끝은 바다로 이어진 커다란 호수 근처의 마을입니다. 에게해의 짠물이 호수 안으로 밀려들어와 호수의 밑바닥을 깎아내면서 호수가 점점 커졌어요. 그렇게 생겨난 토사물이 바다로 이어지는 호수 입구를 막게 되면서 좁은 입구의 호수가 생겼습니다. 그걸 '라군lagoon', 우리말로 '석호'라고 부릅니다. 속초의 영랑호가 우리나라의 대표적인 석호지요.

아리스토텔레스는 이 석호 주변에 2년 동안 머물면서 물고기와 새 등을 관찰하고 기록했는데, 이런 기록들은 나중에 『동물지Historia animalium』[29] 안에서 집대성됩니다. 이 저서에는 지금 보아도 흥미로운 것들이 많이 담겨 있습니다. 예를 들어 실루루스 아리스토텔리스Silurus aristotelis에 대한 관찰도 그중 하나이죠. 직역하면 '아리스토텔레스 메기'입니다. 겉모습은 다른 메기와 비슷한데, 학명에 '아리스토텔레스'가 붙은 것을 보면 뭔가 그와 관계가 있겠지요? 아리스토텔레스는 이 메기에 대해 "가장 많은 알을 낳은 곳에서 수컷이 알을 지키고, 암컷은 알을 낳은 뒤 자리를 떠난다"(『동물지』9권 37장)라고 기록했습니다. 부정父情이 알뜰한 물고기죠. 19세기 말에 와서야 분류학자들은 이 관찰이 옳다는 것을 확인했습니다. 그리고 이 메기 종에 '아리스토텔레스 메기'라는 이름을

---

29 '히스토리아 아니말리움Historia animalium'은 '동물의 역사'가 아니라 '동물들에 대한 탐구'라는 뜻이다. 그리스어 히스토리아Historia는 원래 '역사'보다는 박물학적인 관찰을 가리킨다. 거기에는 관찰자 자신이 직접 눈으로 본 것과 다른 사람들에게 들은 것이 모두 포함된다.

그림 35
「동물지」 라틴어 번역본(1619)

붙였습니다. 아리스토텔레스는 『동물지』에 약 120종에 이르는 물고기들의 내부기관, 외부기관, 행태 등을 포함해서 500종이 넘는 동물들의 기관들, 생리, 생태, 발생 등을 기록해놓았는데, 그 출발은 레스보스에서 행한 관찰이었습니다. 그런 이유에서 우리는 레스보스를 '서양 생물학의 탄생지'라고 부를 수 있는 겁니다. 간단히 그의 생물학의 전체 얼개부터 살펴볼까요?

아리스토텔레스 생물학의 체계

아리스토텔레스의 생물학은 '영혼psychē'에 대한 논의에서 시작합니다. 물론 그가 말하는 '영혼'은, 곧이어 이야기하겠지만, 뭔가 신

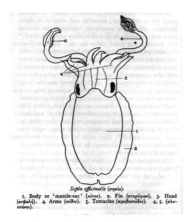

그림 36
『동물지』 영역본에 실린 갑오징어 해부도

비한 것이 아니라, 영양 섭취, 생식, 감각, 운동 등과 같은 동물의 생명 능력 전체를 이우르는 낱말입니다. 영혼에 대한 연구에 이어 아리스토텔레스는 영혼의 다양한 기능들이 어떤 신체 기관을 통해서 수행되는지 연구합니다. 예를 들어 코끼리 코의 기능과 형태 사이의 관계가 연구 대상이지요. 이것은 요즘 말로 '형태론 morphology'이라고 부릅니다. 한편, 동물들의 내부 기관이나 외부 기관의 다양한 형태에 대한 연구는 동물 분류로 이어집니다. 동물들을 유나 종으로 분류할 때 가장 손쉬운 방법은 눈에 보이는 형태를 기준으로 삼는 것이 아니겠어요? 그래서 아리스토텔레스는 형태를 연구하고 그 형태에 의해서 동물들을 분류합니다. 동물들에 대한 생리학, 형태학, 분류학 연구 이외에 아리스토텔레스가 특별히 관심을 기울인 것이 하나 더 있습니다. 생식, 발생, 유전 등의 현상입니다. 동물들이 어떻게 생겨나는지, 예를 들어 달걀이 어떻게 병아리로 부화되는지 등을 아리스토텔레스는 자세히 관찰하고 설명해놓았어요.

알에서 병아리가 부화되는 과정을 아리스토텔레스는 어떻게 관찰했을까요? 아무 기구도 없는 상태에서 병아리의 부화 과정을 우리는 어떻게 관찰할 수 있을까요? 간단한 방법이 하나 있습니다. 여러 개의 달걀을 동시에 부화시키면서 하루에 하나씩 차례대로 깨보는 겁니다. 달걀에서 병아리가 태어나기까지 20일이 걸리니까 하루하루 추이를 자세히 관찰하려면 스무 개의 달걀이 필요하겠지요. 매일 달걀을 하나씩 깨보면 달걀 속 배아의 형태가 어떻게 바뀌는지를 알 수가 있겠죠. 아리스토텔레스는 이런 방식으로 어떻게 병아리가 부화되는지를 관찰하고 기록했던 것이죠. 생물의 발생 과정뿐만 아니라 유전 현상도 아리스토텔레스의 큰 관심거리였어요. 오늘날 유전학은 생물학의 꽃이라고 할 수 있는데, 옛날에도 유전 현상은 큰 관심거리였지요. 어떻게 아버지와 나의 생김새가 똑같을까, 어떻게 우리 둘째 아이와 나는 손가락의 생김새와 발의 복사뼈 모양까지 똑같을까, 도대체 어떻게 이런 일이 가능할까? 아리스토텔레스는 다양한 가설을 세워 이런 유전 현상을 설명하려고 했습니다. 아리스토텔레스의 생물학 체계에는 형태론, 분류학, 발생학, 유전학 이외에 동물들의 행동들, 특히 영리한 행동들에 대한 연구도 포함되어 있는데, 이에 대해서는 마지막 강의에서 다시 다룰 겁니다.

아리스토텔레스는 이렇듯 광범위하고 체계적으로 생물학에 대한 연구를 진행했고, 그랬기 때문에 다윈 같은 사람도 그의 연구의 폭과 깊이에 경탄을 아끼지 않았습니다. 다윈은 이런 말을 한 적이 있습니다. "린네와 퀴비에는 내게 두 명의 신이었다. 하지만 옛날의 아리스토텔레스에 비하면 그들은 한갓 어린 학생에 불과하다." 린네와 퀴비에는 우리에게도 잘 알려진 인물이지요? 린네는 스웨덴의 분류학자입니다. '이명법'을 창안해서 식물과 동물 분류의 기초를 놓은 사람이지요. 퀴비에는 프랑스의 고생물학자입니다. 화석에 나타난 동물들의 흔적을 보면서 옛날에 살았던 동물들과 지금 사는 동물들의 모습이 다르다는 것을 확인했지요. 그의 관찰은 생명체가 창조된 이후 하나도 변화하지 않았다는 중세의 창조론을 반박하고 생명의 진화를 옹호하는 이론이 발전하는 데 중요한 디딤돌이 되었습니다. 린네와 퀴비에는 다윈에게 있어서는 두 명의 신과 같았어요. 하지만 다윈은 이런 신과 같은 이들도 아리스토텔레스에 비하면 그저 유치원생에 불과하다고 말합니다. 다윈조차도 아리스토텔레스의 생물학 연구를 높이 추앙했던 것이죠.

영혼은 '첫째 완성태'이다

아리스토텔레스가 어떤 상황에서, 어떤 방식으로 생물학 연구를 진행했고 이 연구의 전체 모습이 어떠한지 이제 이 강의를 듣는 여러분들도 어느 정도 짐작할 수 있을 것입니다. 이제 아리스토텔레스의 생물학 안으로 더 들어가 그의 연구 내용을 더 자세히 살펴봅시다.

앞에서 말했듯이, 아리스토텔레스의 생물학 연구에서 첫 자리를 차지하는 것은 '영혼이란 무엇인가?'라는 물음입니다. 그 이유는 살아 있는 것과 죽어 있는 것을 나누는 것이 바로 영혼이기 때문이지요. 만일 살아 있는 것이 모두 영혼을 지닌다면, 도대체 영혼이 무엇이기에 우리는 그것을 통해서 모든 것들이 살아 있다고 말할 수가 있을까요? 이것이 아리스토텔레스의 질문이고 거기서부터 그의 생물학 연구가 시작됩니다.

아리스토텔레스는 다음과 같은 비례식을 끌어들여 영혼의 본성을 정의하려고 합니다. '도끼 : 자연적인 신체 = 도끼의 본질 : 영혼'. 만일 도끼가 자연적인 신체라고 가정한다면, 도끼의 본질에 해당하는 것이 영혼이라는 말이지요. 도끼의 본질, 즉 도끼를 진짜 도끼로 만드는 것은 무엇일까요? 절단 능력이겠지요. 절단 능력이 없는 도끼는 도끼가 아니거나 그저 이름만의 도끼에 지나지 않습니다. 그림 속의 도끼는 겉보기에 도끼처럼 보여도 이름만 도끼일 뿐인데, 절단 능력이 없기 때문이지요. 아리스토텔레스에 따르면 신체와 영혼의 관계도 도끼와 절단 능력의 관계와 같습니다. 즉 도끼를 도끼로 만들어주는 것이 절단 능력이라면, 신체를 살아 있는 생명체로 만들어주는 것이 영혼이라는 겁니다.

신체와 영혼의 관계를 설명하기 위해 아리스토텔레스가 끌어들인 또 다른 비유가 있습니다. "만일 눈이 생명체라면 시각은 그것의 영혼일 것이다"라고 그는 말합니다. '도끼 : 절단 능력 = 눈 : 시각 = 생명체 : 영혼'이라는 비례식이 성립한다는 것이지요. 이 비례식을 이렇게 확장할 수도 있습니다. 도끼 : 절단 능력 : 절단 활동 = 눈 : 시각 : 봄 = 생명체 : 영혼 : 생명 활동. 다시 말해서 도끼가 있으면 절단 능력이 있고 절단 활동이 있어요. 눈이 있으면 눈에 고유한 시력, 즉 도끼의 절단 능력에 비유할 수 있는 시각 능력이 있고, 이러한 시각 능력을 행사하는 것이 '봄'이라고 하는 시각 활동입니다. 이런 비례 관계를 통해서 설명하면, 영혼이 가지고 있는 고유한 능력들이 실현되는 것이 바로 생명 활동인 셈이지요.

이런 비례식들을 근거로 삼아 아리스토텔레스는 영혼을 "잠재적으로 생명을 가진 자연적인 물체의 첫째 현실태"라고 정의합니다. 『영혼론』에 나오는 영혼에 대한 유명한 정의입니다. 지금까지 살펴본 사례들은 이해하기 쉬워도, 그 내용을 철학적인 용어로 바꿔놓으니 갑자기 어렵게 느껴지지요. 하지만 당황할 것 없습니다. 간단합니다. 예컨대 현실적인 도끼와 이름만의 도끼를 비교해봅시다. 도끼를 '현실적인' 도끼로 만들어주는 것, 즉 도끼의 현실태 actuality를 이루는 것은 뭐겠어요? 절단 능력이 아니고 달리 무엇이 겠어요? 또 현실적인 눈과 이름만의 눈을 비교해봅시다. 눈을 현실적인 눈으로 만들어주는 것, 즉 눈의 현실태를 이루는 것은 무엇이겠어요? 시각 능력이겠지요. 어떤 것을 현실적인 눈이라고 하고 어떤 것을 그림 속의 눈이라고 하느냐, 그 차이는 바로 시각 능력의 유무에 있지요. 그런 점에서 신체가 현실적인 생명체라고 할때, 그 생명체의 현실태를 이루는 것, 그것이 바로 영혼이라는 말이지요.

하지만 아리스토텔레스가 영혼을 단순히 '현실태'라고 하지 않고 '첫째 현실태'라고 부르는 이유는 또 무엇일까요? 물론 '첫째 현실태'는 '둘째 현실태'에 대비되는 용어겠죠. 눈은 단순히 시각 능력을 갖는 데 그치지 않고 그런 능력을 가지고 시각 작용, 즉 보는 활동을 합니다. 무엇인가를 실제로 보고 있는 활동의 상태를 눈의 '둘째 현실태'라고 불러봅시다. 그에 비하면 무언가를 볼 수는 있지만 시각 활동을 하지는 않고 감겨 있는 눈의 상태는 그런 뜻의 '둘째 현실태'에 비해서 '첫째 현실태'라고 불릴 수 있겠지요. 여러분들은 이 강의를 들으면서 지금 머릿속으로 열심히 무언가를 생각하고 있어요. 호모사피엔스의 지적 능력을 현실적으로 실현하고 있어요. 그게 인간에게 있어서의 '둘째 현실태'이죠. 하지만 지금 엎드려 자고 있는 사람도 있어요. 자고 있는 사람이 현재 실제로 지적인 활동을 하지 않는다고 해서 호모사피엔스가 아니라고 할 수는 없겠지요? 자고 있어도 여전히 '현실적인' 호모사피엔스예요. 다만, 그런 사람의 현실태는 둘째 현실태가 아니라 첫째 현실태지요. 이런 뜻에서 어떤 대상이 있을 때 그 대상을 현실적인 존재로 만드는 것을 첫째 현실태라고 부른다면, 바로 영혼이 생명체에 속하는 첫째 현실태라는 말입니다.

아리스토텔레스는 영혼을 정의한 다음 영혼에 속하는 능력들을 분석합니다. 영혼의 능력이 무엇인가라는 물음은, 바꿔 말하면, '도대체 살아 있는 것에는 어떤 능력이 속하는가'라는 물음과 똑같습니다. 여러분들은 김응빈 선생님이, 생명이 뭔지를 정의하기 어렵지만 '정보를 가지고 있다', '호흡을 한다', '생식을 한다' 등 여러 가지 작용에서 생명의 특징을 찾을 수 있다고 한 말을 기억할 겁니다. 아리스토텔레스도 영혼에 속하는 다양한 능력을 구별함으로써 생명의 활동이 어떤 것인지를 분석하려고 합니다. 그때 아리스토텔레스가 영혼의 능력으로 첫손에 꼽는 것은 섭생 능력이에요. 개체로서 자기 자신을 유지하는 능력이 없는 것을 생명체라고 부르기는 어렵겠죠. 그런데 자기 자신을 유지하는 것만큼 중요한 생명체의 기능이 또 있습니다. 자기와 같은 종의 개체를 산

영혼의 다양한 능력

• 사유 능력
• 운동 능력
• 감각 능력
• 생식 능력
• 섭생 능력

그림 37 영혼의 다양한 능력(『영혼론』, 2권 3장)

출하는 생식 능력이지요. 거기에 덧붙여 아리스토텔레스는 감각 능력, 운동 능력, 사고 능력을 영혼의 능력으로 꼽습니다. 크게 보면, 그는 이런 다섯 가지 능력이 생명 활동의 기본이라고 보면서 이 능력의 소유 정도에 따라 식물, 동물, 인간이 구분된다고 생각했죠.

식물은 광합성 작용을 통해 생존에 필요한 양분을 섭취해서 개체의 생명을 유지하는 한편 씨를 남겨서 자신과 똑같은 개체를 생산합니다. 그 방식은 서로 달라도, 영양 섭취와 번식이 식물과 동물과 인간 모두에게 공통적인 활동임은 틀림없습니다. 하지만 동물들에게는 식물들에게 없는 감각이 있고 이 감각을 가지고 운동을 한다고 아리스토텔레스는 말합니다. 감각과 운동 사이에 어떤 관계가 있을까요? 감각이란 자신의 생존에 좋은 것과 나쁜 것을 분별하는 정보처리 활동이고, 몸의 운동은 이 활동에 좌우됩니다. 좋은 것을 얻으려 하고 나쁜 것은 피하려 하는 것이 몸의 운동의 기본이지요. 아리스토텔레스에 따르면 이것은 모든 동물에게 공통적으로 속하는 능력입니다. 지렁이가 밟으면 꿈틀하는 이유가 뭐겠어요? 뭔가 자기에게 위협이 되는 것을 지각하기 때문에 그것으로부터 피하기 위해서 운동을 하는 것이지요. 이렇게 감각이 있으면 나의 생존에 유리하거나 불리하다는 판단이 이루어질 수 있고, 그 판단에 따라 유리한 것은 얻으려고 하고 불리한 것은 피하려고 하는 욕구와 운동이 일어나게 된다는 거죠. 반면 인간은 그런 수준을 넘어섭니다. 호모사피엔스에게는 감각이나 운동 능력 이외에 생각하는 능력, 사고 능력이 있기 때문이지요. 인간은 단순히 외부에서 주어지는 정보들을 수동적으로 취합해서 거기에 반응하는 데 머물지 않고, 상상하고 기억하고 추리하는 능력을 가지고 있습니다. 이런 것들을 일컬어서 아리스토텔레스는 인간에게 고유한 지성^{nous}의 작용이라고 봅니다. 이 지성 능력에 대해서는 뒤에서 다시 이야기하겠습니다.

신체는 시스템이다

아리스토텔레스의 생물학에서는 영혼론에 이어 동물의 신체 부분들과 그 형태들의 차이에 대한 연구가 이어진다고 앞에서 말했습니다. 이는 그의 영혼이 신체의 '현실태'로 정의된다는 것을 다시 생각해보면 당연한 일입니다. 영혼에 대해서 수많은 사람들이 이런 저런 이야기를 했습니다. 호메로스, 오르페우스교도, 데모크리토스 등이 영혼에 대해서 했던 이야기들을 다시 떠올려보세요. 그런데 이들과 똑같이 '영혼'이라는 개념을 사용하면서도 아리스토텔레스는 영혼에 대해 전혀 다른 생각을 가지고 있습니다. 그의 생물학에서는 '영혼'이 신체에 속하는 생명 능력, 신체를 떠나서는 있을 수 없는 능력으로 다시 정의되는 거예요. 예를 들어 감각 능력을 생각해보세요. 눈 없이 어떻게 볼 수 있겠어요? 영혼의 다른 능력도 마찬가지입니다. 다리가 없는데 어떻게 걸을 수 있겠어요?

운동 능력은 운동에 적합한 신체 기관 없이는 일어날 수가 없죠. 절단 능력은 도끼에게 본질적인 것이지만, 이 능력을 갖추려면 도끼는 단단한 것으로 이루어져야 합니다. 마찬가지로 생명체에 속하는 생명 능력도 그 능력을 수행하기에 적합한 신체 기관들이 갖추어져야 존재할 수 있습니다. 그렇다면 아리스토텔레스는 동물의 신체가 어떻게 이루어진다고 보았을까요?

아리스토텔레스에 따르면 동물들의 신체는 '비동질적인 부분'과 '동질적인 부분'으로 이루어지고, 이런 부분들은 궁극적으로 가장 단순한 물질적 원소들의 결합체입니다. 신체는 그런 뜻에서 하나의 '시스템'입니다.

〈그림 38〉에서 맨 밑에는 물·불·흙·공기와 같은 네 가지 원소

신체의 복합 '시스템(system)'

사람, 새, 물고기 ...... 유기체(organism)

↑

팔, 다리, 얼굴 ...... 기관(organ)

↑

살, 뼈, 피 ...... 조직(tissue)

↑

물, 불, 흙, 공기 ...... 요소(element)

시스템(그리스어로 'systêma'): 여러 부분들이 전체적으로 복합된 것

그림 38 신체의 복합적 시스템

가 있습니다. 이것들은 가장 단순한 원소들이지요. 이 원소들이 일정한 비율로 합쳐져서 살, 뼈, 피가 됩니다. 그리고 살, 뼈, 피가 다시 합쳐지면 얼굴, 손, 발과 같은 기관들이 되죠. 마지막으로 이 기관들이 또 합쳐져서 하나의 독립된 유기체가 되죠. 살, 뼈, 피 등은 오늘날 '조직'이라고 불리지만, 아리스토텔레스는 '동질적인 부분'이라고 부릅니다. 피는 나눠도 나눠도 똑같이 피이고 뼈는 빻아도 빻아도 끝까지 뼈입니다. 적어도 외관상으로는 그렇습니다. 이렇듯 피나 뼈는 부분과 전체가 똑같다는 뜻에서 '동질체'입니다. 반면에 손이나 얼굴이나 다리는 피와 뼈로 나눌 수 있잖아요. 그렇게 전체와 부분이 서로 다르다는 뜻에서 아리스토텔레스는 '비동질체'라는 이름을 사용합니다. 그러면서 신체의 이런 기관들이나 조직들에 속하는 다양한 성질들은 궁극적으로 네 가지

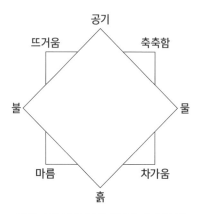

그림 39 아리스토텔레스의 4원소와 네 가지 성질

원소에 속하는 네 가지 기본 성질들로부터 파생된다고 보았던 것이죠.

예컨대 불은 뜨겁고 건조한 성질을, 공기는 뜨겁고 축축한 성질을 가지고 있습니다. 물은 축축하고 차갑고, 흙은 건조하고 차가운 성질을 가지고 있어요. 이렇게 각각 온·냉·건·습 중 두 가지 성질을 한 쌍으로 갖는 물·불·흙·공기가 합쳐져서 살이나 뼈가 되고, 살이나 뼈가 합쳐져서 기관이 되고, 기관이 합쳐져서 유기체를 이룬다고 보았던 것이죠. 그런 뜻에서 아리스토텔레스는 신체적인 부분들뿐만 아니라 유기체 전체가 하나의 시스템, 하나의 복합체, 복잡한 통일체라고 주장합니다.

여기까지가 영혼과 육체에 대한 아리스토텔레스의 이야기인데, 요약하면 이렇습니다. '영혼'은 생명 활동을 가능하게 하는 다양한 능력을 총괄하는 개념이고, 이런 영혼은 육체를 떠나서는 존재할 수 없습니다. 영혼은 육체의 현실태이기 때문입니다. 그렇다면 육체와 영혼으로 이루어진 생명체의 발생은 어떻게 설명할 수 있을까요? 아리스토텔레스의 발생학이나 유전학은 이 질문에 대한 답입니다.

기술적 설명의 모델과 4원인설

우리가 모두 잘 알고 있듯이, 사람의 경우 새로운 생명체는 수정과 착상의 과정을 거쳐서 생겨납니다. 먼저 난소에서 배란을 통해 생겨난 난자가 난관으로 배출됩니다. 이 난자가 밖에서 들어온 정자와 만나면, 정자는 난자의 벽을 뚫고 들어오고, 이어 수정이 되어 수정란이 만들어집니다. 그다음에는 세포분열이 시작되지요. 수정란은 난관을 통해 이동하면서 세포분열을 계속하고 마침내 자궁벽에 착상이 됩니다. 계속되는 세포분열에 의해 조직이나 기관들이 생겨나고 마침내 완전한 생명체가 모습을 드러냅니다. 그렇다면 2400여 년 전에 살았던 아리스토텔레스는 이 과정을 어떻게 설명했을까요?

생명체의 발생에 대한 아리스토텔레스의 설명 방식은 현대 생물학의 그것과 전혀 다릅니다. 패러다임이 완전히 달라요. 아리스토텔레스는 조각 과정이나 건축 과정을 예로 들면서 그런 기술적인 제작 방식에 근거해서 생명체의 발생 과정을 유추해내기 때문입니다. 세상에서 가장 유명한 조각상을 예로 들어 이야기해봅시다. 바티칸의 성 베드로 성당에 가면 입구 오른쪽 유리관에 미켈란젤로(1475~1564)의 피에타상이 들어 있지요.

1972년까지는 이 피에타상이 유리관에 들어 있지 않았습니다. 그런데 1972년 재림 예수를 자처하는 헝가리 출신의 한 정신병자가 망치로 이 피에타 상을 때려 훼손시켰습니다. 이 사건 이후에 피에타 상이 지금처럼 유리관에 보관되어 있다고 합니다. 르네상스 예술을 대표하는 이 조각품은 1499년에 만들어졌습니다. 그때 미켈란젤로의 나이는 스물다섯 살이었으니, 천재의 걸작품이지요.

그림 40 미켈란젤로, 〈피에타〉, 1499, 성 베드로 성당 소장

조각 전공의 미대생이 졸업 작품을 만들 나이에 만들었으니까요. 하지만 이런 것을 따지고 있으면 속이 상하니, 논점만 간단히 합시다. 이런 조각상을 만들기 위해서 필요한 것은 무엇일까요?

아리스토텔레스는 조각상의 제작은 물론 모든 형태의 기술적인 제작은 네 가지 관점에서 설명할 수 있다고 말합니다. 즉 무엇이 어떻게 만들어지는지를 충분히 설명하기 위해서는 네 가지 관점을 고려해야 한다는 것인데, 그런 생각을 일컬어 '4원인설'이라고 부릅니다. 네 가지 원인 혹은 이유에 의한 설명이라는 뜻이지요. 조각품을 만들기 위해서 가장 먼저 필요한 것이 무엇일까요?

작용인 질료인

목적인 형상인

그림 41 아리스토텔레스의 4원인설

당연히 대리석과 같은 재료가 필요하겠죠. 아리스토텔레스는 그런 재료를 일컬어 '질료인material cause'이라고 합니다. 좋은 대리석이 없이는 미켈란젤로의 〈피에타〉 같은 조각상을 만들기 어렵겠지요. 대리석의 재질이 좋아야지, 그렇지 않으면 정을 한 번만 잘못 내리쳐도 전체가 쫙 갈라져 몇 달, 몇 년 동안의 수고가 물거품이 될 수도 있습니다.

무언가를 만들려면 먼저 재료가 필요하고, 그다음에 조각가가 있어야겠죠. 일정한 과정을 통해 재료를 가공해서 무언가를 만드는 사람이 필요한데, 그런 사람을 일컬어 '작용인efficient cause'이라고 부릅니다. 그런데 조각가가 조각상을 만들 때는 당연히 그의 머릿속에는 자신이 만들려고 하는 조각상의 모습, 즉 제작물의 '형상'이 들어 있을 거예요. 조각의 밑그림이나 건축의 설계도가 그런 것이겠죠. 그걸 일컬어서 '형상인formal cause'이라고 합니다. 다시 말해서 재료가 완성된 조각품이 될 때는 언제나 일정한 형태 혹은 형상을 갖게 되는데, 그런 형상의 원인이 되는 것, 즉 제작자의 머릿속에 있는 설계도를 가리켜 '형상인'이라고 부를 수 있습니다. 이것이 세 번째 원인이죠. 마지막으로 조각가가 머릿속에 어떤 그림을 그리면서 재료에 이 그림 속의 형상을 실현하기 위해 돌을 쪼아가면서 조각을 하는데, 이런 조각 과정이 지향하는 최종 목적, 이것이 바로 4원인 가운데 마지막에 오는 목적인final cause입니다. 조각 과정의 목적은 다양하겠지요. 돈을 벌기 위해서, 혹은 신에게 봉헌하기 위해서 조각상을 만드는 등 조각의 목적은 다양하겠지만, 일차적으로 완성된 조각품이 조각 과정의 최종 목적이라고 할 수 있습니다. 기술적인 제작 과정뿐만 아니라 자연적인 현상을 설명할 때도 이런 네 가지 관점을 고려하면서 그 각각의 관점에서 질료인, 형상인, 작용인, 목적인을 제시해야 한다는 것이 바로 아리스토텔레스의 4원인설입니다.

자연현상을 설명할 때 목적 개념이 필요한가?

4원인설은 아리스토텔레스 이후 오랫동안 서양에서 과학적 설명의 표준 모델 역할을 해왔습니다. 과학적 설명은 모름지기 이 네 가지 관점을 고려해야 한다는 것이 중세에 이르기까지 사람들이 공유한 가정이었지요. 그런데 중세 이후 새로운 과학이 등장하면서 4원인설은 청산해야 할 구시대의 적폐 취급을 받게 됩니다. 과학혁명에 앞장선 사람들에게 거부감을 줬던 것은 특히 목적인이었습니다. 예컨대 하늘에 별들이 운행하는 데 목적이 있을까요? 사과가 땅으로 떨어지는 데 무슨 목적이 있겠어요? 신의 영광을 드러내기 '위해서' 별들이 하늘에서 운행하는 걸까요? 뉴턴이 만유인력을 발견하게 하기 '위해서' 사과가 땅으로 떨어진 것일까요? 주로 천문, 물리현상에 대한 설명을 과학의 목적으로 삼았던 과학혁명기의 과학자들이나 철학자들에게는 '목적인'이야말로 폐기해야 할 설명 원리, 구시대의 유산이었죠. 근대과학자들에게 가장 중요했던 것은—아리스토텔레스의 용어를 사용하면—오히려 '작용인'이었습니다. 도대체 어떤 힘이, 어떤 방향에서, 어떤 크기로 작용해서 운동이 일어나는지, 이런 물음이 16~17세기 자연과학자들의 주요 관심사였고, 그렇게 아무 목적이나 의도도 갖지 않는 힘들의 상호작용에 의해서 자연현상을 설명하는 것이 20세기까지 과학의 지배적인 관심사였지요. 그런 관심에 비추어 보면 '목적인'이 아리스토텔레스적이고 중세적인 우상, 사이비 과학의 원리로 여겨진 것은 당연한 일입니다.

하지만 자연을 설명하면서 목적을 배제하는 것은 얼마나 가능한 일일까요? 천체 현상이나 물리현상을 다룰 때는 목적을 무시

할 수 있을 겁니다. 하지만 생명현상의 경우에는 어떨까요? 한번 따져봅시다. 어느덧 봄이 되었습니다. 아파트 단지의 곳곳에서 새들이 웁니다. 그 이유가 뭐죠? 새는 암컷이 아니라 수컷이 울죠? 그 이유가 뭔가요? 짝짓기를 '위해서', 암컷을 유인하기 '위해서' 우는 것이겠죠. 하지만 그것만이 봄철에 새들이 우는 이유에 대한 유일한 설명은 아닐 겁니다. 봄에는 수컷의 몸에 호르몬 분비가 많아져서 노래를 한다고도 설명할 수도 있기 때문입니다. 이런 설명은—아리스토텔레스의 4원인설의 틀에 따르면—작용인을 통한 설명입니다. '호르몬hormone'이라고 하는 영어 단어는 '호르만horman'이라는 그리스어 동사에서 유래했는데, 이 동사는 '작용하다' 또는 '자극하다'라는 뜻이거든요. 호르몬은 신체의 운동을 유발하는 물질이지요. 그래서 새들이 노래를 부르는 하나의 현상도 목적인의 관점에서도, 작용인의 관점에서도 설명할 수 있어요. 생명현상을 설명할 때는 목적을 배제하기 어렵습니다.

또 다른 예를 들어볼까요? 토끼가 하얀 이유가 무엇인가요? 여기에도 여러 가지 이유가 있겠지요. 토끼가 하얀 것은 몸에 멜라닌 색소가 없기 때문이라고 말할 수 있겠지요. 하지만 한 걸음 더 나아가 토끼에게 멜라닌 색소가 없는 것은 하얀 것이 토끼의 생존에 유리하고, 결국 환경에 적응해서 살아남기 '위해서' 토끼가 하얗게 진화했다고 얘기할 수 있어요. 생존에 유리하기 '때문에', 살아남기 '위해서' 토끼의 몸이 하얗다는 것은 아리스토텔레스에 따르면 목적인에 따른 설명입니다. 반면 '멜라닌 색소가 없어서 토끼가 하얗다'고 설명하면 그것은 작용인에 의한 설명이죠. 그런 뜻에서 생명현상에 대한 설명에는 목적인이 등장할 수밖에 없는 겁니다.

다윈의 진화론 역시 목적인을 끌어들이지 않고는 성립하기 어려운 이론입니다. 다윈의 『종의 기원』의 제목을 떠올려보세요. "On the Origin of Species by Means of Natural Selection, or the Preservation of Favoured Races in the Struggle for Life." 여기서 중요한 것은 종의 분화가 자연선택에 의해서 일어나는데, 이 과정은 "the struggle for life", 즉 살아남기 '위한' 싸움이란 말이죠. 그래서 진화론에 따르면 어떤 생명현상도 'for'를 앞세우는 설명, 특정한 현상이 적응과 생존을 '위해서' 어떻게 기여하는지를 보여주는 설명 없이는 이해할 수 없지요. 목적인을 빼놓고는 생명현상을 충분히 설명할 수 없다는 말입니다. 오늘날에는 흔히 '궁극 원인ultimate cause'과 '근접 원인proximate cause'을 나누는데, '궁극 원인'이란 사실 아리스토텔레스가 말한 '목적인'과 다를 게 없습니다. 예컨대 '멜라닌 색소가 없기 때문에' 토끼가 하얗다고 말하면, 그것은 근접 원인에 의한 설명이고, '살아남기 위해서', 혹은 '주어진 환경에 잘 적응함으로써 생존 가능성을 높이기 위해서' 토끼가 하얗다고 말한다면, 그것은 궁극 원인에 의한 설명이지요. 그러니까 목적인을 내세우는 아리스토텔레스의 설명이 물리학 중심의 서양

과학에서 400년 이상 천시를 받다가 생물학이 득세하면서 다시 부활하고 있는 셈입니다. 물론 오늘날에도 생물학자들은 '목적인'에 대해 언급하는 걸 무척 꺼리는 것 같아요. 그러니까 '궁극 원인ultimate cause', '목적지향성teleonomy' 등의 새로운 용어를 만들어내는데, 어떤 생물학자는 솔직히 이렇게 고백한 적이 있습니다. "생물학자들에게 있어서 목적인은 몰래 만나는 애인과 같다. 애인 없이 살 수 없지만, 애인과 외출할 수는 없다."

생명체 발생의 네 가지 원인은?

아리스토텔레스가 남긴 생물학 저술 가운데 『동물발생론De generatione animalium』이 있습니다. 아리스토텔레스는 여기서 생명체의 발생 과정을 설명하면서 그 과정을 대장간에서 도끼를 만드는 과정에 비유합니다. 4원인설의 도식에 따르면 대장간에서 이루어지는 제작 과정의 목적은 도끼이겠지요. 혹은 도끼를 통해서 이루려고 하는 것이 기술적 제작의 목적이에요. 그런데 도끼를 만들기 위해서는 먼저 쇳덩이가 있어야 해요. 쇳덩이가 도끼의 재료, 질료인이죠. 쇳덩이를 녹일 불도 필요합니다. 불을 통한 쇳덩어리의 주물 공정이 필요하니까요. 불은 작용인인 셈입니다. 하지만 쇳덩이를 불구덩이에 던져 넣는다고 해서 도끼가 저절로 튀어나오는 것은 아니겠지요? 대장장이가 머릿속에 도끼의 모습을 미리 그려놓고 이 설계도에 따라서 일정한 방식으로 불을 조절하지 않고서는 도끼가 만들어지지 않습니다.

　이렇게 기술적 제작을 네 가지 관점에서 설명하면서 생명체의 발생도 똑같은 방식으로 설명하려면, 그 각각에 해당하는 것이 무엇인지 알아야겠지요. 완성된 도끼에 해당하는 것은 온전한 생명체라고 할 수 있을 겁니다. 그렇다면 생명체가 생겨나는 데 필요한 나머지 세 가지 원인, 즉 질료인, 형상인, 제작인은 무엇일까요? 쇳덩이, 불과 대장장이, 설계도에 해당하는 것은 구체적으로 무엇일까요? 조금 길지만 아리스토텔레스의 글을 읽어봅시다.

> 동질적인 것들uniform parts과 기관들instrumental parts은 동시에 생겨
> 난다. 우리는 아마도 이렇게 말할 수 있을 것이다. 불 혼자서는
> 도끼도 다른 어떤 도구도 만들 수 없고, 이는 발이나 손의 경우
> 도 마찬가지다. 살 또한 그런데, 그 안에는 어떤 기능이 속해 있
> 기 때문이다. 딱딱함, 부드러움, 끈기, 부서지기 쉬움을 비롯해
> 서 그와 같은 다른 성질들이 살아 있는 신체의 부분들에 속하
> 는데, 이런 성질들을 만드는 것은 '프뉴마'의 열기와 냉기이지만,
> 살이나 뼈를 있게 하는 로고스를 제공하는 것은 열기와 냉기가
> 아니라 낳는 자에게서 오는 운동이다.
>
> ─『동물발생론』 2권 1장

이 인용문에 따르면 도끼의 제작 과정과 생명체의 발생 과정 사이

에는 다음과 같은 비례식이 성립합니다.

도끼 : 쇳덩이 : 불과 대장장이 : (도끼의) 밑그림

= 생명체 : 생리혈 : 프뉴마와 아비 : 형상(로고스)

도끼는 대장장이가 불의 열기를 사용해서 쇳덩이에 일정한 형태를 부여함으로써 만들어지고, 그 전체 공정은 대장장이의 머릿속에 있는 밑그림, 즉 도끼의 형상에 따라 진행됩니다. 아리스토텔레스에 따르면 생명체의 부분들, 즉 다양한 조직과 기관이 만들어지는 과정도 그와 비슷합니다. 생명체의 재료는 어미 쪽에서 오는 생리혈입니다. 아리스토텔레스는 쇳덩이가 도끼의 재료라면, 생리혈은 생명체를 만드는 '질료인'이라고 보았던 거지요. 그에 따르면 신체를 이루는 모든 부분, 그러니까 살이나 뼈 같은 동질적인 조직뿐만 아니라 발이나 손과 같은 비동질적인 기관들의 기본 재료는 궁극적으로 생리혈입니다. 그런데 신체의 부분들에는 모두 고유한 기능이 있고, 기관과 조직들이 그런 기능을 수행할 수 있는 것은 그것들 안에 '딱딱함, 부드러움, 끈기, 부서지기 쉬움을 비롯해서 그와 같은 다른 성질들'이 속하기 때문인데, 그런 성질들을 만들어내는 것은 아비의 정액 속에 들어 있는 프뉴마^{pneuma}입니다. 이것은 대장간에서 사용되는 불에 해당한다고 보면 됩니다. 프뉴마는 곧 뜨거운 공기인데, 이것이 뜨거워졌다 차가워졌다 하면서

대장간의 불의 역할을 한다는 말입니다. 그래서 프뉴마는 생명체의 발생 과정에서 '작용인'입니다. 여기에 아리스토텔레스는 프뉴마의 운동을 조절하는 '로고스'를 덧붙입니다. "살이나 뼈를 있게 하는 로고스를 제공하는 것은 열기와 냉기가 아니라 낳는 자에게서 오는 운동이다"라고 그는 말합니다. 난자 벽을 뚫고 정자가 들어가면 그 정자로부터 발생의 운동이 시작돼서 수정란이 만들어지고 정해진 방식으로 세포분열이 일어나면서 배아가 형성되잖아요. 그와 마찬가지로 생리혈을 굳히면서 거기에 형태를 부여하는 프뉴마의 운동에는 로고스, 일종의 정보가 포함되어 있어서 이 정보에 따라 경혈이 이런저런 형태를 갖춘 생명체로 변화된다는 얘기지요. 엠페도클레스가 말했던 '결합의 로고스'를 다시 떠올려보세요. 그는 물·불·흙·공기가 일정한 로고스(비율)에 의해서 결합되어 형태를 갖추고 신체 조직이 된다고 했는데, 아리스토텔레스가 말하는 로고스도 그런 것으로 보면 될 겁니다.

기술적인 제작에서 생명체의 발생을 유추하는 아리스토텔레스의 입장은 우리에게 무척 낯설게 보입니다. 하지만 그의 주장은 17세기 사람들이 생명체의 발생을 설명하기 위해서 끌어들였던 가설보다 훨씬 더 과학적이에요. 그들은 사람이 어떻게 생겨나는지를 설명하면서, 정액 안에, 한 방울의 정액 안에 아주 조그만 사람이 들어 있다고 생각했어요.

'호문쿨루스'라고 불리는 작은 사람이 들어 있다가, 이것이 모

그림 42
니콜라스 하르추커르Nicolaas Hartsoecker
가 그린 호문쿨루스Homunculus, 1695년

태에 들어가 점점 커져서 사람이 된다고 생각했지요. 17세기까지
만 해도 사람들은 생명체의 발생 과정을 설명하기 위해 이렇게 황
당한 가설을 끌어들였는데, 그에 비하면 아리스토텔레스의 생각
은—비록 유추에 의한 설명이지만—그것보다 훨씬 더 과학적이
지요. 그래서 막스 델브뤽Max Delbrück이라는 과학자(1969년 노벨생리
의학상 수상)는 'Aristotle—tle—tle'이라는 재미있는 제목의 논문에
서 방금 소개한 그 구절을 염두에 두면서 이렇게 말했습니다. "현
대적인 언어로 바꾸면, 이 모든 인용문들이 말하는 것은 다음과
같다. 형상이라는 원리는 정액 안에 저장된 정보이다. 수정이 되

고 난 다음 이 정보는 미리 정해진 프로그램에 따라 해독된다. 이 해독 과정은 그 정보가 작용을 미치는 질료의 형태를 바꾸어놓는 다." 정액 안에 들어 있는 로고스가 프뉴마의 운동을 통해 질료 에 전달되면서 생명체를 만들어간다는 말이지요. 그런 다음 델브 뤽은 이렇게 덧붙입니다. "다른 말로 하면, 매년 가장 창조적인 과 학자들을 선정해야 하는 탐탁지 않은 과제를 떠맡은 스톡홀름의 위원회에 사망한 인물에게도 상을 수여할 자유가 있다면, 내 생 각에 이 위원회는 DNA에 내재된 원리를 발견한 공로를 인정해서 아리스토텔레스를 수상자로 고려해야 한다고 생각한다." 유감스럽 게도 죽은 사람에게는 노벨상을 주지 않지만, DNA의 원리를 발 견한 아리스토텔레스의 공로를 인정해야 한다는 말이지요.

지성은 어디서 올까?

생명체의 발생 과정에 대한 아리스토텔레스의 설명 패러다임은— 비록 유추의 방법을 취하긴 했지만—원리적으로는 현대 생물학 의 설명 방식과 일치한다고 말할 수 있습니다. 그에 비해서 인간의 지성이 어떻게 출현하는지의 문제는 아리스토텔레스의 생물학에 서 수수께끼로 남아 있습니다. 인간을 사유할 수 있는 존재, 호모 사피엔스로 만들어주는 지성은 도대체 어디서 올까요? 그것의 본 성은 무엇일까요?

  우리는 사고 능력이 뇌에 의존한다는 사실을 잘 알고 있습니다.

하지만 아리스토텔레스는 판단이나 추론 같은 사고 활동을 담당하는 지성이 아무 신체 기관에도 속하지 않는다고 생각했어요. 그런 점에서 그는 사고 활동이 감각 활동과 본질적으로 다른 것이라고 봅니다. 감각은 감각기관을 전제로 하지만 사고는 그렇지 않다는 말인데, 이런 주장을 하는 데는 그 나름의 이유가 있습니다. 감각은 외부에서 오는 자극을 감각기관이 수용함으로써 이루어집니다. 그런데 감각기관이 외부의 자극을 수용하는 데는 한계가 있습니다. 예를 들어 바깥에서 오는 소리가 너무 크면 귀청이 떨어져 나가겠죠. 같은 이치로 엑스선은 파장이 너무 짧아 눈에 보이지 않고 일정한 정도의 파장을 가진 광선들만이 우리의 눈에 보입니다. 아리스토텔레스는 이런 현상은 감각이 감각기관, 즉 신체에 의존하기 때문에 일어난다고 생각했어요. 하지만 사고 활동은 어떤가요? 우리는 골방에 앉아서도 멀리 떨어진 다른 나라를 생각할 수도 있고 눈에 보이지 않는 소립자에 대해서도 생각할 수 있습니다. 그런 점에서 사고 활동은 시간과 공간의 물리적 한계를 벗어나 있어요. 그리고 생각은 아무 물리적인 자극 없이도 일어납니다. 아리스토텔레스는 바로 이런 이유를 들어, 물리적인 자극 없이 이루어지는 지성의 사고 활동은 그 자체가 어떠한 신체 기관에도 제약되지 않는다고 추리했던 것이죠. 뇌를 사고의 기관이라고 보는 오늘날의 관점에서는 틀린 이야기이지만, 전혀 근거가 없는 추론은 아닙니다. 그리고 아리스토텔레스는 이런 생각을 근거로 지성은 영혼에 속하는 다른 능력들이 생겨나는 과정을 거치지 않고 출현한다고 보았습니다. 다른 신체 기관은 생명체의 발생 과정에서 단계적으로 생겨나고 그에 상응해서 각각의 기관에 속하는 영혼의 능력도 생겨나지만, 지성은 생명체가 발생하는 과정에서 어느 한순간 밖에서 안으로 들어온다고 생각했어요. 이런 생각은 지금도 가톨릭의 교의에 부분적으로 남아 있지요? 그렇다면 도대체 지성은 언제 사람의 몸속으로 들어오는지, 언제 하느님이 지성을 우리 몸속에 들여보내 주시는지를 놓고 논란이 생기겠죠.

어쨌건 아리스토텔레스는 지성이 신체와 독립되어 있어서 다른 인지 능력에 비해 특별한 지위를 갖는다고 생각했는데, 그 의미를 현대적인 관점에서 따져볼 수도 있습니다.

그림 43 예쁜꼬마선충의 커넥톰

〈그림 43〉은 '커넥톰Connectome'의 사진이에요. 많은 사람에게는 이 낱말이 생소하게 들릴 겁니다. 커넥톰은 신경계에 퍼져 있는 뉴런들 사이의 전체 연결망입니다. 그림은 여러 공항을 연결하는 항공망처럼 보이지만, 사실 1밀리미터밖에 안 되는 예쁜꼬마선충의 뉴런들의 연결망입니다. 이 예쁜꼬마선충은 뇌가 아니라 온 몸에 뉴런이 퍼져 있는데, 그 수가 300개 정도라고 합니다. 그림은 그 300개의 뉴런들이 서로 연결되어서 만들어낸 신경망을 그린 것이지요. 300개의 연결망인데도 매우 복잡해 보이죠. 인간의 뉴런은 몇 개인가요? 1000억 개라고 합니다. 그리고 각각의 뉴런이 다른 뉴런과 결합할 수 있는 가능성은 1만 가지 정도이고요. 그렇다면 우리의 의식 활동을 관장하는 뉴런의 연결, 즉 생성 가능한 시냅스는 1000조 개가 되는 셈이지요. 이 천문학적인 숫자의 연결망이 우리의 의식 활동을 관장하는데, 알파고가 이세돌을 이겼다고 세상이 온통 난리이지만, 아마 이 정도 규모의 시냅스가 할 수 있는 일을 하는 컴퓨터를 만들려면 앞으로 얼마나 시간이 걸릴지 모르겠습니다.

우리 뇌의 활동이 이렇게 복잡하게 얽힌 시냅스 연결망을 통해 이루어진다는 이야기를 꺼내는 이유는 이 시냅스의 연결 자체가 생물학만으로는 설명할 수 없는 것이라는 점을 강조하기 위해서입니다. 물론 시냅스의 연결은 물리-화학적인 법칙에 따라서 이루어지지요. 하지만 어떤 시냅스가 어떤 시냅스와 연결되는지는 매 순간 외부로부터 주어지는 정보에 따라 결정되거든요. 예컨대 사람이 숲속을 자꾸 다니다 보면 그곳에 길이 나는 것과 같은 이치이겠지요. 일단 길이 나면 그다음에는 그 길로 사람들이 다니기 쉬워요. 마찬가지로 우리가 태어날 때 생물학적으로 주어진 1000억 개의 뉴런들이 다양한 방식으로 연결되어서 커넥톰을 이루는데, 이 커넥톰이 어떤 방식으로 형성되는지는 우리가 노출되어 있는 문화적, 사회적 환경에 의해서 달라진다는 거지요. 이 강의에서는 2400여년 전 아리스토텔레스의 생물학과 현대 생물학의 발견 내용이 동시에 정보로 제공되고 있어요. 이 정보를 수용하는 우리의 두뇌 안에서는 서로 연결되지 않았던 뉴런들이 새롭게 연결되고 있을 겁니다. 그런 다음에는 비슷한 정보가 주어지게 되면, 그렇게 연결된 신경망을 통해서 정보처리가 훨씬 더 수월해질 수가 있겠죠. '통섭', '융복합' 이야기를 많이 하는데, 이게 별거겠어요? 이 시냅스, 뇌의 연결망을 재구축한다는 이야기가 되겠죠. 그런데 이러한 재구축은 순수한 생물학적인 현상이 아니라 일종의 '문화적 현상'이기도 합니다. 하나의 생물학적 개체가 어떤 사회적, 문화적 조건에서 성장하느냐에 따라서 그의 두뇌의 시냅스의 연결망이 달라질 수 있고, 그런 점에서 지성 활동도 단순히 생물학적인 현상으로 환원될 수 없다는 말입니다. 뇌과학 연구자들이 즐겨 쓰는 말 중에 내가 재미있게 들은 것이 '점화 그리고 연결fire and wire'이라는 표현입니다. 즉 뉴런들이 점화fire되어 작동하고 연결된다고 해서 '점화 그리고 연결'이라는 말을 쓰지요. 그렇게 볼 때 지성의 활동이 신체와 독립적으로 이루어진다는 아리스토텔레스의 말이 틀리긴 했지만, 사고 활동의 생물학적 환원 불가능성을 지적하는 말로서 그 의미를 되새겨볼 필요가 있을 것 같습니다.

자연의 사다리와 생명의 나무

마지막으로 오늘 강의의 핵심인 '자연의 사다리'에 대해서 간단히

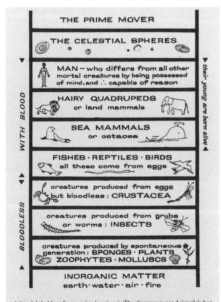

Aristotle's ladder of nature (*scala naturae*). The diagram is not Aristotle's but is derived from the information scattered throughout his biological writings. It is essentially correct, and was superseded but not overthrown by Linnaeus in the eighteenth century. It is not, of course, an evolutionary scheme, but a plan of living things as they exist from the humblest to the highest forms.

그림 44
아리스토텔레스의 '자연의 사다리'

살펴봅시다.

생명계를 구성하는 여러 종류의 생명체가 일정한 위계질서를 이루고 있다는 생각이 자연의 사다리 관념의 기본 아이디어죠. 가장 아래에는 물·불·흙·공기가 있고, 그다음에는 해면, 식물, 식충류 등이 있어요. 그 위에는 곤충들이 있고. 이어서 게, 가재와 같은 갑각류들, 물고기와 새들, 바다에 사는 포유류들, 네발짐승, 인간이 옵니다. 아리스토텔레스는 모든 생명체가 이런 위계질서 속에서 저마다 고유한 자리를 차지하고 있다고 생각했습니다. 더 자세히 살펴보면, 어류나 조류보다 아래에 있는 것들은 피가 없는 것들이에요. 킹크랩스에는 피가 없잖아요. 그러나 어류나 조류는 피가 있고, 그보다 높은 단계에 있는 것들도 그렇지요. 이렇게 아리스토텔레스는 생명체들을 피 있는 부류와 피 없는 부류로 나누는데, 오늘날 우리가 사용하는 용어를 빌리면 그 둘은 각각 척추동물과 무척추동물에 해당합니다. 한편, 아리스토텔레스는 생식의 방식을 통해서 생명체의 단계를 나눌 수 있다고 보았습니다. 그림에서 확인할 수 있듯이, 가장 아래에는 자연발생적인 것들이 있어요. 물론 자연발생설은 오늘날 받아들여지지 않지요. 그다음에는 애벌레에서 생겨나는 곤충들이 있고 알에서 태어나는 것도 있어요. 그 위에 오는 것들은 모두 알에서 생겨나지만 체외수정을 하느냐 체내수정을 하느냐에 따라서 등급이 나뉩니다. 체내수정을 하는 것이 더 높은 자리를 차지하지요. 그다음에는 바다의 포유류, 새끼를 낳는 고래가 있습니다. 그다음에 새끼를 낳는 육상 포유류가 있고 마지막에는 사람이 있어요. 아리스토텔레스가 사람에게 가장 높은 자리를 배정한 이유는 사람만이 지성을 가지고 생각과 추리를 할 수 있다고 보았기 때문이지요.

'자연의 사다리'에 담긴 아리스토텔레스의 세계관은 중세 시기에도 그대로 받아들여졌습니다. 더 정확히 말하면, 중세 시대 사람들은 아리스토텔레스의 생각을 그들 나름의 방식으로 재해석했습니다. 그들은 위계질서의 관념을 지구상의 생명체들뿐 아니라 천사, 신에게 확장해서 사람 위에 천사가 있고, 천사 위에 신이 있다고 보았던 것이지요. 그리고 많은 중세의 철학자와 신학자들은 바로 이러한 위계질서의 관념을 근거로 삼아 봉건사회의 위계질서를 옹호하려 했지요. 그런 점에서 중세에는 자연의 사다리가 단순히 생물학적인 분류 틀을 넘어서 일종의 세계관이 되고 또 봉건사회를 지탱하는 이데올로기 역할을 하게 됩니다.

하지만 아리스토텔레스 이래 생명계를 해석하는 지침 역할을 해온 자연의 사다리 모델은 다윈의 진화론이 득세하면서 새로운 모델에 자리를 넘겨줍니다. 바로 '생명의 나무' 모델이지요.

〈그림 45〉는 다윈이 노트에다 그렸던 그림이고, 〈그림 46〉은 『종의 기원』에 실려 있는 그림입니다. 이 그림은 시간이 지나고 여러 세대를 거치면서 나뭇가지가 뻗어나가듯 최초의 동물들이 분화하는 과정을 간략하게 보여줍니다. 이 그림에 따르면 과거에 있

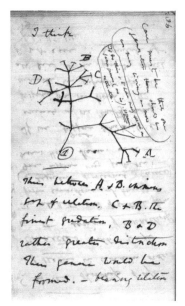

—
그림 45
다윈이 노트에 그린 '생명의 나무'

던 종들 가운데 어떤 것들은 몇 세대가 지나면서 사라져버렸고, 어떤 것들은 살아남아 계속 곁가지를 치면서 여러 종으로 분화되었지요. 그런 점에서 다윈의 그림은 일종의 생명의 진화 과정의 수형도樹型圖라고 보면 될 것 같아요.

'생명의 나무'의 아이디어는 다윈 이후 여러 가지 방식으로 변형을 겪었습니다. 독일의 다윈주의자 에른스트 헤켈Ernst Haeckel은 생명의 나무를 변형해서 '인간의 계통수'를 그렸습니다. 헤켈의 그림은 다윈의 생명의 나무와 아리스토텔레스의 자연의 사다리를 교묘하게 조합해서 만든 것으로, 나무처럼 생긴 자연의 사다리이지

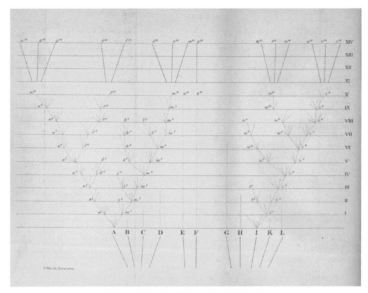

그림 46 『종의 기원』에 실려 있는 '생명의 나무'

요. 생명의 나무 꼭대기에 인간을 둔 것이 다윈의 생명의 나무와 다른 점입니다. 다윈의 그림에서는 인간과 다른 동물들 사이의 관계가 드러나 있지 않은 데 반해, 헤켈의 그림에는 인간이 가장 고등한 동물로 그려져 있죠. 인터넷 등에서 헤켈의 그림을 자세히 살펴보면서, 원시동물부터 시작해서 무척추동물, 척추동물을 거쳐 포유동물과 인간으로 이어지는 계통수의 내용을 확인해보세요.

생명의 나무의 한 버전이면서 오늘날 진화론에서 많은 논란을 일으키는 또 다른 그림도 있습니다. 〈그림 48〉을 보세요. 윗쪽은 다윈의 생각을 따라 시간에 따라 점진적으로 이루어지는 종 분화

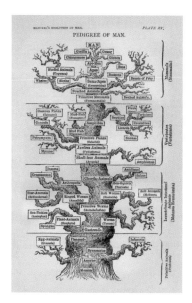

그림 47
에른스트 헤켈이 그린 '인간의 계통수'

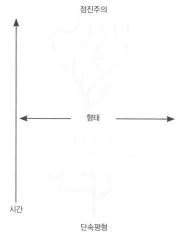

점진주의

형태

시간

단속평형

그림 48
점진주의와 단속평형

를 보여주는 그림이에요. 아래는 하버드대학에서 연구했던 고생물학자이자 진화론자 스티븐 제이 굴드Stephen Jay Gould가 진화 과정에 대한 자기의 생각을 표현하기 위해서 그린 그림입니다. 여기에 나타난 과정을 '단속평형Punctuated equilibrium'이라고 하는데, 굴드는 '단속평형'에 의해 진화 과정이 이루어진다고 보았습니다. 두 그림의 차이가 뭘까요? 두 그림에 나타나는 진화 방식의 차이가 뭘까요? 위의 그림에서는 시간이 지나면서 거기에 비례해서 생명체의 형태도 점점 많아집니다. 이런 비례관계가 쭉 이어지고 있어요. 밑의 그림은 다르지요. 일정한 시간이 지속되는 동안에 형태 변화가 없어요. 시간에 비례해서 분화가 이루어지지 않는다는 것이지요. 그러다가 일정한 시점이 되면 폭발적인 분화가 일어나요. 그 뒤 다시 일정한 시간 동안 아무 변화가 없다가, 다시 특정한 시점에 이르러 엄청나게 많은 종들이 생겨나요. 특정한 시점에 폭발적인 종의 분화가 이루어진다는 말인데, 굴드는 이런 방식으로 종의 발생을 설명합니다. 많은 다윈주의자들이 생명의 분화가 시간이 지나면서 점진적으로 이루어지는 것으로 보는 데 반해, 굴드는 생명의 분화를 비약적인 현상이라고 보는 것이지요. 생명의 나무의 이 두 가지 버전은 서로 경쟁 관계에 있습니다. 나중에 어떤 것이 '선택' 될지 알 수 없지요. 어쨌건 굴드의 이론에서는 환경의 영향이 생명계의 변화의 매우 중요한 요소로 등장합니다. 빙하기의 도래나 온난화 등에 따라 갑자기 종의 개수에 엄청난 변화가 온다고 보는

—

것이지요. 그리고 환경 변화가 없는 이상 그런 상태가 평형을 유지하지요. 그러다가 환경이 급격하게 바뀌면 다시 종의 분화가 이루어지고요. 이런 점에서 환경을 굉장히 중시하는 입장과, 그것보다는 어떤 개체의 변이들과 그런 변이들의 점차적인 누적을 강조하는 입장, 이 두 가지 입장이 현대 진화론을 두 편으로 나누고 있습니다.

하지만 다윈의 모델, 헤켈의 모델, 굴드의 모델 등 어떤 모델로 진화 과정을 설명하건 한 가지 점은 변함이 없습니다. 모든 생명체는 공통의 유래를 갖는다는 생각이 바로 그것입니다. 인간이나 말미잘이나 해면이나 멍게나 개불이나 모두 공통의 유래를 갖는다는 것입니다. 이런 생각을 끝까지 밀고 나가면, 인간과 다른 동물 사이에 차이가 있긴 하지만 그 차이는 본질적인 것이 아니라는 주장에 이르게 됩니다. 예를 들어 에드워드 윌슨Edward Wilson 같은 사람은, 그렇기 때문에 인간의 뇌 역시, 그것이 아무리 뛰어난 사고 능력을 발휘한다 하더라도, 결국 생존과 생식을 위한 도구에 불과하다, 생물학적인 생존과 번식을 위한 도구에 불과하다고 말합니다. 거칠게 말하면, 인간의 머리는 공부하라고 있는 것이 아니라 자식을 많이 낳는 전략을 세우라고 있는 것이라는 말이지요. 아리스토텔레스의 말은 다릅니다. 인간에게는 고유한 지성 능력이 있고, 이 능력 때문에 다른 동물과 본질적으로 다르다고 말하지요. 그렇게 보면 자연의 사다리를 통해서 생명계를 설명하느냐 아니면 생명의 나무를 통해서 생명계를 설명하느냐에 따라 여러 가지 차이점들이 있지만, 인간의 지위를 어떻게 볼 것이냐, 인간의 지적인 활동을 다른 동물의 의식 활동과 비슷한 것으로 볼 것이냐, 완전히 다른 것으로 볼 것이냐, 바로 여기에 근본적인 차이가 있습니다. 이에 대해서는 마지막 강의에서 아리스토텔레스의 동물 행동학을 다루면서 더 자세히 살펴보려고 합니다.

2장

기독교 사상에서 말하는
인간과 우주

중세 기독교의 우주관

지난 강의에서 아리스토텔레스의 '자연의 사다리' 개념에 대해 알아봤는데 인간, 동물, 식물의 모든 생물과 심지어 무생물까지도 지배하는 이 위계는 중세 기독교 우주관의 토대가 됩니다. 이번 강의에서는 기독교적 우주질서 속에서 각 생명체와 인간이 어떤 위상을 차지하는지 알아보겠습니다.

중세의 우주 질서와 '존재의 대연쇄'

중세 기독교의 우주 질서를 나타내는 그림을 같이 볼까요. 〈그림 49〉 중앙에 흙, 땅을 의미하는 테라[terra]가 있고 그 위로 동심원을 그리는 물, 공기, 불 등의 4원소가 있습니다. 또 그 위로 천상의 세

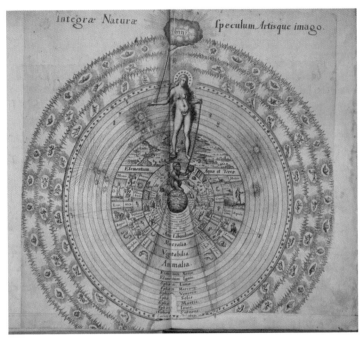

그림 49 로버트 플러드의 「두 세계의 형이상학, 물리학, 기술의 역사」(1617~21) 1권 삽화.
런던 웰컴 도서관 소장

계를 이루는 달, 수성, 금성, 해, 화성, 목성, 토성과 창공이 보입니다. 무게와 순도에 따라 배치되었는데 순도가 높을수록 가볍다고 생각했다는 것이 이 그림에서 잘 나타납니다. 불 위에 자리 잡은 천상의 세계는 제일 낮은 달의 영역부터 창공까지 4원소와 마찬가지로 올라갈수록 순도가 높습니다. 이 모든 것 위에서 신이 빛을 은총처럼 뿌리고 있습니다.

고대 그리스 철학자 아낙시메네스는 4원소에 대해 다음과 같이 말했습니다. "만물의 저변에 있는 무한한 원소는 공기이다. 공기가 순화되면 불이 되고, 농축되면 바람이 되고 그다음에는 구름이 된다. 그리고 농축이 더해지면 흙이 되고 돌이 된다. 이것이 무한 동력과 함께 모든 변화의 기원이 된다." 아낙시메네스가 모든 것의 기원을 공기로 잡은 이유는 공기를 생명의 기원, 즉 숨결psyche 과 동일시했기 때문입니다. 공기를 기점으로 순화와 농축의 정도에 따라 원소들의 순도와 무게가 정해지지요. 고대의 철학자에 따라 기점으로 삼은 원소가 다를 수 있지만 순도와 무게에 따라 원소들의 상호 위치가 결정되는 것에는 차이가 없었습니다.

중세 우주관 속의 동식물의 영역은 4원소에 의해 분류됩니다. 식물은 땅에 매여 있는 존재입니다. 그리고 동물은 땅 위로 다니는 짐승, 물에서 헤엄치는 각종 어류와 공기중을 날아다니는 새들로 분류됩니다. 어떤 분류에 따르면 땅을 짚고 다니는 짐승들 위로 물속을 헤엄치는 물고기가 위치하는데, 우습게 생각될 수도 있지만 이 시대가 감각으로 인지하는 것보다 지성(직관)의 눈으로 보는 것을 더 중요시한 시대였음을 잘 나타내는 대목입니다. 그렇기에 불의 영역 위에 있는 영역에 거하는, 보이지 않고 물질의 제약을 받지 않는 존재들(신과 천사들)을 상상할 수 있었겠지요.

아리스토텔레스의 자연의 사다리 개념을 토대로 하고 있기 때문에 중세 우주관에서도 인간은 감각적인 동물과 영적인 천사 사이에 존재합니다. 그런데 우주적인 위계질서는 비단 동물과 인간,

인간과 천사 사이에서만 있는 것이 아니라 인간과 인간 사이에도 존재합니다. 위에 왕과 교황이 있고, 아래로는 각각 세속적·영적 분류로 사회 구성원이 세분화됩니다. 왕 아래로 공작, 백작을 거쳐 기사까지 귀족의 등급이 매겨지고, 교황 아래로는 추기경, 대주교를 위시하여 평사제까지 사제의 등급이 각각 매겨집니다. 그 아래에 평민, 평신도들이 포진되어 있습니다. 평민, 평신도 계층에도 등급이 있어서 기사가 되려는 기사의 종자squire와 상인, 농부, 군인, 시종, 일꾼, 양치기, 걸인, 배우, 그리고 최하층의 도둑과 집시의 순서로 내려갑니다. 걸인, 배우, 도둑과 집시의 공통점은 떠돌이라는 것이고 이들이 지나간 자리에는 도난 혹은 실종 신고가 빈번했습니다.

동식물의 영역에도 비슷한 위계가 존재합니다. '동물의 왕' 하면 당연히 사자, 라이온 킹 심바가 생각나지요? 그 밑에는 표범, 말, 개, 고양이 등이 있습니다. 계속 내려가면 기어 다니는 거미, 바퀴벌레가 있고 제일 아래에는 땅속에 있는 지렁이가 있습니다. 그리고 식물계에서조차 이런 위계가 존재하는데 최정상에는 장미, 최하위에는 잡초들이 있습니다.

만물은 서로 다르다. 그러나 서로 연결되어 있기도 하다. 만물 분류상의 높은 것과 낮은 것 사이는 연결되어 있어 높고 낮은 것들은 공통 지점에서 만난다. 속genus과 속 사이에서도 이런 질서가 보이니 한 속의 가장 높은 종species은 그 바로 위의 속의 가장 낮은 종과 일치하는데, 이는 우주가 하나이며 완전하며 연속을 이루기 위함이다.

―니콜라우스 쿠사누스, 『학자의 무지de docta ignorantia』(1440)[30]

15세기 독일 철학자 니콜라우스 쿠사누스Nicolaus Cusanus는 우주의 모든 것이 보이지 않는 실에 의해 연결되어 있다고 주장했습니다. 이 우주관은 '존재의 대연쇄The Great Chain of Being'라고 불리며 중세 기독교의 대표적인 우주관입니다. '자연의 사다리' 개념이 기독교 철학에 뿌리내리면서 만들어진 독특한 세계관이지요. 신 아래 만물에는 각자 제 위치가 있다는 것은 다시 말해 자기 위치를 지켜야 한다는 뜻이기도 합니다. 존재의 대연쇄라는 개념의 이면에 변화에 대한 두려움이 숨어 있었습니다. 쥐가 고양이를 물고 늑대가 사자한테 덤빈다면 이를 목격한 사람은 재앙의 징조로 봅니다. 신하가 왕에게 반기를 들어서 왕좌를 찬탈하는 징조가 될 수도 있고, 악마의 왕 사탄이 신에게 다시 도전하는 이변을 떠올릴 수도 있습니다.

「벼룩」을 쓴 존 던의 「이별사: 슬픔을 금지하며A Valediction: Forbidding

---

30 A. O. Lovejoy, *The Great chain of Being: A study of the history of an Idea* (Harvard UP, 1936), p. 80에서 재인용.

Mourning」에서 존재의 대연쇄를 잘 나타내는 부분이 있습니다. 이 시는 먼 길을 떠나는 화자가 여성에게 이별을 서러워하지 말라고 타이르는 이별의 노래입니다. 시 중간에 이런 말이 나옵니다. "땅의 움직임은 위험과 공포를 가져오며, / 사람은 그 피해와 의미를 알아내려 합니다." 땅의 움직임, 즉 지진은 직접 느껴지기 때문에 사람들은 위험을 감지하고 크게 떨게 됩니다. 그래서 지진의 물리적인 피해를 파악하면서 이 재앙의 '진정한 의미'를 알아보려 하지요. '신이 분노하신 것인가 아니면 이 세상 어느 곳에선가 누군가가 우주의 질서를 어지럽힌 것인가?'

던의 화자는 이어서 말합니다. "그러나 천구天球의 진동은 / 보다 월등히 클지라도 그 피해가 없는 듯 보입니다." 우주 질서의 제일 낮은 영역에서 일어나는 지진에 비해 하늘의 이변이 주는 피해는 상상하기 어렵습니다. 그런데, 너무 멀리서 일어난 탓일까, 화자가 지적하듯 지상에서는 피해가 없는 듯이 느껴집니다. 육안으로 볼 수 있는 일식이 일어났을 때는 사람들에게 큰 영향을 주기도 했습니다. 달이 해를 가린 것은 기독교 우주 질서에서는 하극상에 해당하죠. 태양이 가려지는 현상 자체도 두려웠겠지만 그것이 예견하는 정치적 혹은 종교적 혼란은 사람을 미치게 하거나 심장을 멈추게 할 정도였지요. 그러나 정말로 무서운 것은 감지할 수 없을 정도로 높은 곳에서 일어나는 이변일 텐데 아이러니하게도 인간은 이를 감지하지 못합니다. 던의 화자는 이 점을 지적하면서 여성에게 물리적으로 떨어져 있는 것에 너무 슬퍼하지 말고 두 연인이 영(靈)적으로 하나 되는 것을 느끼라고 달랩니다.

태초이자 만물의 유일한 물질

중세 기독교의 우주관에서 기본 전제로 삼을 수 있는 것이 신에 가까울수록 좋고 멀수록 나쁘다는 것입니다. 그런데 무엇이 어떤 식으로 좋고 나쁘다는 것일까요? 지금까지 알아본 것을 토대로 하면 신에 근접할수록 물질적으로 순도가 높아지고 영(靈)적으로도 더 '좋다'고 보았습니다. 신으로부터 멀어질수록 반대가 됩니다. 이전에 플로티노스의 우주론을 나타낸 표를 상기해보세요. 물질의 세계는 아래에, 비물질의 세계는 위에 있고 둘 사이에 뚜렷한 경계가 있지요. 신성한 지성Divine Intellect 혹은 그리스어로 노우스nous라고 하는 정신이 물질에 형태를 부여함으로써 우주가 형성되는 모델에서 형태 혹은 정신의 비물질성이 강조됩니다. 그런데 조대호 선생님이 해주신, 사람이 죽고 난 다음에 몸무게를 재보았더니 21그램이 가볍더라는 이야기도 기억하고 있을 것입니다. 서양 사람들은 고대부터 물질의 영역과 비물질, 즉 영(靈)의 영역을 구분하고 싶어했나 봅니다.

그런데 영혼의 무게를 잴 수 있다면 영혼이 비물질이 아닐 수도 있지 않을까요? 어떤 때는 영혼이 육체와 완전히 분리된 것처럼 보이기도 하고 어떤 때는 둘이 하나인 것처럼 여겨지기도 합니다.

육체와 영혼이 하나가 아니고, 죽음이 육체에 의해 감금당했던 영혼을 해방시킨다는 믿음은 육과 영의 이원론body and spirit dualism이라 불립니다. 반면 육체와 영혼이 분리될 수 없다는 사상은 물질적 일원론materialist monism이라 하지요. 물질적 일원론자는 영혼이 비록 비물질로 보일지라도 물질성이 있다고 생각합니다. 다만 물질의 순도가 너무 높아서 그렇지 않게 보일 뿐이지요. 이 생각을 끝까지 따라가면 사람이 죽을 때 영혼과 육체가 둘이 아니므로 육체이자 영혼이 죽는다는 모탈리즘mortalism이라는 극단적인 견해에 이르기도 합니다. 일원론 대 이원론의 논쟁에서 이원론이 승리하지만 어느 영향력 있는 시인이 일원론적인 우주관을 드러내는 작품을 내놓아 부지불식간에 세상에 영향을 끼치기도 했습니다. 그 작품이 밀턴의 『실낙원』입니다.

사탄이 지옥으로부터 탈출하여 낙원에 들어섰다는 경고를 해주기 위해 신은 아담과 이브에게 라파엘 천사를 보냅니다. 손님을 맞이한 아담과 이브는 주인으로서 라파엘을 대접하려는데 영성의 존재인 천사들에게 과일 같은 음식이 적합할지 걱정합니다. 이것을 형이상학적으로 풀어보면 영적인 존재가 물질 덩어리인 음식을 섭취할 수 있느냐의 문제이죠. 예상과는 다르게 라파엘은 과일을 먹을 수 있다고 밝힙니다.

····· 순수한 지성으로

이뤄진 본질substance들도 음식이 필요하지,

그대의 이성적 본질처럼; 그리고 지성과 이성은 다

하부 기능의 모든 감각을 보유하고 있으므로

듣고, 보고, 냄새 맡고, 만지고, 맛보며,

맛으로 음식이 생성되고 소화되며 흡수되니

이로써 물질을 비물질로 바꾼다.

알아두어라, 창조된 모든 것은 지탱하기 위해

영양을 섭취해야 한다. 원소들 사이에서는

혼탁한 것이 더 순수한 것에게 양분을 주니, 땅이 바다에게,

땅과 바다는 공기에게, 공기는 천상의

불에게, 그중 가장 낮은 자리의 달에게 먼저 준다.

그로 인해 달의 둥근 얼굴에 점들이 있으니, 소화되지 않아

아직 달의 실체로 화하지 않은 공기이다.

— 『실낙원』 5권 406~420행

천사가 음식을 섭취한다는 것 자체가 놀라운 일이지요. 심지어 라파엘이 음식을 '맛있게 먹어치웠다'(436행)고 합니다. 밀턴의 우주는 특이하지요. 아무튼, 당시의 독자는 '본질substance'상 천사가 혼탁한gross 물질을 섭취하는 것이 해가 되지 않을까 우려해볼 만한 일입니다. 이원론적인 입장에서 영적인 존재인 천사의 '본질'을 마치 물질을 대하듯 논하는 것은 어처구니없는 일일 것입니다. 천사

가 인간보다 상위의 존재인 이유 중 하나가 물질의 제약을 안 받기 때문입니다. 중세의 수많은 기독교 신자들도 하루 빨리 육체(물질)의 굴레를 벗어버리고 순수한 영혼이 되기를 갈망했으니까요.

그런데 라파엘은 독자의 예상과는 달리 우주 질서의 바탕에는 "혼탁한 것이 더 순수한 것에게 양분을 주는" 섭취의 원리가 깔려 있다고 말해줍니다. 앞의 그림에서 보았듯이 '물·불·흙·공기'로 부르는 4원소를 상승하는 순도로 재배열하면 흙, 물, 공기, 불이 되고 불의 영역은 달의 영역에 맞닿아 있습니다. 이 순서로 '존재의 대연쇄'처럼 섭취의 연쇄가 만들어집니다. 달 표면의 기미는 달이 공기로부터 양분을 받아서 소화하고 흡수하는 과정에서 배출되는 탁기가 표면에 서린 것입니다. 다 소화되면 달의 표면이 깨끗해질 텐데 오늘날까지도 저렇게 기미가 끼어 있으니 달은 만성 소화불량을 앓고 있는 거죠.

이어서 라파엘이 말하기를 음식을 계속 '자기 본질proper substance'(493행)에 맞게 소화해나간다면 몸도 점점 순도가 높아질 테고 자연스럽게 아담과 이브는 누구의 도움 없이도 천상의 세계로 올라갈 수 있을 것이랍니다. 이것이 밀턴의 우주관과 중세적인 우주관의 차이입니다. 중세의 고정된 우주 질서와는 달리 그가 그린 세계에서는 수직 이동이 가능한 것입니다.

밀턴은 창세기도 기존 시각과 달리 읽습니다. 여러분이 알다시피 기독교 신을 정의하는 말로 '전지, 전능, 전재' 세 단어가 있는데 신이 모든 것을 아는 이유는 모든 시공간에 현재present하기 때문이라고 볼 수 있습니다. 신이 없는 현재하지 않는 곳은 없다는 말인데 이 생각은 대부분의 기독교 신자가 믿는, 신이 우주를 무에서부터 창조했다는 설creatio ex nihilo과 맞지 않는다고 볼 수 있습니다. 신이 모든 시공간에 있다면 신이 없는 곳은 있을 수 없기에 '무'는 가능하지 않기 때문이지요. 반대로 태초에 아무것도 없었다면, 이는 신이 '전재'하다는 정의와 정면으로 충돌하지요. 밀턴은 아마도 그래서 '신으로부터의 창조creatio ex Deo'설을 선택했는지도 모릅니다. '무'로 생각되는 것조차도 신의 일부라면 가능할 테니까요.

여기서 한 발 더 나가서, 만약 라파엘이 말하는 대로 신이 '태초이자 만물의 유일한 물질one first matter all'(472행)이라면 신은 어떤 식으로든 물질의 속성을 지니고 있다고 볼 수 있습니다. 비록 그 물질을 우리가 측량할 수는 없지만⋯⋯ 신을 정의하는 셋째 말 '전능'에서 능potentia은 단순히 힘이나 능력만이 아니라, 가능성potential도 의미합니다. 그래서 '무,' 아무것도 없음조차도 사실은 신의 '물질'을 바탕으로 하고 형태가 부여되지 않은 물질, 즉 카오스로 해석됩니다. 이 카오스는 물질의 축으로 볼 때 가장 '물질적'인(혼탁한) 상태이고 신과 가장 대치된다고 할 수 있지만 다르게 보면 태초의, 만물의, 유일한 신이 바탕인 모든 가능성을 가진 시작점일수도 있습니다. 창조된 우주의 만물은 형태를 부여받는 순간부터 그 가능성이 발현되는 것이지요. 또한 신은 전재할 뿐 아니라 만

—

물 '안'에 가능성으로 존재하는 것입니다.

존재론적 선과 도덕론적 악

밀턴의 일원론적 우주에 신, 고쳐 말하면 신의 물질이 자리하고
있음을 라파엘이 조금 더 자세히 말합니다.

> 오 아담, 전능하신 유일자가 계시니, 그로부터
> 모든 것이 나오며, 그에게로 오르면서 회귀한다,
> 선으로부터 타락하지만 않는다면. 만물은 각각 나름대로
> 완벽하게 창조되니, 태초이자 만물의 유일한 물질이
> 여러 형태와 여러 등급의 본질^{substance}을 입고
> 살아 있는 것은 여러 등급의 생명을 부여받은 결과이다.
> 더 정제되고, 더 영적이며 더 순도가 높은 것은
> 그분 더 가까이 위치하거나 그분께 향하니
> 각각 자기에게 주어진 궤에서 활동하게 된다.
> 각각의 영역에 적합하게 몸이 영으로
> 승화될 때까지.
>
> —『실낙원』5권 469~479행

 밀턴의 우주는 만물이 각자의 역할과 생을 착실하게 수행하고
살아갈 때 본연의 방향, 즉 상향 이동이 가능하다는 면에서 중세

의 고정된 우주와 차이를 보입니다. 또한 창조된 모든 것은 때가 되면 소멸하는데 이는 신(의 물질)에게 회귀하는 것으로서 이 역시 상향입니다. 단 하나의 전제가 있으니 바로 "선으로부터 타락하지" 않아야 하는 것입니다. 밀턴은 라파엘의 말 속에 존재론적 ontological, 도덕적 선악의 틀을 동시에 담아냅니다. '더 정제되고, 더 영적이며 더 순도가 높은 것'이 신에 가까이 있음은 존재론적 선을 나타내고, 신을 향하는 것은 도덕적 선을 나타냅니다. 존재론적인 선이나 도덕적 선이나 마찬가지 아니냐는 질문이 종종 나옵니다. 즉 신 가까이 있다는 것, 존재론적으로 선하다는 것은 곧 도덕적으로도 선한 것 아니냐는 말이지요. 물론 천사 라파엘의 경우는 둘 간의 차이가 없어 보입니다. 그러나 모든 존재가 그렇지는 않습니다.

중세의 그림들을 살펴보면 많은 그림에서 추락하는 작은 악마들이 보입니다. 이런 모습은 단순히 벌을 상징하고 있는 것만은 아닙니다. 대부분 위가 아닌 측면이나 아래로 향하고 있는데, 이 악마들은 신이 아닌, 신이 창조한 피조물을 향하고 있음을 의미합니다. 즉 악마는 물질지향적입니다. 머리 방향 그대로 계속 가면 지옥에 도달할 것입니다. 천국으로부터, 더 정확하게 말하면 신으로부터 가장 거리가 먼 곳이 지옥이지요. 그리고 지옥 한가운데 신에게 패해서 쓰러져 있는 대악마 사탄이 있는데, 역시 신으로부터 가장 멀리 있으니까 존재론적으로나 도덕론적으로나 가장 '악'한 존재가 이 사탄입니다. 이름 그대로 '반대로 서는 자adversary'이지요.

그런데 이 원조 악마는 사탄이 되기 전에 천국에서는 루시퍼 Lucifer였는데 이 이름의 뜻은 '빛나는 자'이니 즉 가장 밝은 존재였습니다. 그만큼 밝았던 루시퍼가 사탄이 된다는 것은 무엇을 의미할까요? 빛의 원천은 신이니 신과 가장 가까웠던 천사가 가장 악한 존재가 된 것입니다. 신과 가깝다고 해서 꼭 도덕적으로 우월한 존재라고 할 수는 없습니다. 플로티노스의 우주에서는 모든 것이 유일자로부터 파생되어 나옵니다. 파생되어 나온 것들은 자신의 기원을 명상contemplate하고 이것은 정상적인 방향성orientation을 나타냅니다. 플로티노스의 신플라톤주의를 이어받은 기독교 우주론에서는 이 방향성이 기독교적 도덕성의 기본이 되지요. 주어진 위치에서 자기를 있게 한 창조자 신을 향하면서 그를 명상하는 것이 도덕적으로 가장 훌륭한 자세입니다. 그런데 존재론적으로 신에 가장 가까웠던 루시퍼가 최초로 방향을 틀고 다른 천사들의 방향도 틀어서 도덕적 악으로 이끈 사건으로 인해 그는 도덕적으로 가장 악한 존재인 사탄으로 변했습니다.

인간의 위상과 도덕적 자세

앞서 인간의 위상은 동물의 위, 천사의 아래라고 말했습니다. 영혼의 단계로 보면 감각에 기반하는 동물의 영혼 위, 이성을 넘어서 직관으로 진리를 파악하는 지성의 아래입니다. 창세기의 천지 창조에 의하면 인간은 모든 피조물이 만들어진 후, 마지막으로 만들어진 존재이며 인간의 창조를 정점으로 천지창조는 완성되고 신은 그다음 날을 쉬었다고 합니다. 이게 안식일의 시작이지요. 사람은 감각할 수 있는 세계의 정점에 있는 셈입니다.

밀턴이 처음으로 인간을 소개하는 대목은 『실낙원』 12권 중 4권에 나오는데, 신이 새로운 세계를 만들었다는 소문을 확인하기 위해 지옥을 탈출한 사탄이 낙원에 몰래 숨어들어서 인간을 목격하는 장면입니다. 낙원에서 사탄은 온갖 나무와 꽃, 아름다운 동물들을 보는데 그 동물들보다도 훨씬 더 고귀한 모습이 등장합니다.

> 훨씬 고귀한 형상으로 둘이 곧고 크게 서 있으니,
> 신을 닮아 곧았고 본연의 명예로움을 입었으며
> 아무것도 입지 않은 모습이 모든 것의 주인인 듯 보였다.
>
> — 『실낙원』 4권 288~290행

곧고 크게 서 있는 이 둘은 최초의 인간 아담과 이브입니다. 아무것도 입지 않은 것은 죄에 물들지 않은 모습이며, 수치조차도 느끼지 않는 영혼의 맑음을 상징합니다. 주목할 것은 곧게 선 모습, 즉 직립erect한 모습입니다. 이 모습이 신을 닮았다 하는데 직립 자체가 신성을 닮은 것입니다. 앞에서 본 타락한 천사들의 방향성은 거

그림50 알브레흐트 뒤러, 〈아담과 이브〉, 1504

꾸로이지요? 사람이 물구나무 서서 손으로 걷는다고 생각해보십시오. 머리는 아래로 향하고 발이 제일 위에 있으니 정상적이지 않죠.

중세 기독교 사상 체계에서는 인간의 기본이 직립이며 이는 육체적인 자세 이상으로, 도덕적인 자세라고 여겼습니다. 21세기 기준으로 타인을 배려하지 않는 부적절한politically incorrect 생각입니다만 제가 말씀드리는 것은 중세 ·르네상스 사고입니다. 왜 이것이 도덕적인 자세일까요? 머리가 인간에게 가장 중요하다는 것을 사람들은 이미 알고 있었습니다. 지성의 자리이기 때문이지요. 제일 하찮은 것이 발이라고 생각했죠. 공간적으로 중요한 것은 위에 있고 하찮은 것은 아래에 있다면 그다음부터는 유추가 가능하지요.

신플라톤주의의 영향을 받은 중세 기독교적 우주관에서는 모든 피조물이 기본적으로 신을 향하고 신은 높은 곳, 즉 하늘에 계시니 그 방향은 하늘 쪽이 되는 것입니다. 인간이 말 없이 서 있는 것 자체만으로도 신을 향하는 것이며 이는 당연히 도덕적인 자세입니다. 그렇기 때문에 "to stand" 서 있는 것은 밀턴에게 있어서 매우 중요한 자세였습니다. 즉 "to stand is not to fall", 서 있다는 것은 단순히 몸의 자세만을 말하는 것이 아니고 타락하지 않는다는 도덕적인 자세를 의미하는 것입니다.

아담, 하늘을 보다

존재론적 위상과 도덕적 방향성의 서로 다른 축을 토대로 밀턴이

—

그려내는 인간의 위상은 갓 창조된 아담이 자신이 깨어나는 순간을 이야기하는 데서 엿볼 수 있습니다. 『실낙원』 8권, 라파엘 천사와 조금이라도 더 대화하고 싶은 아담이 자신의 이야기를 늘어놓습니다.

> 사람이 인간의 삶이 어떻게 시작했는지를 말하기는
> 어렵습니다. 자신의 시작을 아는 자가 누가 있겠습니까?
> 천사님과 더 오래 이야기를 나누기 위한 욕심이
> 저를 움직였습니다. 마치 깊은 잠에서 새롭게 깨어난 듯
> 저는 제가 폭신한 꽃밭에 누워 있는 것을 발견했습니다.
> 제 몸은 향긋한 땀에 젖어 있었는데 해는 금방 볕을 쬐어
> 땀을 닦아주면서 발산되는 수분을 섭취했습니다.
> 경이를 담은 제 눈은 바로 천국으로 돌려졌습니다. 그리고
> 저 넓디넓은 하늘을 한동안 바라보다가 어느 순간,
> 삶의 본능적인 움직임에 일으켜 세워지듯 튀어 올라
> 마치 저 하늘로 가기 위해 힘쓰듯 똑바로
> 제 발로 섰습니다.
>
> ─『실낙원』 8권 250~261행

아담은 잠에서 깨어나듯 꽃밭에서 눈을 뜨면서 삶을 시작했습니다. 그의 몸은 의식이 깨기 전부터 이미 기능을 하고 있었던 듯 땀

그림 51 미켈란젤로, 〈천지창조〉(부분), 바티칸 시스티나 성당 천장. 1508~12

에 젖어 있었고 그 땀을 해가 곧 말려줍니다. 자연이 마치 아담을 위해 땀을 닦아주는 듯한 표현으로 타락 전의 낙원에서 인간과 자연이 일치함을 보여주는 듯한 장면이지요. 그러나 해가 단순하게 땀을 닦아주는 것이 아니라, 햇볕을 받아 액체에서 기체로 변한, 즉 기화된 땀의 수분(하위의 영양분)을 인간보다 상위에 있는 천계의 한 궤도에 존재하는 해가 섭취하는 것으로 묘사되어 라파엘이 5권에서 "원소들 사이에서는 혼탁한 것이 더 순수한 것에게 양분을" 준다고 밝힌 점과 일치합니다.

이제 중요한 대목이 나옵니다. 모든 것이 처음인 아담의 눈에는 경이로움만 있었겠지요. 그런데 처음 행하는 일이 이 눈을 돌려서 천국을 향하는 것입니다. 하늘이라고 말해도 될 것을 굳이 '천국'이라 한 이유는 밀턴이 천국Heaven이라는 단어를 썼기 때문입니다.

천국에는 신이 있고 그곳으로 아담의 눈이 바로 향한 것은 신플라톤주의적 우주관에 따르는 제대로 된 방향성입니다. 아담 안에 있는 "삶의 본능적인 움직임" 역시 같은 방향성을 갖고 있어서 그는 한동안 누워 있다가 갑자기 튀어 오르듯 일어섭니다. "마치 저 하늘로 가기 위해 힘쓰듯" 직립한 것입니다. 아담은 기본적으로 우주 속에서의 자기 위치와 방향성을 본능적으로 알게 된다는 것이죠. 이것이 4권에서 사탄이 보았던 아담의 "신을 닮아 곧은", 즉 직립한 모습입니다.

〈그림 51〉에서 신과 아담의 두 손가락으로 무엇이 전달 되었을까요? 많은 사람들이 묻는 질문이죠. 스티븐 스필버그의 〈E.T.〉에서 외계인extraterrestrial E.T.와 어린아이의 손가락 사이의 불꽃이 대표적인 패러디이면서 오마주이기도 합니다. 아마도 밀턴의 경우 신에게서 인간으로 전달된 것은 직관이 아닐까 합니다.

> 그러나 내가 누구인지, 어디로부터, 왜 여기 왔는지 알지
> 못했습니다. 말하려 하자마자 곧바로 말을 했습니다.
> 혀는 제 의지에 복종하여 본 것들을 바로바로 이름 지을 수
> 있었습니다. '너 태양이여', 말했습니다. '아름다운 빛이여,
> 그리고 너 빛을 받은 땅이여, 신선하고 즐겁구나,
> 너희 산과 계곡, 강, 숲과 평원이여, 또 너희
> 살아서 움직이는 아름다운 피조물들이여, 말해다오,

말을, 봤다면, 내가 어떻게 여기 왔는지, 왜 여기인지.
내 스스로는 아닐 터. 그렇다면 어떤 위대한 창조자에
의해서, 그의 선함과 능력은 가없을 터이니.'

―『실낙원』 8권 270~279행

아담의 혀는 그의 의지에 따라 곧바로 움직여서 "본 것들을 바로
바로 이름 지을 수" 있지요. 이름 속에 이름 지어지는 대상의 본질
이 들어 있음을 암시합니다. '사자'라는 말에 사자의 사자성이 들
어 있고, '나무'라는 말에 나무의 나무성이 있다는 것입니다. 아담
이 이름 부르는 모든 것이 그렇지요. '태양'은 태양 하고 '땅'은 땅
하고 '산'은 산 하고 '계곡'은 계곡 하는 것입니다. 당시의 언어관이
잘 나타나고 있는 부분입니다. 이미 말한 대로 말이 지시하는 대
상의 본질을 담고 있다는 것이지요. 서양 마법의 세계에서 마녀나
마법사가 자기의 진짜 이름을 절대로 알려주지 않는 것은 잘 알려
져 있는 이야기입니다. 진짜 이름이 알려지는 것은 자신의 본질이
알려지는 것인데, 이름을 통해 타인의 지배를 받을 수도 있고 심
할 경우 존재 자체가 위협받을 수도 있습니다.

　태양과 땅과 산과 계곡, 강과 숲, 평원 등을 바로바로 '이름' 하
는 아담은 자신의 근원에 대해 묻습니다. '말하라, 내가 어떻게 여
기 왔는지, 왜 여기인지를.' 자신의 근원을 찾는 것 역시 신플라톤
주의 우주관에서는 도덕적으로 옳은 자세이지요. 그리고 아담의

—

직관을 보여주는 부분이 이어집니다. 나를 누군가가 만들었고 그는 아주 위대한 창조자이고 그의 선함과 능력이 무한할 것이라는 점을 바로 알아낸 것입니다. 아담이 보여주는 이 지적 능력은 인간의 이성을 훨씬 능가하는 능력이지요. 아담의 회고는 그의 영혼이 이성의 단계를 넘어서 천상의 존재들에 준하는 직관의 수준에 있음을 알려줍니다. 밀턴은 타락 전의 인간을 이런 위치에 놓았습니다.

이브, 물속의 하늘을 보다

이제 아담과 비교되는 이브를 살펴보겠습니다. 『실낙원』에서는 이브의 회고가 먼저 나오지만 아담의 신플라톤주의적인 면모를 토대로 이브를 보는 것이 더 의미가 있을 듯해서 순서를 바꿨습니다. 『실낙원』 4권에서 이브는 아담에게 자신이 처음 깨어났을 때의 순간을 얘기하는데, 시작 부분이 아담의 이야기와 거의 같습니다.

> 그날을 난 자주 기억해요. 잠에서 처음 깨어나
> 나 자신이 꽃의 그늘 아래에 누워 있는 것을
> 발견한 그날을. 내가 어디 있는지, 또 나는 무엇인지,
> 어디로부터, 어떻게 여기에 왔는지 많이 궁금했지요.
> 거기서 그리 멀지 않은 데서 졸졸거리는,
> 동굴로부터 시작한 물 흐르는 소리가 퍼지고

—
그림 52
윌리엄 블레이크, 〈이브의 탄생〉, 1822

물의 평원이 되어서 맑게 고인 것이 광활한

하늘 같아 보였어요. 난 그곳으로 갔지요. 경험이

없어서 아무 생각도 없이. 그리고 초록으로 덮인

호숫가에 몸을 엎드려서 그 맑고 매끄러운 호수를

들여다봤어요. 그건 내겐 또 하나의 하늘처럼 보였죠.

—『실낙원』 4권 449~459행

아담과 마찬가지로 이브는 잠에서 깨어나듯 첫 의식을 찾습니다.
꽃밭 대신 꽃의 그늘 아래에서 아담처럼 누워 있고 자신의 근원에
대해 생각합니다. 그러나 곧 그녀는 아담과 다르게 행동합니다. 아

담은 깨어나자마자 제일 먼저 하늘을 바라봅니다. 그런데 이브는 하늘을 바라보지 않고 흐르는 물소리에 이끌려서 수면이 거울처럼 매끄러운 호수로 갑니다. 의미심장하게도 아담이 바로 하늘을 본 것에 비해 이브는 이 호수의 거울을 통해 하늘을 봅니다. 물속이 또 하나의 하늘 같았다는 것은 그 물을 통해 하늘을 봤다는 것이지요. 회고하는 이브의 자체 해설이 재밌습니다. 그녀가 소리에 이끌려 호수로 간 것은 "경험이 없어서 아무 생각도 없이" 한 행위인데 '경험'이라는 말을 주목해야 합니다. 이브가 이 세상을 바라보는 기본적인 접근법이 경험을 통해 세상에 대한 지식을 쌓아가는 방법인 듯합니다. 경험을 통해 자기는 발전한다는 사고가 기본적으로 깔려 있는 것 같아요.

아담은 굳이 경험할 필요 없이 바로 직관적으로 행동하는데 어떤 오류도 범하지 않습니다. 그러나 경험을 통해 지식을 얻는다는 이브에게는 오류가 발생하기도 하지요. 물에 비친 하늘을 바라보던 이브는 물속에서 언뜻 한 형상을 보게 됩니다.

허리를 굽혀 내려다보는 순간, 반대쪽에
한 형상이 반짝이는 물속에서 나타나
허리 굽혀 나를 보고 있었죠. 놀라서 물러서니
그것도 놀라 물러섰고, 금방 좋아져서 도로 갔더니
그것도 금방 도로 와서 화답하듯 사랑을 담은

얼굴로 날 바라봤어요. 만약 누군가의 목소리가

경고하지 않았더라면 난 아마 헛된 바람에 그리워하며

그곳에서 눈을 떼지 못했을 거예요. "네가 보는 것,

거기 네가 보는 것은, 고운 아이야, 너 자신이니라.

그건 너를 따라 오고가는 것이다."

─『실낙원』 4권 460~469행

이브의 경험 쌓기는 오류로 시작합니다. 물속에서 너무나 아름다운 형상이 자기를 바라보고 있는 것입니다. 놀라서 뒤로 물러섰더니 그 것도 뒤로 물러서고. 물러서긴 했지만 그 형상의 아름다움에 매료 되어 물가로 다시 가봤더니 그것 역시 다가와서 사랑의 눈빛으로 자신을 쳐다보고 있더라고 합니다. 그 물속에 있는 존재는 누구입 니까? 이브 자신. 나르시소스의 신화가 여기에서 재연되고 있지요.

이브의 이런 오류가 결국 인류의 타락에 기여한 것인가요? 가 부장적인 사고에 젖은 사람은 그렇게 말할 수도 있겠습니다. 아담 은 모든 것을 제대로 이해하고 있기 때문에 사탄의 유혹에 넘어갔 을 리 없다. 반면 이브의 이 불완전한 이해는 사탄이 공략하기에 매우 적당하다는 말이 될 수가 있겠지요. 더구나 신플라톤주의 관점에서 보면 이브의 방향성이 문제가 될 수도 있습니다. 우주를 창조한 신이 아닌 그의 피조물에 눈을 돌리고 있으니. 그러나 경 험이 없는, 어찌 보면 아리스토텔레스와 유사한 방식으로 경험을 통해 진리에 접근하는 이브가 자신의 형상을 타인으로 오인하는 것은 딱히 '잘못'이라고 하기 어렵습니다. 아담과 이브는 태어난 것도 비슷하고 '나는 도대체 어디에서 왔는지', 자신의 기원에 대해 고민하는 모습도 같은데 접근법이 다르다는 것이죠. 아담은 직관적으로 그 원천을 보게 되고 이브는 뭔가를 매개로 진리에 접근한다는 것이 여기에서 잘 드러납니다.

『실낙원』 9권에서 이브의 타락 과정을 자세히 본다면 이브가 경험이 적거나 이해가 부족해서가 아니라 세상의 논리, 특히 경제의 논리를 잘 이해하기 때문에 오히려 사탄에게 약점을 드러냈다고 보는 것이 더 타당한 듯합니다. 애당초 이브가 아담과 떨어지게 된 것도 이브의 눈에는 낙원의 '관리'(사실 관리가 필요하지 않은 곳이지만)가 노동의 분업화를 통해 더 효율적으로 시행될 수 있다고 보았기 때문이지요. 뱀으로 변한 사탄이 이브를 타락시키는 데 애를 먹다가 결국 설득할 수 있었던 것은 그녀의 경제 관념에 호소했기 때문입니다. "짐승에게 열려 있는 것이 인간에게 닫혀 있어야 한다고요?"(『실낙원』 9권 691~692행) 사탄은 못 믿겠다는 듯, 귀중한 것은 짐승보다 인간이 누려야 함을 강조하며 이브를 자극합니다. 사탄의 경제적 논리에 넘어간 이브보다는 뻔히 그것이 잘못임을 인지하고도 이브를 사랑한 나머지 타락을 선택한 아담의 책임이 더 크다고 보는 사람들도 많지요.

아담과 이브의 차이를 신플라톤주의 관점에서 방향성, 도덕성의 차이로 볼 수 있지만, 밀턴은 어쩌면 아담과 이브의 차이를 통해 (신)플라톤주의적 인식론과 아리스토텔레스적인 인식론의 대비를 보여주려고 했는지도 모릅니다. 아담과 이브 중에서는 아담이 위상적으로 우위에 있는 듯 보이지만 이 일이 그렇게 단순하지만은 않다고 생각합니다.

사탄의 밑 빠진 지옥과 끊임없는 타락

'존재의 대연쇄'라는 개념은 질서를 향한 중세 기독교인들의 열망이 표현된 것이라고 볼 수 있습니다. 그럼에도 불구하고 중세 기독교인들은 인간에게 자유의지가 있다고 믿었습니다. 우주 질서 안에서 신분의 변화(이것을 영어로 모빌리티mobility, 즉 이동성이라고 하지요)를 도모할 수 없었다면 중세의 자유의지는 무엇을 말하는 것이었을까요? 그것은 이 세상이 아닌 다음 세상에 대한 선택을 의미했습니다. 그들은 자신의 선행과 악행이 각각 쌓여 죽은 후 심판을 받을 때 천국행이나 지옥행을 결정한다고 믿었습니다. 죄에 대한 고백과 뉘우침으로 악을 지울 수 있다고 믿었고 어떤 이들은 단 하나의 악이라도 지워지지 않을 경우 지옥에 갈 수도 있다고 믿었습니다. 또 많은 이들은 연옥이라는 곳을 상상해내, 연옥의 불로 지워지지 않은 경미한 악을 태워버리고 천국에 이를 수 있다고 믿기도 했습니다. 이것이 단테가 『신곡』에서 그린 세계입니다. 가톨릭교회가 면죄부를 팔아서 죄를 없애주던 관습은 루터가 종교개혁을 외친 이유 중 하나가 되기도 했습니다.

개신론자이면서도 특이하게 가톨릭교인과 유사하게 자유의지론을 믿었던 존 밀턴의 우주 질서는 조금 다릅니다. 이미 보았듯이 그의 우주 질서는 고정된 것이 아니라 내세가 아닌 현세에서도 인간(혹은 이성 이상의 인지적 기능을 가진 피조물)의 선택에 의해 부단히 조정될 수 있음을 시사합니다. 『실낙원』을 집필하기 오래전, 밀턴은 이미 왕이 잘못할 경우 왕을 심판하고 시민이 국정에 직접 참여할 수 있는 권리를 주장하기도 했는데 왕의 권위를 의심하지 않던 중세적인 우주관에서는 상상할 수도 없는 일이었습니다. 인간은 신의 형상을 따라 만들어진 존재이므로 기본적으로는 평등하며 왕은 단순히 시민들의 대리인이고, 대리인이 잘못할 경우 책임이 따르고 우주 질서 내의 위상이 달라질 수 있다는 사회 유동성을 밀턴이 내세운 것입니다.

그렇다면 이미 도덕적 방향성을 틀어서 지옥에 떨어진 사탄에 대해서 밀턴은 어떤 생각을 했을까요? 이미 지옥까지 갔으므로, 사탄은 이미 신으로부터 가장 먼 곳에 있으므로 그것으로 끝이라고 생각한 독자가 있다면 놀랄 일이 있습니다. 사탄이 신으로부터 가장 먼 존재이긴 하지만 거기에 머물러 있지 않습니다. 밀턴은 여기서도 사회 유동성을 강조하는 듯한데 달리 보면 신의 무한성과도 관련이 있는 듯합니다. 가령 신으로부터 가장 멀리 떨어져 있다는 것을 공간적으로 가름할 수 있는 건가요? 신이 무한하다면 그것은 어떤 뜻일까요?

사탄의 얘기를 한번 들어보도록 할까요. 의미심장하게도 사탄이 말을 하는 『실낙원』 4권의 초반부에 그는 새로 만들어진 태양을 보고 과거 자신의 영광을 상기하면서 질투와 후회를 하면서 놀랍게도, 기독교인이라면 너무 쉽게 알아볼 수 있는, 회개 절차의 첫 발을 내딛습니다. 물론 결과적으로 회개에 실패합니다만 사탄이 이러고 있는 사실만으로도 유동성의 '이슈'를 상기시키는 효과가 있지요.

> 나 비참하구나! 어디로 도망가야 벗어날 것인가,
> 무한한 분노를, 그리고 무한한 절망을?
> 내가 어디로 가든 지옥이야; 나 자신이 지옥이야;
> 게다가 가장 깊은 나락에서 더 깊은 나락이
> 끝없이 위협하며 날 집어삼키려고 입을 벌리니,
> 그에 비해 내가 지금 겪고 있는 지옥은 천국이구나.
>
> ─ 『실낙원』 4권 73~78행

어쩌다가 여기까지 왔는지, 잠시 후회를 하는 사탄은 신의 분노로부터 어떻게 벗어날 것인가 고민합니다. 그러다가 그의 고민의 대상은 내부 문제로 바뀝니다. 끊임없는 절망으로부터 어떻게 벗어날 것인가? 어디로 가든 그곳이 지옥임을 인지하는데, 이유는 자

그림 53 귀스타브 도레, 『실낙원』의 삽화, 1866

신이 지옥일 뿐 아니라 지옥을 몰고 다니기 때문입니다. 어찌해서 지옥과 사탄이 하나라는 생각이 나왔을까요. 지옥은 가장 깊은 곳으로 표현되었는데 그러므로 가장 높은 곳인 천국에서 가장 먼 곳이 될 수 있습니다. 그리고 사탄은 신으로부터 가장 먼 존재로 볼 수 있습니다. 그 근거로 신플라톤주의자였던 성 아우구스티누스의 선악론을 잠시 볼까요. 아우구스티누스는 악을 "선의 결핍" 혹은 "선으로부터 멀어짐"으로 정의했고 밀턴을 포함한 많은 기독교인이 이런 정의를 따랐습니다.[31] 기독교 사상에서 가장 악한 사탄은 가장 선이 결핍된, 선으로부터 가장 먼 존재라고 볼 수 있습니다. 또 이 사상 체계에서 신은 선의 원천이고 가장 선하므로 사탄은 신과도 가장 먼 존재가 됩니다. 지옥이 공간적으로 천국(신)으로부터 가장 먼 곳이라면, 사탄은 영적으로 신으로부터 가장 먼 존재이므로 사탄 자신이 지옥이라는 생각은 그리 틀린 것이 아니라고 할 수 있습니다.

그런데 밀턴의 사탄은 '가장 깊은 나락'에 떨어졌다고 믿는 순간 '더 깊은 나락'으로 떨어지고 있으니 절망에서 헤어나기 어렵습니다. 기독교 신이 공간적으로나 영적으로나 무한한 존재이기 때문에 그 반대편에 있는 사탄에게 '바닥'이 없을 수밖에 없다고나 할까요. 또한, 앞에서 말했듯이 밀턴의 우주 질서는 이 질서를 구

---

31 Saint Augustine of Hippo, *Enchiridion*, Chapter 4 "The Problem of Evil."

성하는 피조물들이 자리에 고정되어 있지 않고 스스로의 결정에 따라 수직 이동이 가능한 것이기 때문에 사탄 역시 수직 이동이 가능한데, 묘하게도 사탄은 아래로만 향하고 있지요. 스스로 타락한 자에게는 구원의 여지가 없다고 선언한 신의 말도 있지만(『실낙원』3권) 근본적으로 사탄의 방향성 자체에서 원인을 찾아야 합니다. 밀턴의 신플라톤주의 우주에서 창조자보다는 창조된 우주에, 비물질적인 정신과 영의 영역보다는 물질의 영역에 관심을 쏟는 사탄은 『실낙원』 4권에서 태양을 바라보며 회개할 듯 보이지만 자신이 물질, 즉 세상에 대한 욕심을 버릴 수 없기에 회개하고 신의 용서를 받더라도 결국 다시 반역을 거듭할 수밖에 없는 존재라고 스스로 규정하고 회개를 포기하게 됩니다. 밀턴의 우주에서는 이성을 가진 모든 존재들은, 사탄(직관을 가진 천사들도 당연히 이성을 가졌으므로)을 포함하여, 이성을 실천하는 선택의 자유를 얻지만 사탄이 선택 가능성을 이용해서 상승하지 못하는 이유는 바로 앞에서 본, 스스로 규정한 제약 때문이라고 해석할 수 있습니다.

3장
~~~
과학의 발달과
인간의 위상

과학이 만들어낸 '멋진 신세계'

앞에서 언급했던 영화 〈가타카〉는 유전자에 의해 개인의 삶이 결정되는 삭막한 미래 사회를 그리고 있습니다. 여기서는 자연 임신으로 태어난 인간은 최첨단 유전공학 기술의 힘을 빌려 탄생한 사람들에 비해 열등한 유전자를 가지고 있다는 낙인이 찍히고 엄청난 사회적 불이익을 받게 되지요. 한마디로 '유전자 차별 사회'입니다. 보통 SF 영화들이 먼 미래의 이야기를 다루는데, 〈가타카〉는 '그리 멀지 않은 미래THE NOT-TOO-DISTANT FUTURE'라는 문구가 등장하며 영화가 시작됩니다. 1997년에 영화가 개봉됐음을 고려하면 자막에 뜬 '미래'가 어쩌면 우리가 살고 있는 오늘일지도 모른다는 생각이 들기도 합니다. 실제로 2008년 4월, 미국에서는 영

화와 같은 사태를 대비한 '유전자정보차별금지법Genetic Information
Nondiscrimination Act'이 만장일치로 상원을 통과합니다. 곧이어 같은
해 5월 1일 미 하원은 찬성 414표, 반대 1표로 이 법안을 승인했
고, 5월 21일 당시 미국 대통령 조지 부시가 서명함으로써 법안이
발효됩니다. 그렇다면 정말로 〈가타카〉가 우리에게 현실로 다가온
걸까요? 지금부터 함께 생각해봅시다.

악성 대물림은 이제 그만

이제 시험관 아기 시술은 의료 기술의 하나로 자리 잡았다고 해도
틀린 말이 아닐 것입니다. 물론 아직 해결해야 할 문제들이 많습
니다. 대표적으로, 남은 수정란 폐기를 둘러싼 윤리적 문제와, 대
리모 출산의 경우 난자를 제공한 여성과 임신한 여성 가운데 누
가 진짜 엄마인가를 둘러싼 법적 문제 등을 들 수 있습니다. 그런
데 과학기술이 발전하면서 새로운 문제가 생겨났습니다. 부모가
태어날 아이의 성별을 선택할 수 있게 하는 신기술, '착상전유전
자 진단법Preimplantation Genetic Diagnosis, PGD'이 등장했거든요.

1980년대 후반에 개발된 PGD 기술은 시험관 아기 시술에 첨
단 유전자 검사 기술을 결합한 것이라고 볼 수 있습니다. 이 기술
을 이용하면, 체외수정 후 배양 과정에서 해당 수정란의 세포 한
개를 떼어낸 다음 유전자 검사를 통해 건강한 수정란을 선별하여
자궁에 이식할 수 있습니다. 덕분에 치명적인 대물림 유전병을 가

진 사람들도 건강한 2세를 낳을 수 있는 길이 열렸지요. 과학기술이 인류, 적어도 어떤 이들에게는 행복을 선물했습니다. 여기까지만 보면 별 문제가 없어 보입니다. 그런데 누군가 이런 부탁을 합니다. "검사하는 김에 딸인지 아들인지도 알아봐주세요." 어떻게 해야 할까요? PGD를 개발한 원래 목적은, '성별 선택 임신'이 아니라 부모한테서 자식에게 전달되는 치명적 유전병 차단이었음을 다시 한번 강조합니다. 그런데 이런 사실에도 불구하고 PGD 기술은 점점 선택임신법으로 더 유명해집니다. 예컨대 2008년 미국생식의학회가 PGD를 시행하는 미국 내 병원을 대상으로 실시한 설문 조사에서 42퍼센트가 선택임신을 위해서라고 답했다고 합니다. 이렇게 주객이 바뀌면서 문제점이 드러나기 시작합니다. 배아 상태에서 성별에 따라 누군가의 운명을 결정하는 것이 과연 옳은 일일까요? 아니 우리가 그런 권한을 가질 수 있을까요? '결코 쉽지 않은' 문제입니다. 하지만 매우 중요한 문제입니다.

PGD 기술 적용에서 주객전도가 일어난 이유는 무엇일까요? 이 기술을 제공하고 누릴 수 있는 나라들은 상대적으로 출산율이 낮습니다. 자녀 한두 명 정도를 양육할 가족계획을 세우는 상황이라면, 유전자 검사를 통해 수정란이 X와 Y 염색체 중 무엇을 가지고 있는지, 다시 말해 딸일지 아들일지를 알고 싶어 하는 부부가 많지 않을까요? 잘 알려진 대로 난자에는 X 염색체만 들어 있는 반면, 정자에는 X 또는 Y 염색체가 들어 있습니다. 그렇다면 아예 X와 Y 중 원하는 염색체가 들어 있는 정자를 골라 체외 수정을 시킨다면, 소기의 목적도 달성하고 원치 않는 배아 폐기라는 윤리적 부담을 조금이라도 덜 수 있지 않을까요? 맞습니다. 실제로 들어 있는 염색체에 따라 정자를 분류하는 기술, '마이크로소트 MicroSort' 기법이 미국에서는 이미 상용화되어 있습니다. 정자 선별 원리는 Y 염색체가 X 염색체보다 작다는 사실에 근거합니다. 최신 현미경과 레이저 기술을 활용하면 큰 어려움 없이 정자를 선별할 수 있습니다.

유전자도 성형이 되나요?

우리나라에서 최초 시험관 아기가 30회 생일을 맞이하던 2015년, 영국에서는 '세 부모 아기'의 탄생이 가능해지는 체외수정 법안이 상원을 통과합니다. 아니 세 부모 아기라니, 도대체 이게 무슨 소리인가요? 말 그대로 부모가 세 명인 아기입니다. 이해를 돕기 위해서 먼저 수정의 생물학을 간략히 설명하겠습니다.

〈그림 54〉에서 보는 것처럼 정자는 난자보다 훨씬 작습니다. 정자의 머리 부분에는 핵이 들어 있고 운동성을 부여하는 꼬리(편모)에는 에너지를 만들어내는 미토콘드리아가 있습니다. 난자는 운동성은 없지만, 초기 발생 과정에 필요한 양분을 담고 있습니다. 정자가 난자에 도착하면 머리끝에 있는 효소를 이용하여 난자를 둘러싼 층을 뚫고 들어갑니다. 이렇게 되면 난자 표면에 변화

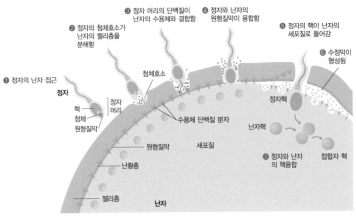

❸ 정자 머리의 단백질이 난자의 수용체와 결합함
❹ 정자와 난자의 원형질막이 융합함
❷ 정자의 첨체효소가 난자의 젤리층을 분해함
❺ 정자의 핵이 난자의 세포질로 들어감
❻ 수정막이 형성됨
❶ 정자의 난자 접근
정자
첨체효소
정자핵
핵
첨체
원형질막
정자 머리
수용체 단백질 분자
난자핵
원형질막
세포질
난황층
❼ 정자와 난자의 핵융합
접합자 핵
젤리층
난자

그림 54 수정 과정

가 생겨 다른 정자가 더 이상 들어가지 못합니다. 난자의 수용체
에 결합한 정자는 난자의 세포막과 융합하여 자신의 핵을 집어넣
습니다. 정자와 난자의 핵융합이 일어나 수정란이 됩니다.

세계 최초로 '세 부모 아기' 법안이 통과되었는데 여기에는 유
전병으로 일곱 명의 자식을 가슴에 묻어야만 했던 한 영국 여인
의 슬픈 사연이 있습니다. 이 여성의 기구한 운명은 자신의 난자
에 있는 미토콘드리아 유전자 결함에서 시작되었습니다. 미토콘드
리아는 세포핵에 있는 DNA와는 별도로 자신들만의 DNA를 가
지고 있고 또 이들은 독립적으로 복제를 합니다. 문제의 미토콘드
리아만 바꿀 수 있다면 이 여성은 건강한 자녀를 가질 수 있을 것
입니다. 이때 난자에서 핵을 꺼내 다른 난자로 옮기는 과학기술이

해결사로 등장합니다. 시술 과정은 이렇습니다. 먼저 임신을 원하는 여성의 난자에서 유전정보가 들어있는 핵을 추출합니다. 그다음, 제3의 여성에게 기증받은 건강한 난자의 핵을 빼내고 거기에 추출한 핵을 주입합니다. 이 난자와 남편의 정자를 수정시키면 부부의 유전정보와 함께 기증자의 미토콘드리아 유전정보가 포함되기 때문에 세 부모 아기라고 부르는 것입니다. 그리고 2016년 9월 미국에서 인류 역사상 처음으로 세 부모 아기가 태어났습니다. 미국에서는 아직 승인되지 않았기 때문에 시술은 멕시코에서 이루어졌다고 합니다.

세 부모 체외수정 법안에 찬성한 영국 의원들은 이 법안이 기존 '인간 수정과 배아법'의 일부에 해당하기 때문에 합법이라고 강변했습니다. 과학 측면에서도 한 단계 업그레이드된 체외수정 기술로 간주할 수 있습니다. 앞서 언급했듯이, 이미 주변에서 시험관 아기를 어렵지 않게 찾아볼 수 있을 정도로 체외수정 기술은 보편화되었고, 난임 또는 불임 부부에게 더없이 고마운 도움의 손길일 것입니다. 문제는, 나날이 발달하는 과학기술을 손에 쥔 인간의 욕망이 갈수록 더 커지고 있다는 것입니다. 이제 인류는 자신의 유전정보를 정확하게 읽어내고 원하는 대로 개선할 수 있는 기술을 거의 확보했습니다. 유전질환 예방 차원을 넘어 수려한 외모와 강인한 체력, 뛰어난 지능 등을 지닌 맞춤형 인간을 만들기 위해 유전자 성형(?)을 하는 영화 〈가타카〉의 시대로 이미 진입하고

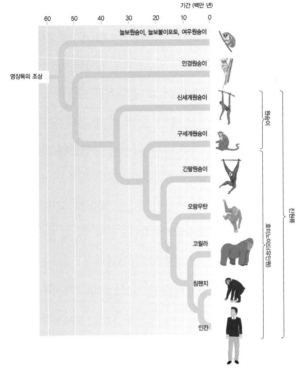

기간 (백만 년)

늘보원숭이, 늘보붙이포토, 여우원숭이

영장목의 조상

안경원숭이

신세계원숭이

구세계원숭이

긴팔원숭이

오랑우탄

고릴라

침팬지

인간

원숭이

진원류

호미노이드(유인원)

그림 55 영장류의 계통수

있는지도 모르겠습니다.

4퍼센트 차이 때문에?

중고등학교 생물 시간에 '종―속―과―목―강―문―계'라는 생물 분류 체계를 배웠을 것입니다. 이에 따라 우리 자신을 분류해보면, 동물계―척삭동물문―포유강―영장목―사람과―사람속에 남아 있는 유일한 종, 바로 '사람'입니다. 보통 영장靈長은 영묘한 힘을 가진 우두머리라는 뜻으로 사람을 이르는 말이지만, 생물학에서 말하는 영장류(영장목의 동물을 일상적으로 통틀어 이르는 말)는 유인원(침팬지와 고릴라, 오랑우탄 등)과 원숭이를 총칭하는 용어입니다. 일반적으로 생물학에서는, 화석 기록과 유전체 분석 결과에 근거하여, 약 6500만 년 전에 나무 위에서 서식했던 작은 포유류에서 영장목이 유래했다고 추정합니다. 인간 계통은, 오랑우탄과는 1500만 년 전쯤 갈라졌고, 침팬지와는 적어도 500만 년 전쯤에 갈라졌을 것으로 추측하고 있고요. 그런데 왜 영장목에 속한 동물 중에서 사람만 두드러지게 달라 보일까요? 더 오래전에 갈라진 오랑우탄과 침팬지는 상대적으로 서로 더 비슷해 보이는데 말입니다.

외모뿐만 아니라 지적 능력 등 모든 면에서 사람만이 독보적인 특징을 가진 이유를 알아내기 위해 생물학자들이 사람과 침팬지 유전체 정보를 비교해보았습니다. 놀라지 마십시오. 인간과 침팬지의 DNA 염기서열이 약 96퍼센트 일치한답니다. 바꾸어 말하면 우리 인간의 유전정보가 침팬지와 4퍼센트밖에 다르지 않다는 얘깁니다. 앞에서 유전체를 한 권의 책에 비유했던 것 기억나죠? 염기서열이 일치한다는 얘기는 글자가 똑같다는 뜻입니다. 하지만 책에 있는 글자들이 같아도 책 내용은 다를 수 있지 않을까요? 무슨 말이냐 하면, 글자 한 자가 바뀌어도 전혀 다른 단어가 되는

———

것과 같은 이치로, 염기서열(글자) 비교에서는 별 차이가 없어 보여도 침팬지가 인간에 범접할 수 없는 차이를 만들어내는 유전자(단어)가 있을 수 있다는 것입니다.

인간을 인간이게 하는 유전자

포유류의 뇌는 대뇌, 소뇌, 중뇌, 간뇌, 그리고 연수로 구성되어 있는데, 중뇌와 간뇌, 연수를 합쳐서 뇌간(또는 뇌줄기)이라고 합니다. 사람은 고도로 발달한 대뇌가 있는데, 외형상 좌우 두 개의 반구半球로 나뉘어 있고, 주름진 표면을 대뇌피질이라고 합니다. 좌우 대뇌피질은 각각 몸의 반대쪽을 담당합니다. 즉 왼쪽 피질은 몸의 오른쪽에서 오는 정보를 받아들여 오른쪽 움직임을 조절하고, 오른쪽 피질은 반대로 작용합니다. 또한 뇌량(뇌들보)이라고 부르는 신경다발이 좌우 피질을 연결하여 정보를 소통시킵니다.

  대뇌피질은 부위에 따라 달리 기능하는데, 기억과 학습, 의사소통 같은 의식적인 활동뿐만 아니라 희로애락喜怒哀樂 같은 감정에도 관여합니다. 또한 상상과 판단, 추리 등 인간 고유의 창조적인 정신 활동도 담당하지요. 신피질은 최근에 진화하여 형성된 듯한데, 사람 대뇌피질의 거의 대부분을 차지하고 있습니다. 다른 유인원에 비해 인간의 지능이 뛰어난 주요 이유는 두껍고 심하게 주름진 신피질 덕분입니다. 우리가 늙어갈수록 신피질의 주름이 줄어든다고 하니, 나이가 들수록 건망증이 심해지는 게 어느 정도 당연한 일이네요.

2015년 독일의 한 연구진이 다른 동물에는 없고 오직 사람에게 만 있는 특별한 유전자 하나를 발견했습니다. 바로 태아 발생 과정에서 뇌신경 줄기세포가 신피질로 많이 분화하게 하는 데 결정적인 역할을 하는 유전자입니다. 이것을 쥐에 이식하면, 쥐의 뇌에서 신피질을 만드는 줄기세포가 두 배로 늘어나고 뇌의 크기도 커진다고 합니다. 그뿐만 아니라 쥐의 뇌에서 주름이 늘어나는 사실도 확인했습니다. 연구진은 우리의 뇌를 만드는 가장 중요한 유전자를 찾아냈다고 말하면서, 이 유전자의 존재 유무가 인간과 유인원이 다르게 진화하는 데 결정적인 역할을 했을 거라고 덧붙였습니다. 이런 유전자가 앞으로 더 많이 발견되고 관련 기능이 밝혀진다면, '인간의 본성'을 유전자 차원에서 설명할 수 있을까요?

유전자로 인간을 설명할 수 있을까?

20세기 초반에 현대종합설의 토대 확립에 크게 기여한 유전학자이자 진화생물학자인 존 홀데인John Haldane은 두 명의 형제 또는 여덟 명의 사촌을 구할 수 있다면 기꺼이 목숨을 바치겠다는 말을 남겼습니다. 형제는 자신의 유전자 절반을, 조카는 8분의 1을 공유하고 있기 때문에 자신이 죽어서 형제 두 명(또는 조카 여덟명)을 살린다면 지구상에 자기 유전자를 남기는 셈이라는 주장입니다. 이러한 논리는 1960년대에 영국의 진화생물학자인 윌리엄 해밀턴

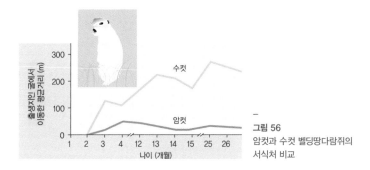

그림 56
암컷과 수컷 벨딩땅다람쥐의
서식처 비교

(그래프 축 레이블: 출생지인 굴에서 이동한 평균거리 (m), 300, 200, 100, 0 / 나이 (개월): 1 2 3 4 12 13 14 15 25 26 / 수컷, 암컷)

William Hamilton에 의해 '해밀턴의 법칙'으로 체계화됩니다.

　해밀턴은 자신의 유전자가 다음 세대로 전달되기를 바라는 것이 종족 보전의 본능이라고 보고, 자연 공동체에서 자신과 혈연관계가 있는 개체들을 도울 수만 있다면 동물도 이타적 행동을 하게 된다고 설명했습니다. 이 법칙에 따르면, $rB > C$ 일 때 이타적 행동이 선택됩니다. 이 식에서 r는 혈연계수(같은 유전자 비율), B는 이타적 행동으로 더 얻게 되는 평균 이득(자손 수), C는 이타적 행동을 한 개체가 지불할 비용(잃게 될 자손 수)입니다. 예컨대, 미국 서부에 사는 다람쥐의 일종인 벨딩땅다람쥐Belding's ground squirrel는 포식자를 보는 즉시 두발로 서서 소리를 지릅니다. 덕분에 주변에 있는 다른 다람쥐들은 피신할 수 있지만, 정작 자신은 잡혀먹히는 경우가 많다고 합니다. 도대체 어떻게 이런 행동을 하게 되었을까요? 벨딩땅다람쥐의 경우 이타적 행동의 주인공은 거의 항상 암컷입니다. 대부분의 포유류가 그렇듯이 암컷 다람쥐들은 태어난 곳 근처에 서식하는 반면, 수컷들은 자기가 태어난 데서 멀리 떨어져 정착합니다. 결국 암컷은 주변 다람쥐들과 가까운 친족이기 때문에 이들을 도움으로써 간접적으로 자기 유전자를 퍼뜨릴 수 있다고 해석할 수도 있습니다.

홀데인과 해밀턴 등의 생각을 계승 발전시켜 대중에게 널리 알린 인물이 바로 리처드 도킨스입니다. 1976년 출간한 『이기적 유전자』는 생물학 관련 책 중에서 『종의 기원』 이후 가장 큰 파장을 일으켰다고 해도 과언이 아닐 것입니다. 이 책의 핵심 내용은, 인간을 포함하여 모든 생물은 유전자의 보존과 복제, 전파를 위한 '생존기계'에 불과하며, 유전자는 철저히 자신을 더 많이 복제하도록 해당 생명체를 이용한다는 것입니다. 이 논리에 따르면, 심지어 어버이의 희생과 같은 고결한 행위마저도 자신과 같은 유전자를 지닌 개체의 수를 늘리려는 이기심의 발로에 지나지 않습니다. 많은 사람들을 아연실색하게 만드는 주장입니다. 진화의 관점에서 보면 인간도 다른 동물과 마찬가지로 유전자의 지배를 받는 치열한 생존경쟁의 산물이고, 인간의 행동은 유전자와 환경의 상호작용의 결과입니다. 그러나 인간은 사회제도와 문화로 경쟁을 통제하고 가치와 윤리를 추구한다는 점에서 다른 동물과 확연히 구분된다는 논리 등으로 도킨스의 주장을 반박하는 학자들도 많습니다.

도킨스의 주장에 따르면 유전자는 다음 세대로 전달되기 위해 경쟁합니다. 어떤 것은 유전에 성공해 세대마다 더 많은 가족에게 퍼져 나가는 반면 어떤 유전자는 이에 실패하여 결국 사라져버 립니다. 자신의 책에서 도킨스는 유전자만 이렇게 행동하는 것이 아니라고 합니다. 생각도 같은 방식으로 작용한다는 것이죠. 이를 설명하기 위해서 '밈meme'이라는 말을 만들었습니다. 도킨스는 '복 사하다'라는 뜻의 그리스어 'mimeisthai'를, 유전자의 영어 단어 'gene'처럼 1음절 단어가 되도록 'meme'으로 줄였다고 합니다. 밈 이란 전달되고 싶어 하는 욕구가 담긴 생각입니다. 농담일 수도 있고 기술, 혹은 철학일 수도 있지요. 만약 재미있거나 유용하거 나 깨우침을 주는 좋은 것이라면 이를 접한 사람들이 또 다른 이 들에게 전달할 것입니다. 그리고 전달되는 과정에서 내용이 약간 변형될 수 있지요. 마치 유전자 복제 과정에서 돌연변이가 발생하 는 것처럼 말입니다. 어떤 변이는 원조를 뛰어넘을 수도 있고, 그 렇지 못한 경우에는 유전에 실패한 유전자처럼 사라져버리지 않 겠어요? 쉬운 예로 작업복으로 출발한 '데님denim'이 어떻게 다양 한 패션으로 변해왔고 지금도 변하고 있는지를 살펴보세요. 문화 란 '관찰이나 학습을 통해 해당 집단에 속한 인간의 행동에 영향 을 미치는 정보가 전달되는 시스템'이라고 정의할 수도 있습니다. 이런 문화가 개인의 행동을 변화시켜 개개인의 자손 번성, 즉 유 전자 전파에 영향을 미칠 수 있겠네요. 그렇다면 유전자와 밈으로 '인간의 본성'을 설명할 수 있을까요?

현재 우리가 알고 있는 유전체 정보만으로 '인간의 본성'을 설명하기에는 큰 한계가 있습니다. 다른 유인원에게서는 볼 수 없는 인간 고유의 특성, 즉 '인간의 조건'을 찾아내 설명함으로써, 생물학은 이런 한계를 극복하는 데 중요한 역할을 할 수 있다고 생각합니다. 생물학적 인간의 조건을 밝혀내기 위해서는, 형태학 및 해부학과 생리·생화학, 유전학같이 정량적인 연구뿐만 아니라 인지와 행동, 문화 등을 탐구하는 정성적인 연구도 필요합니다. 문제는, 관련 실험 대부분이 인간과 유인원을 대상으로 해야 하기 때문에 실행 불가능하거나 윤리적인 문제에 부딪힐 수밖에 없다는 것입니다. 차선책으로 조금 전에 소개한 것처럼 쥐를 연구 대상으로 삼지만, 여기서 얻은 결과 역시 인간의 조건을 설명하기에는 근본적인 한계가 있습니다. 그럼 도대체 어떻게 이 난제를 풀어 나가야 할까요? 현재 가용한 모든 단서를 논리적이고 귀납적인 사고를 통해 종합해 최선의 설명을 내놓는 것이 실험과 실증을 기반으로 하는 생물학이 취해야 할 접근법이라고 생각합니다. 이러한 설명은, 전공에 상관없이 관심이 있는 사람이라면 누구나 이해할 수 있어서 학문 간의 대화를 가능하게 해야 할 것입니다. 요컨대 학문 간 벽을 허물어 지식을 공유하고, 지식의 가장자리에서 각 학문이 근본적radical 질문을 던지고 함께 답을 찾아보자는 것입니다.

4장

인간과 기계,
경계의 모호성

새로운 세계가 펼쳐지다

1726년, 영국 고덜밍에 살고 있는 메리 토프츠Mary Tofts라는 여인이 토끼를 낳았다는 소식이 당시 왕 조지 1세에게 보고됩니다. 호기심이 동한 왕은 왕립학회 과학자를 여러 명 보내서 토프츠를 살피도록 지시합니다. 21세기 한국에서 어떤 여인이 양을 낳았다고 주장한다면 그것을 조사하러 가는 과학자는 없겠지요. 토프츠의 사건이 일어난 1720년대는 이미 영국의 왕립학회가 설립된 지 60년이 지난 시점인데도 모르는 것이 너무 많았습니다. 너무나 당연한 얘기지만 이 여인은 계속되는 과학자들의 추궁에 결국 자신이 토끼를 낳지 않았다는 것을 고백하고 사기죄로 처벌을 받습니다. 지금 보면 코미디 같은 사건이지만 과학과 허구의 경계를 탐구하

그림 57 윌리엄 호가스, 〈속기 쉬움, 미신, 광신〉, 1766. 메리 토프츠 사건을 풍자한 그림

던 17, 18세기 과학자들의 활동을 보여주는 단면이라 할 수 있습니다.

그러나 정말로 인간이 토끼를 낳을 수 있다고 가정하고 이 사실이 1720년대에 처음으로 알려졌다고 해볼까요. 그것을 조사한 과학자들은 얼마나 신기하고 기뻤을까, 상상만 해도 재밌습니다. 그리고 토프츠의 사건처럼 사실이 아니라 해도 무언가는 얻어졌을 것입니다. 최소한 사람이 토끼를 낳을 수 없다는 것을, 귀납적으로 종과 종 사이에는 번식이 어렵다는 것을 알게 되었을 테니까요. 이렇게 하나하나 새로운 것들을, 그리고 사실과 거짓을 규명해내면서 인간은 자신이 살고 있는 세계에 대해 알아가고 있었습니다.

코끼리, 코뿔소 등의 '희귀' 동물 혹은 수염 달린 여자나 왜소증, 발육부전에 걸린 사람 등 다르게 보이는 사람까지도 사로잡아 자국에 돌아와서 이동 전시를 했는데, 구경거리에 광대놀이나 곡예 등의 오락거리를 가미한 것이 서커스의 시조이며, 그런 유희를 빼고 전문화하여 동물원과 박물관을 만들었습니다. 이런 희귀한 광경을 보기 위해 가는 곳마다 인파가 몰렸으며 나날이 사람들은 새로운 세계가 자기 앞에 펼쳐지고 있음을 실감했습니다.

조나단 스위프트의 『걸리버 여행기』는 네 개의 여행기로 구성이 되어 있습니다. 첫째 여행기는 소인국, 둘째 여행기는 거인국, 셋째 여행기는 일본의 만화영화로 유명해진 하늘을 날아다니는 섬 라푸타, 마지막은 말의 나라를 무대로 합니다. 주인공 걸리버의 여행은 인간을 다각적으로 살펴보는 은유metaphor를 담고 있습니다. 소인국에서는 인간의 정신적인 왜소함을, 거인국에서는 인간의 추악함을 현미경으로 보듯 관찰합니다. 특히 벌거벗은 거인 궁녀들이 걸리버를 애완동물 다루듯 자신의 가슴에 올려놓을 때 가까이서 보는 분화구 같은 땀구멍과 역한 체취 때문에 역겨워하는 걸리버의 모습이 인상적입니다. 또 날아다니는 섬 라푸타 여행기는 왕립학회 회원들의 기행을 교묘히 풍자합니다. 온갖 기발한 실험과 발명이 소개되는데 하나같이 쓸모없다는 점이 부각됩니다. 마지막, 말의 나라에서 걸리버는 말보다 야만적인 인간 '야후yahoo'를 목격하고 인간혐오증에 빠지는데 여기 담긴 메시지는 인간과 동물이 다를 바가 없다는 것입니다. 『걸리버 여행기』는 인간 군상에 대한 은유임과 동시에 세계를 탐험하며 자연을 관찰하는 과학자들에 대한 은유요 풍자이기도 합니다.

비글호를 타고 세계를 탐험하던 다윈도 이런 과학자 중 하나였습니다. 다윈과 다윈에게 큰 영향을 줬던 독일의 훔볼트 등의 세계 탐험은 제국주의하고도 연관이 있는데, 팽창하는 제국의 영역에서 해낸 발견들이 과학 탐구에 크게 기여했고, 이들이 전 세계를 누빔으로써 미지의 땅을 밟고 지식의 영역을 넓히게 되어 커다란 의미가 있었습니다. 반대로 이렇게 탐험해서 얻어낸 결과물들은 열강들이 영토를 넓히는 데에 좋은 선전이 되었습니다. 특히 생물학의 경우, 미지의 영역에서 처음 보는 표본specimen을 수집해서 기존의 생명 시스템의 영역을 지속적으로 확장하다 보니, 때가 되어 다윈 같은 인재가 진화론을 내놓게 된 것이지요. 그리고 그들이 그때까지 알고, 믿고 있었던 세계와 믿음 체계는 조금씩 무너지기 시작했습니다.

이번 강의는 연금술과 같은 사이비 과학 혹은 초보 과학에서 본격적인 과학의 영역으로 들어선 인간이 자연을 통제할 수 있는 가능성을 맞이하면서 걸리버가 날아다니는 섬 라푸타에서 목격한 것과 같은, 인간과 기계의 관계가 문학의 영역에서 어떤 식으로 조망되는지 살펴봅니다. 먼저 서양 최초의 공상과학소설인 『프랑켄슈타인』을 살펴보고, 약 100년 후에 출간된 『멋진 신세계』를 그 다음으로 보겠습니다.

전기와 생명

전기에 대한 이야기로 시작하겠습니다. 루이지 갈바니Luigi Galvani 와 알레산드로 볼타Alessandro Volta의 이야기입니다. 이중에서 볼타는 독자 여러분과 매우 친숙하다고 볼 수 있습니다. 볼트volt라는 전력의 단위가 그의 이름에서 나왔기 때문이죠. 그러나 전기에 대한 이야기를 할 때 갈바니를 먼저 언급해야 합니다. 지금은 잊혀진 갈바니는 볼타보다 선배로, 볼타가 매우 존경했던 과학자입니다. 1780년에 갈바니는 개구리의 뒷다리에 전기를 가해서 뒷다리

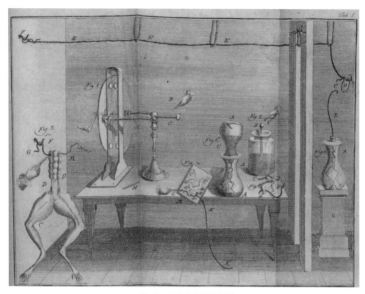

그림 58 갈바니의 실험 삽화

가 움직이는 것을 보여줬습니다. 전기가 동물의 근육을 움직이게 할 수 있음을 처음 발견한 것입니다. 이 실험이 발표된 후 볼타를 포함한 수많은 과학자들의 관심을 불러일으켰습니다. 그러나 그의 영광은 이 시점 이후에 빛을 잃어가게 됩니다.

이 실험에 대해 갈바니는 실험체에 내재된 전기가 실험체의 움직임을 유발했다는 결론을 내렸는데 그의 추종자 중 하나였던 볼타는 이 결론을 의심하기 시작했습니다. 실험은, 김응빈 선생님이 얘기한 것같이, 반복적으로 같은 결과가 나와야 신뢰할 수 있는데 볼타가 반복 실험을 통해서 도달한 결론은 갈바니와는 달랐습니다. 볼타는 실험체의 움직임이 실험에 사용한 쇠붙이의 마찰 때문에 생긴 전기에 의한 현상이라고 믿었고, 이 원리를 이용해 최초의 배터리를 만들어 유명해졌으며 갈바니는 역사 속으로 사라졌습니다. 그러나 볼타는 갈바니가 발견한 현상을 '갈바니즘'galvanism이라고 부르면서 그 의의를 높이 샀는데 그만큼 생명체의 움직임과 전기의 관계를 처음 밝혀낸 갈바니의 공이 컸기 때문입니다.

갈바니는 과학적으로는 신뢰를 잃었지만 많은 사람들의 상상력을 자극했습니다. 그의 실험은 단순했습니다. 개구리 뒷다리를 구리로 된 철선으로 연결시켰을 때 쭉 펴진 다리가 수축되는 것이었습니다. 전기를 주입하면 살아 있지 않은 것을 움직일 수 있다는 발견은 큰 반향을 일으킬 수밖에 없지요. 당시 극악한 살인자의 경우 사형 후 분시까지도 하게 되어 있었는데, 이를 이용해서 갈바니의 조카 조반니 알디니Giovanni Aldini는 영국의 뉴게이트 감옥에서 살인죄로 사형을 언도받은 조지 포스터의 형이 집행된 직후, 근방으로 옮겨진 포스터의 시신에 전기충격을 가해서 눈을 잠깐 뜨게 하는 등 경련을 일으켰고 몇몇 사람들이 이를 목격했다고 뉴게이트 감옥 일지에 기록되어 있습니다.[32] 나중에 같이 읽을 『프랑켄슈타인』에서 괴물이 탄생하는 순간 이와 비슷한 이야기가 전개됩니다. 이외에도 사형수의 시신을 대상으로 갈바니즘 실험을 행

---

32 「뉴게이트 일지: 조지 포스터」. http://www.exclassics.com/newgate/ng464.htm

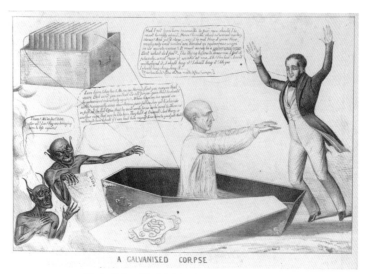

A GALVANISED CORPSE

그림 59 헨리 로빈슨, 〈갈바니즘에 의해 회생된 시체〉, 1850

하고 시신이 비슷한 모습으로 경련하는 것을 기록한 내용들이 있
으며, 이런 실험에 대한 소문이 확산되어 오랫동안 회자됩니다. 이
그림은 미국의 풍자만화인데 내용은 갈바니즘에 의해 되살아난
한 신문 편집인을 보고 악마들이 좋아하는 모습입니다. 그만큼 거
짓말을 잘하는 사람을 구하기 어려우니 그가 되살아난 것이 차라
리 잘되었다는 뜻이지요. 이 내용을 갈바니즘이라는 소재를 통해
서 풀어가는 것이 인상적입니다.

　19세기 초의 영국은 기독교가 여전히 위세를 떨쳤고, 무신론자
라는 이유만으로도 대학생이 제적당하던 사회였습니다. 그런데 인

간이 전기를 이용해서 죽어 있는 것을 살려낼 수 있다면 여태까지는 기독교 신의 고유 권능이었던 창조의 신비와 성스러움에 도전하는 것이죠. 무신론자라는 이유로 옥스퍼드대학에서 퇴학당했던 젊은 시인과 사랑에 빠져 그가 기혼자임에도 불구하고 동거를 감행한 어느 소녀는 이런 도전을 담은 소설을 쓰게 됩니다. 그것이 갈바니즘의 원리로 죽었던 시체를 되살아나게 한 어느 과학자의 비극을 그려낸 메리 셸리[Mary Shelley]의 『프랑켄슈타인』입니다.

과학의 승리, 호모 데우스

메리 셸리는 영국의 대표 무정부주의자 윌리엄 고드윈[William Godwin]의 딸로서 고드윈의 추종자였던 시인 퍼시 비시 셸리[Percy Bysshe Shelley]의 불같은 열정에 매료되어 1814년 그와 야반도주했는데 그녀의 나이는 16세, 퍼시는 이미 혼인한 상태였습니다. 2년의 동거 후 둘은 정식으로 결혼하여 신혼 시절을 스위스의 제네바 호수가 내려다보이는 작은 마을에서 시인 조지 고든 바이런[George Gordon Byron]과 같이 지냅니다.

1816년 여름은 인도네시아에서 터진 화산 때문에 전 세계가 유난히 춥고 날씨가 안 좋았답니다. 돌아다닐 수 없는 날이면 일행은 독서로 소일하는데 바이런은 보카치오의 『데카메론』을 모형으로 한 이야기 릴레이를 제안하고 날씨에 어울리는 독일풍의 귀신 이야기로 주제가 결정됩니다. 놀랍게도 이때 탄생한 이야기 중에서 양대 호러 이야기의 원조가 나오는데 『프랑켄슈타인』과, 『드라 큘라Dracula』의 전신이 되는 『뱀파이어The Vampyre』입니다. 단연 이 이야기들 중에 『프랑켄슈타인』이 돋보이지요.

프랑켄슈타인 이야기는 잘 알려져 있지만 막상 메리 셸리의 원작 소설을 읽은 사람은 많지 않습니다. 그래서 한 가지 잘못 알려진 것이 있지요. 프랑켄슈타인은 괴물의 이름이 아닙니다. 괴물을 창조한 사람 이름이 빅터 프랑켄슈타인이고 괴물은 그냥 '그것'으로 지칭됩니다. 소설이 영화로 만들어지면서 프랑켄슈타인은 괴물의 이름으로 둔갑하고 만인은 그렇게 알고 있는 것이지요. 다시 원작으로 돌아가서, 소설의 괴물은 이름이 없습니다. 프랑켄슈타인이 이름을 지어주지 않았기 때문이죠. 소설 속에서만 일어난 일이지만 인간이 역사상 처음으로 창조한 것이 창조자로부터 외면당하고 정당한 존재로 인정받지 못한 것입니다.

『프랑켄슈타인』은 '현대판 프로메테우스The Modern Prometheus'라는 부제를 달고 있습니다. 그리스 신화에서 프로메테우스와 관련된 이야기는 첫째, 인간을 창조했다는 이야기와 둘째, 제우스의 분노를 사서 불을 빼앗긴 인간을 위해 몰래 불을 훔쳐서 되돌려줬다는 이야기가 있습니다. 인간을 창조한 것 못지않게 인간에게 빼앗긴 불을 되돌려준 이야기는 중요합니다. 인간과 '불'이 불가분의 관계임을 말한 것이니까요. 불은 먹기 어려운 음식을 소화할 수 있게 해주고 깜깜한 밤과 맹수를 몰아내어 인간이 안전하게 모여 살 수 있게 해줬습니다. 불은 문명을 상징하고 은유적으로는 언어, 이성, 지성을 지칭합니다. 올림포스의 신들에 맞서 인간의 편에 선 티탄 프로메테우스의 선물은 단순히 인간의 창조를 넘어서 인간을 동물과 차이 나게 한 특성까지 포함합니다. 자신이 창조한 것에 대한 책임을 끝까지 진 것이지요. 이번에는 뭔가가 바뀌었습니다. 인간이 창조자, 호모 데우스homo deus가 된 것입니다. 현대판 프로메테우스는 피조물에게 무엇을 주었으며 어떻게 책임을 졌을까요?

『프랑켄슈타인』은 북극 탐험에 나선 영국의 군인이 자신의 누이에게 보내는 편지 형식을 띠고 있고 이 편지는 본 이야기인 괴물의 창조와 이후의 비극을 전하는 틀frame의 역할을 합니다. 북극에서 군인은 혹한 속에서 사람 형상의 거인과 이 거인을 쫓아가는 사람을 발견합니다. 이내 거인을 쫓던 사람이 쓰러지는데 그를 구한 군인은 그가 빅터 프랑켄슈타인이라는 과학자이며 앞서가던 거인을 만들었음을 알게 됩니다. 죽어가는 프랑켄슈타인은 군인에게 자신의 이야기를 들려주는데 이 시점부터 화자가 군인에서 프랑켄슈타인으로 바뀝니다. 이상한 나라의 앨리스가 굴속으로 들어가는 순간 세상이 바뀌듯, 독자는 편지의 틀 안으로 들어가서 프랑켄슈타인의 세계를 경험하게 됩니다.

어렸을 때부터 과학과 연금술 같은 중세의 신비주의 지식을 넘나들며 둘 사이에서 고민하던 프랑켄슈타인은 시체 안치소 등을 다니면서 삶과 죽음에 대해 연구하다가 어느 날 생명의 근원에 대한 비밀을 알아냅니다. "저는 탄생과 생명의 원인을 발견하는 데 성공했습니다. 아니, 더 중요한 것은, 살아 있지 않은 것을 스스로 움직이게 하는 능력이 생겼다는 것이지요."(4장) 생명 발생의 원인이 무엇인지 프랑켄슈타인은 끝까지 말하지 않지만 그것이 전기와 관련 있음을 암시하면서 갈바니즘을 연상시킵니다.

프랑켄슈타인의 대학 시절 교수 발트만은 강의 중에 화학자들은 "자연의 구석진 곳까지 뚫고 들어가 그 숨은 곳에서 자연이 어떻게 작용하는지를 보여준다. 그들은 하늘에까지 오른다: 그들은 피가 어떻게 순환하는지를 발견했고, 우리가 숨 쉬는 공기의 속성도 발견했다"고 역설합니다.(3장) 이것이 프랑켄슈타인이 화학에 집중하게 되는 계기가 되지요. 발트만이 말하는 "숨 쉬는 공기"는 산소를 말하며 1774년 조지프 프리스틀리Joseph Priestley에 의해 처음 발견되었을 때 이 이름 모를 기체가 보통 공기보다 훨씬 숨 쉬기 좋다는 것을 알아냈습니다. 프리스틀리의 실험을 발전시킨 앙투안 라부아지에Antoine Lavoisier는 1777년 이 기체를 산소(다른 물질을 산화시키는 원소)라고 이름 지었습니다. 소설 『프랑켄슈타인』이 1818년 영국에서 출판되었을 때 불과 20세의 메리 셸리는 놀라운 과학 지식을 선보였는데 아버지와 주변 지식인들이 근래의 과학 발전과 알디니, 이래즈머스 다윈(찰스 다윈의 할아버지) 등의 갈바니즘 연구에 대해 나눈 이야기가 큰 영향을 끼쳤으리라 추정됩니다.

———

중력의 법칙, 질량 보존의 법칙, 연소 실험이 정교해짐에 따른 새로운 원소와 원자, 분자 개념의 정리, 특히 물이 산소와 수소의 결합에 의해 생성된다는 발견에 따른 고대 4원소설의 붕괴 등 물리, 화학 분야의 눈부신 발전에 비해 생물학은 더디게 자리를 잡아가고 있었습니다. 어쩌면 분야별 발전의 차이와 갈바니즘 등이 소설 『프랑켄슈타인』을 낳지 않았나 생각합니다. 이런 식으로 과학이 나아가면 어디까지 이를까, 그 궁극의 지점을 상상해서 써낸 결과일 것입니다.[33] 특히 생물학에서 미지의 영역이 넓었기에 마음껏 상상의 날개를 펼칠 수 있었을 것입니다.

생명의 원인을 발견한 프랑켄슈타인은 인간을 '창조'할 준비에 들어갑니다. 시체 안치소에서 습득한 인체에 대한 지식을 활용하여 안치소에 있는 인체의 여러 부위를 모아 붙이기 시작합니다. 사람 크기로 모아 붙이기에는 시간이 너무 오래 걸릴 듯하여 꿰매기 쉽게 2미터가 넘는 거인을 만들기로 하지요.

11월의 어느 음습한 날이었습니다. 노력의 결실을 본 것이, 고통에 가까운 초조한 심정으로 저는 제 앞에 누워 있는 죽은 것에 삶의 불꽃을 불어넣어줄 생명의 도구를 주위로 모았습니다. 벌

---

33   Anne K. Mellor, *Mary Shelley: Her Life, Her Fictions, Her Monsters* (Methuen, 1988), ch. 5 참고.

써 새벽 1시였습니다. 비는 유리창을 음울하게 두드리고 있었고 촛불은 거의 다 타들어가고 있었지요. 그때, 반쯤 꺼져서 깜빡 거리는 촛불 아래 저는 피조물의 칙칙한 누런 눈이 열리는 것을 보았습니다. 그것은 크게, 힘겹게 숨을 쉬고 있었고 사지는 경련 하며 움직였습니다.

— 『프랑켄슈타인』 5장

제네바 호숫가에 불어오는 폭풍이 셸리의 이야기 속에서 재현됩 니다. 비가 막 내리는 어느 음습한 날, 초는 거의 다 타들어가고 촛불은 주위를 제대로 비출 수 없을 정도로 아주 희미하게 흔들 리고 있었는데 바로 이 불빛 아래 생명을 부여받은 '그것'의 누런 눈이 뜨이는 광경을 보게 된 것이죠. 그리고 살아 있음을 의미하 는 움직임이 시작되었습니다. 크게, 힘겹게 숨을 쉬기 시작했는데, 이건 '불어넣는다'는 말이 암시하듯 프시케, 숨, 영혼이 살아 있지 않은 것에 들어가서 삶의 불꽃을 피워올린 것이지요.

　살아 있음의 또 하나의 증상은 사지에 나타나는 잔 떨림입니다. 앞에서 언급했던 알디니의 갈바니즘 실험에 대한 보고 중 사형수 의 시신에 전기충격을 주자 얼굴은 일그러지고 사지가 경련 했다 는 묘사가 있습니다. 아마도 셸리의 묘사가 이를 바탕으로 한 것이 아닐까 추정되지요. '불꽃'은 갈바니즘의 전기 스파크를 암시하기 도 합니다. 촛불의 다해가는 생명과 기괴하지만 새로 탄생하는 생

그림 60 「프랑켄슈타인」 1831년 판 삽화

명이 크게 대조를 이루는, 승리를 이끌어낼 수도 있는 사건이지요.

〈그림 60〉은 『프랑켄슈타인』(1831년판)의 삽화입니다. '그것'이 눈을 뜨는 순간을 묘사한 것인데요. 발아래에는 해골이 있습니다. 그리고 방 도처에 해골이 있는 것으로 보아 프랑켄슈타인의 사체 연구를 묘사한 것으로 보입니다. 하지만 전통적으로 해골은 라틴어 메멘토 모리memento mori, 직역하면 '(나는 내가 언젠가는) 죽을 것임을 기억한다'라는 의미입니다. 인간이라면 피할 수 없는 절대적인 진리, '나는 죽을 것이다'라는 진리를 잊으면 안 된다는 말은 세상의 부귀영화가 덧없음을 상기시켜줍니다. 그러나 이 소설에서는—여러 '부품'을 기워 만든 사체이지만 죽은 것을 살아나게 했으니—누구에게나 공평하게 다가오는 죽음의 진리가 깨지는 순간이지요.

삽화 우측에는 이제 막 창조자의 대열에 오른 프랑켄슈타인이 보입니다. 이미 왼쪽 다리가 문 밖으로 반쯤 나가 있지요. 마음은 벌써 달아났고 몸도 같이 달아나고 있는 중입니다. 원작에는 프랑켄슈타인이 '그것'이 움직이자 바로 달아나지는 않고 혼란에 빠져서 침실로 몸을 피해 서성이다가 쓰러져 악몽을 꾸는데, 깨어나보니 '그것'이 침대의 커튼을 걷고 자신을 바라보고 있었습니다.

저는 그 몹쓸 것을, 제가 창조한 끔찍한 괴물을 바라보았습니다. 그는 침대의 커튼을 들어올렸고 눈은, 그걸 눈이라 할 수 있다면, 그 눈은 저에게 고정되어 있었어요. 그의 입이 열리면서 알 아들을 수 없는 소리를 중얼거렸는데, 그때 그의 입가가 올라가 면서 볼에 주름이 파였습니다. 그가 말을 했는지도 모르지만 저 는 듣지 않았습니다. 그는 저를 붙잡으려는 듯 한 손을 뻗었지만 저는 계단으로 도망쳐 내려왔습니다.

—『프랑켄슈타인』5장

프랑켄슈타인은 괴물을 만들어는 놓았지만 사랑을 느낄 수가 없 습니다. 오히려 흉물스럽고 역겹게 느낍니다. 신플라톤주의 우주 관에서 모든 파생된 것은 자신의 기원을 명상하며 그쪽을 향한다 고 했지요? 메리 셸리는 이 개념을 패러디하고 있습니다. 밀턴의 『실낙원』에서 아담이 태어나자마자 하늘로 눈을 돌리며 자신의 기원을 바라보았던 것처럼 프랑켄슈타인이 탄생시킨 괴물 역시 자 신을 창조한 자의 침대까지 쫓아와서 그를 바라보고 있습니다. 아 담은 바로 말을 했는데, 이 괴물은 말을 못합니다. 말하는 것이 자 연스럽지 않은 듯, 괴물이 말할 때 입꼬리가 말려 올라가서 주름 이 파이고, 이에 창조자인 프랑켄슈타인은 무슨 말인지 듣지 않 았다고 합니다. 듣기를 거부했는지 알아들을 수 없었는지는 분명 하지 않습니다.

'그것'(괴물)이 프랑켄슈타인에게 손을 내밀었던 이유가 뭘까요? 이를 해석하기 위해 앞에서 봤던 삽화를 다시 볼까요? 삽화 아래쪽 해골 옆에 놓여 있는 책은 천지창조 이야기가 담긴 성서일 수도 있고 19세기 영국의 문인들에게 가장 큰 영향을 주었던 밀턴의 『실낙원』일 수도 있습니다. 소설 여기저기에 창조 이야기나 『실낙원』에 대한 언급이 나오니까요. 버림받은 '그것'은 홀로 고생하면서 세상을 알아가다가 『실낙원』을 접하게 되고, 이를 통해 피조물과 창조자 사이의 상호 존중과 책임이 있음을 알게 되면서 더욱 좌절하여 자신을 창조한 프랑켄슈타인에 대해 분노합니다. 처음 태어난 날, '그것'이 프랑켄슈타인에게 손을 뻗었던 이유는 시스티나 성당 천장의 그림처럼 피조물과 창조자의 소통을 위해서일 수도 있고 창조자에게 뭔가 전달받기 위해서일 수도 있습니다. 하지만 창조자 프랑켄슈타인은 괴물의 손을 피해 급하게 도주합니다. 자신이 만든 것에 책임을 지지 않은 것이지요. 그로 인해 '그것'은 꼭 창조자에게서 전달받아야 했던 것들을—그것이 말하는 법이건, 교육이건, 인성이건, 사랑이건—받지 못하고 스스로 습득하게 됩니다. 그 과정이 온전하지 않아서 '그것'은 뼛속 깊이 괴물이 되어 프랑켄슈타인의 가족을 포함한 여러 사람에게 재앙을 가져옵니다.

최초의 공상과학소설을 쓴 메리 셸리의 비전은 무엇이었을까요? 과학이 약진함에 따라 물리, 화학적으로 설명이 되는 세계, 하나의 기계처럼 돌아가는 세계 속에서 인간조차도 배터리에서 공급되는 전기에 의해서 생명을 얻을 수 있는 존재라면, 인간은 과연 무엇인가? 프랑켄슈타인의 목적이 인간의 '창조'였다는 점에 주목해야 합니다. 온전한 시체에 생명을 불어넣었다면 그것은 창조가 아닌 부활이었겠지요. 창조를 위해 여러 사체에서 필요한 부분을 모아 '그것'을 만들었다는 점. 소설에 나오는 이러한 암시들은 인간이 결국 여러 부품으로 이뤄진 움직이는 기계일 뿐이라는 생각을 담고 있습니다. 메리 셸리는 과학 발전과 인간을 포함한 자연의 기계화 사이의 상관관계를 포착한 것 같습니다.

오, 멋진 신세계!

그로부터 약 100년 후에 올더스 헉슬리Aldous Huxley는『멋진 신세계』(1932)라는 소설에서 인간과 기계가 교묘히 융합된 세계 질서를 그립니다. 『멋진 신세계』는 지금부터 약 500년 후의 런던을 무대로 구성원들이 계층화된 사회를 그립니다. 구성원들은 알파Alpha, 베타Beta, 감마Gamma, 델타Delta, 엡실론Epsilon의 5등급으로 나뉘고 알파, 베타를 제외한 하위 세 등급은 배아 단계부터 생물학적으로 조작되어 수많은 일란성 쌍둥이로 태어나 육체노동을 합니다. 전 세계가 통일된 이 사회는 "공동체Community, 정체성Identity, 안정Stability"이라는 구호를 내세워 개인보다 공동체를 우선시하고, 사회 구성원들의 획일성을 추구하며 체제 안정을 절대적인 가치로 봅니다. 알파까지 포함한 모든 계층은 위 세 구호로 집약된 사회의 틀 안에서 움직이게 됩니다.

우리가 CE(서기^{common era}) 혹은 BCE(서기전^{before common era})라는
연호로 시기를 구분하듯 이 체제에서는 'A.F.'라는 연호를 씁니다.
CE 이전에, 지난 세기까지 통용되었던 AD, 즉 Anno Domini(신의
해)를 연상케 하는 A.F.는 Anno F(F의 해)의 줄임말인데 이야기
가 전개되는 해는 A.F. 632년, 해설자들은 이 해를 서기 2540년으
로 봅니다. 간단한 계산을 하면 연호 A.F.의 기원이 1908년이 되
는데, 이 해에 F자로 시작되는 이름과 관련된 두 가지 사건이 일어
납니다. 첫째는 헨리 포드^{Henry Ford}가 모델 T라는 자동차를 대량생
산하기 시작한 일이고 둘째는 지그문트 프로이트^{Siegmund Freud}와 동
료들이 오스트리아 잘츠부르크에 모여 최초의 정신분석학 학회를
연 일입니다. 포드와 프로이트 둘 다 『멋진 신세계』에서 언급되지
만 포드는 거의 종교적인 수준으로 언급되기 때문이 A.F.는 그의
이름을 따라 붙인 것으로 추정됩니다.

자동차가 부자들만의 특권을 상징했을 때 포드의 꿈은 미국인
한 가구당 한 대의 보급형 차를 소유할 수 있게 하는 것이었습니
다. 기존의 방식은 기술자들이 한 팀이 되어 차 한 대를 만드는 것
이었기에 팀원 모두에게 차 제작에 대한 전문 지식과 기술이 요구
되었으니 인건비가 높고 생산 기간이 길었습니다. 포드의 도전은
고급스럽지는 않지만 차의 기능을 모두 갖춘 모델을 보급형 가격
에 공급할 수 있도록 생산비용을 낮추고 모든 시민에게 보급할 수
있을 정도로 빨리, 많이 만드는 것이었습니다. 그래서 디자인한 것

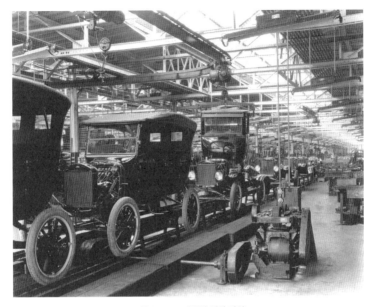

그림 61 포드 자동차 생산 라인

이 유명한 모델 T였고 이를 어떻게 만들까 고민하다가 생각한 것
이 기술이나 지식이 높지 않은 사람이 단순한 작업 하나에만 집
중하는 작업 환경이었습니다. 한 사람이 나사도 조이고 창문도 붙
이고 섀시도 달던 작업 방식에서 오로지 나사 2번만 계속 조이면
다음 사람은 나사 3번만 조이는 식으로 작업 방식을 바꾸면서 생
산 속도가 비약적으로 향상되었고 포드의 꿈이 실현되었죠. 포드
가 만들어낸 생산 라인은 헉슬리가 『멋진 신세계』에서 미래 사회
의 연호에 그의 이름을 붙일 정도로 커다란 의의가 있습니다.

'조직'이라는 의미의 영어 단어 '오가니제이션organization'은 회사나 단체를 부르는 말이기도 합니다. 조직이 유기적으로 움직인다는 뜻으로 사용한 것인데 조직에 속한 현대의 인간은 포드가 발명한 생산 라인으로 인해 비유기적인 존재가 되어가고 있었습니다. 부품을 조립하는 인간과 공장 기계의 경계가 모호해진 탓입니다. 그로 인한 후유증 중에 대표적인 것이 반복성 스트레스 손상repetitive stress injury 같은 산업재해입니다. 찰리 채플린Charlie Chaplin 은 영화 〈모던 타임스〉에서 공장에서 발생하는 이런 산업재해를 풍자하기도 합니다. 공장에 취직한 채플린은 볼트를 조이는 일을 맡았는데, 반복적인 일일 뿐만 아니라 속도까지도 준수해야 해서 스트레스가 올라갑니다. 결국 속도를 준수하지 못해서 볼트를 조이려고 공장의 기계 속으로 따라 들어가는 장면이 나옵니다. 그림을 보십시오. 이 장면은 예언적입니다. 기계를 지배하는 것이 아니라, 인간이 기계에 먹힌 것이죠. 기계의 내장 속으로 들어가서도 볼트를 조이고 있는 모습은 20세기 초 포드가 만들어낸 산업 환경의 아이콘이라고 할 수 있습니다. 채플린은 잠시 정신이상이 되어 볼트같이 생긴 것은 모두 조이는데 커다란 단추가 많이 달려 있는 옷을 입은 여성을 스패너로 '위협'하며 따라가다가 경찰한테 쫓기는 장면으로 이 에피소드는 끝납니다.

수천 명이 생산 라인에 투입되어 일하는 모습을 보고 헉슬리는 무엇을 느꼈기에 '멋진 신세계'의 연호를 포드의 이름으로 정했을

그림 62 영화 〈모던 타임스〉의 한 장면

까요. 소설 속 한 장면에서는 똑같이 생긴 일꾼들이 자신의 신체 조건에 맞는 동일한 기계를 작동시키는 일에 투입됩니다. 어쩌면 그들의 신체 조건이 기계에 맞춰져 있는지도 모릅니다. 채플린의 〈모던 타임스〉가 주는 또 하나의 재미는, 볼트 조이는 라인에서 채플린 바로 옆에 서 있는 사람이 거인이라는 점이지요. 기계의 규격은 모두 한 가지인데 투입되는 사람이 다르게 생겼다면 생산 관리 차원에서는 큰 문제입니다. 그런데 헉슬리는 신체 조건이 같은 인간이 투입될 수 있는 시스템을 상상해낸 것입니다.

이야기는 26세기 런던에 위치한 부화소에서 시작합니다. 정식

명칭은 런던 중앙 부화 및 조절 센터 Central London Hatchery and Conditioning Centre인데, 부화소라 하면 병아리를 연상시킵니다. 또 부화된 병아리는 똑같이 생겼지요. 다만 이 센터에서 부화되는 것은 병아리가 아니라 사람입니다. 생명공학이 발달해서 인류의 번식에 인간이 직접 참여할 필요가 없는 사회가 된 것이지요. 인간의 성性생활은 오히려 더 활발해진 것 같은데 번식을 위한 동물적인 기능, 즉 수정과 임신, 분만의 불편과 고통과 위험에서 완전히 해방된 것입니다. 대신 인간은 번식을 기계에 맡겨 그에 종속되는 대가를 치르게 되었습니다.

부화소는 알파를 포함한 모든 계급이 태어나고 '조정'받는 곳인데 한 난소에서 채취된 난자가 인공수정 된 후 보카노프스키 Bokanovsky's공정을 거치면 최대 아흔여섯 개, 평균 일흔두 개의 '쓸만한' 쌍둥이 배아가 만들어집니다. 반면 사회의 모든 혜택을 누리는 알파나 알파를 보조하는 베타는 보카노프스키 공정에서 제외됩니다. 이 사회는 이런 공정을 자랑하며 "생물학에 대량생산의 원리가 적용된 것"이라고 합니다. 포드스냅 Podsnap's 기술을 이용해서 난소에서 무정란을 최단기간에 최대한 많이 추출하여 보카노프스키 공정을 거치면 한 난소에서 나온 난자로 생산 가능한 감마, 델타와 엡실론은 평균 1만 1000명, 최대 1만 6000명에 이릅니다.(물론 보카노프스키나 포드스냅 모두 허구적인 기술, 공정입니다.)

미리 예정된 하위 3등급 인간에 대한 조정은 이제부터 시작됩니다. 아주 서서히 이동하는 생산 라인에 올려진 배아는 하위 등급의 경우 산소 결핍 공정을 통해 '평균 이하'의 상태가 됩니다. 산소 결핍이 심할수록 뇌의 발달뿐만 아니라 몸의 발육까지도 영향을 받습니다. 엡실론 등급에게는 산소 공급이 가장 많이 제한되는데 이 등급에서는 인간의 지능이 필요 없기 때문이지요. 그후에는 예정된 일의 성격에 따라 열에 견딜 수 있게, 혹은 열대 지역의 질병을 예방할 수 있게, 등등의 조정이 가해지고, '부화'가 된 다음 유아기 단계에서 하위 3등급은 파블로브의 개처럼 책과 꽃을 멀리하도록 전기충격이 가해집니다. 그리고 모든 등급은 잠 잘 때 '수면 교육hypnopedia'이라는 방법으로 각 등급에 맞게 '계급의식'을 주입받습니다. 알파는 하위 계급은 격이 맞지 않으니 어울리기 싫다, 베타는 알파처럼 똑똑하지 않으니 일이 많지 않아서 편하다. 이처럼 누적된 수면 교육의 결과 자기 계급에 만족하고 타 계급과의 차이를 수용하게 됩니다. 어느 날 자연적인 방법으로 태어난 사람이 발견되어 문명의 세계로 옮겨지게 되는데, 야만인 존으로 불리는 그는 공장 견학에서 주어진 기능에 따라 신체가 맞게 변형된 수십 명씩의 쌍둥이 감마, 델타와 엡실론이 각자 자기 자리에서, 잘 돌아가는 기계처럼 일하는 광경을 보고 충격을 받습니다. 어릴 때부터 읽었던 셰익스피어를 인용하여 "오, 멋진 신세계여, 이런 사람들이 있다니!"라고 말합니다. 정말 멋져서 한 말은 아닙니다.

그중 '난쟁이' 감마 일꾼들의 묘사가 충격적입니다. 마흔일곱 쌍둥이가 마주 보고 앉아 있는데, 한쪽은 노란 머리, 맞은쪽은 갈색 머리, 한쪽은 뭉뚝코, 맞은쪽은 매부리코, 한쪽은 들어간 턱, 맞은쪽은 뾰족 나온 턱. 헉슬리의 묘사에는 인체의 부위가 다 빠진 채로 노란, 갈색, 뭉뚝, 후크(매부리), 들어간, 뾰족 나온 등의 단어만 있어서 분명 사람에 대한 묘사이지만 이 마흔일곱 쌍의 쌍둥이들은 들어간 곳 나온 곳 등이 서로 잘 맞아서 부품처럼 조립 가능한 듯 착시 현상이 생깁니다. 기계와 사람의 구분이 사라지는 순간입니다. 아니, 조직이 인간을 실종시킨 것입니다.

인간의 실종은 실제 역사에서도 있었지요. 산업혁명이 한참 진행되던 시절 석탄을 너무 많이 땐 나머지 검댕이 굴뚝을 막으면 네다섯 살짜리 애들만이 거기에 들어갈 수 있었기 때문에 그 나이대 아이들을 고아원에서 대량으로 사서 굴뚝 청소를 시켰지요. 이것이 18, 19세기 영국에서 벌어진 일입니다. 디즈니 영화 〈메리 포핀스〉에서 나오는 〈침-침-체리Chim Chim Cher-ee〉라는 노래는 굴뚝 청소를 하던 이들을 미화시킨 것인데 실상은 처참했습니다. 그 아이들의 생존율은 0퍼센트. 다섯 살이 되기 전에 폐병으로 다 죽었지요. 이를 본 시인 윌리엄 블레이크William Blake는 아직 말도 제대로 못하는 아이들이 '굴뚝 청소요!'라는 의미로 외치는 '스위프Sweep!'라는 말을 '위프weep!'라는 울음소리로 바꿔서 자신이 느끼는 분노를 표출했습니다. 부모는 어디 갔느냐는 질문에 시 속의 아이는 답합니다. "우리 고통으로 천국을 만들어내는 / 신과 그의 사제와 왕을 찬미하러 갔어요.They have gone to praise God and his priest and king, / Who make up a heaven of our misery." 공장주와 굴뚝 청소 업체, 고아원과 아이들을 판 부모, 사제와 왕 모두가 전설의 미노타우로스에게 젊은 남녀를 공양하듯 자기들이 신봉하는 경제발전의 굴뚝에 아이들을 바친 것입니다.

혁슬리의 사회는 불평·불만 분자를 미연에 방지하기 위해 배아나 유아 단계부터 산소 결핍이나 수면 교육을 실시하지만 그래도 모든 불평·불만을 잠재우지 못합니다. 이에 대비하여 체제 안전보장 수단으로 환각제 소마soma, 난교orgy, 스포츠, 감각영화feelies(보고 들을 뿐만 아니라 느낄 수도 있는 영화) 등을 권장합니다. 특히 소마라는 약은 조대호 선생님이 언급한 고대 그리스의 소마와는 어원이 다른, 현실 사회에서는 분명 금지될 강력한 환각제입니다. 시민들은 소마를 정기적으로 지급받는데 복용량은 상황에 따라 다르게 권장됩니다. 고민이 생기면 1그램 정도 먹는 즉시 고민을 잊게 되고, 외부의 상황과 분리된 상태가 됩니다. 복용량이 많아지면 웃음이 유발되고 깊은 잠에 빠지기도 합니다. 특히 소마는 인간이 스스로 제어하는 기능을 마비시키는 효과가 있어서 난교와도 관련이 있습니다.

『1984』를 쓴 조지 오웰George Orwell과 올더스 혁슬리가 예언한 사회는 상반됩니다. 오웰이 예언했던 1984년이 1년 지난 1985년에 닐

포스트먼Neil Postman은 『죽을 때까지 유희를 즐기기Amusing Ourselves to Death』라는 책에서 오웰과 헉슬리를 다음과 같이 비교합니다.

오웰이 두려워했던 것은 책을 금지시키려는 자들이었다. 헉슬리가 두려워했던 것은 책을 읽고 싶어 하는 사람이 없어서 책을 금지시킬 이유가 없어지는 것이었다. 오웰은 우리로부터 정보를 차단시키려는 자들을 두려워했고, 헉슬리는 정보를 너무 많이 줘서 우리를 수동적이고 이기적인 사람으로 전락시키려는 사람들을 두려워했다. 오웰은 진실이 우리로부터 가려지는 것을 두려워했고, 헉슬리는 진실이 사소한 정보의 바다에 익사되는 것을 두려워했다. 오웰은 우리가 속박받는 문화가 되는 것을 두려워했고, 헉슬리는 우리가 하찮은 문화가 되는 것을 두려워했다. 그의 소설에 나오는 감각영화, 난교, 원심성 범블퍼피centrifugal bumblepuppy(어린이 운동 게임)와 같은 하찮은 것들에 빠져드는 문화를 두려워한 것이다. 『멋진 신세계 재방문Brave New World Revisited』에서 헉슬리가 지적하기를, 독재에 맞서기 위해 항상 촉을 세우는 인권운동가들과 합리주의자들은 "사람의 기분전환에 대한 무한한 욕구를 간과한 것이다." 헉슬리가 첨언하기를, 『1984』에서는 사람들을 고통을 가하여 통제하지만 『멋진 신세계』에서는 쾌락을 가하여 통제한다. 요약하면, 오웰은 우리가 두려워하는 것이 우리를 파멸로 이끄는 것을 두려워했고, 헉슬

———

리는 우리의 욕망이 파멸로 이끄는 것을 두려워했다.

한국의 상황에서 두 비전을 놓고 어느 것이 더 맞다고 말하기 어렵죠. 우리나라의 경우 두 비전 모두 현실화된 느낌이 들지 않습니까? 특히 1980년대의 우리 사회는 오웰과 헉슬리가 예언한 두 모형의 디스토피아가 공존했습니다. 오웰식의 무력 통제에 대해서는 1980년의 광주민중항쟁과, 지금부터 30년 전이었던 1987년 박종철, 이한열의 죽음으로 간단하게 설명된다고 볼 수 있습니다. 헉슬리식 통제는 별도의 이름으로 진행되었습니다. 1983년 5월 25일 경향신문은 "현대를 3S가 지배하는 시대라고 말한다"고 지적했습니다. 스포츠Sports, 섹스Sex, 스크린Screen. 88올림픽, 아시안게임 개최, 프로야구와 프로축구 출범, 통금 해제로 인한 숙박업과 성매매업의 급성장, 〈애마부인〉, 〈매춘〉, 〈무릎과 무릎 사이〉 등 '역대급' 에로영화의 등장, 컬러TV와 한국 드라마의 약진이 이 범주에 들어갑니다. 각자 두려워한 것은 달랐으나, 오웰과 헉슬리가 우려했던 바는 조직이라는 거대한 기계 속에서 인간 개인의 정체성과 존엄성을 잃고 부품화되어 실종되는 현실이었습니다.

인간을 위협하는 인공지능

『프랑켄슈타인』에서 예견했듯이 인간은, 비록 새로운 인간을 창조해내지는 못했지만, 이런저런 부품들을 모아서 전기의 동력으로 인간의 움직임을 따라할 수 있는 로봇을 만들어냈습니다. 러시아어로 '일'이라는 뜻의 로봇은 인간의 노동을 대체하기 위해 만들어졌지요. 지금은 자동차 공장에서 로봇 팔들이 수천 명의 인간이 생산 라인에 붙어서 하던 일을 대신 하고 있고 키바^{Kiva} 로봇 군단이 끝이 보이지 않는 창고에서 소비자의 구매 물품이 들어 있는 선반을 한 치의 오차 없이 사람 앞으로 운반합니다.[34] 이런 유의 로봇은 수많은 블루칼라 직업을 사라지게 했지요. 하지만 이 추세는 이미 몇 십년 전부터 조금씩 가속화되면서 진행되어 왔고 앞으로도 계속될 것입니다. 결국 종착점은 인간이 하는 일을 모두 대신하는 것이겠죠? 예언 적중률이 매우 높은 물리학자이자 공상과학 작가 아이작 아시모프^{Isaac Asimov}는 「로봇 비전^{Robot Visions}」(1990)이라는 단편소설에서 미래에 다녀온 로봇이 본 내용을 다루고 있는데, 미래에 평화롭고 질서 있고 행복하게 살아가는 인간은 알고 보니 멸종한 인간을 대체한 로봇이었다는 이야기입니다. 로봇이 인간의 멸종에 직접 개입한 내용은 아니지만 이를 알고 있는 유일한 인물조차 로봇이었음을 밝히면서 끝나는 이 소설의 뒷맛은 씁쓸합니다.

인간과 로봇이 하나가 되어 일을 수행하는 경우도 있습니다. 제

---

34 키바 로봇에 대한 동영상은 Kiva 혹은 Amazon robot을 검색어로 치면 볼 수 있다. 꼭 한 번 보기를 권한다.

가 근무하고 있는 대학병원은 로봇 수술로 유명한데, 로봇은 손 떨림을 방지하고, 좁은 공간에서 작업도 가능하게 하여 인체에 남기는 흉터가 적고 사람 손으로는 낼 수 없는 각도로 손을 움직여서 전에는 할 수 없었던 수술을 가능하게 해준답니다. 대신 준비하는 데 많은 시간이 걸리고 비용도 많이 들뿐더러 때때로 필요한 손끝의 감각을 배제시킬 수밖에 없다는 단점이 있습니다. 그런데 로봇수술을 하는 이는 어디까지가 의사고 어디부터 로봇인가요? 더 쉽게 말하면 의사가 시술한 것인가요, 로봇이 시술한 것인가요?

　앞에서 언급한 예들은 로봇이 인간에게 끼치는 두 가지 상반되는 영향을 요약한다고 볼 수 있습니다. 이에 따라 로봇에 대한 사람들의 반응 역시 갈라지리라 생각합니다. 한쪽은 로봇이 언젠가는 우리를 지배할 것이라고 믿고 다른 한쪽은 로봇 덕에 인간의 삶이 편안하고 안전하며 윤택해질 것이라고 믿습니다. 한쪽은 〈터미네이터〉나 〈매트릭스〉 시리즈에서 나오는 디스토피아적인 미래가 도래할 것이라고 믿고 다른 한쪽은 〈스타트렉〉 혹은 〈스타워즈〉 시리즈처럼 인간과 로봇이 공생할 것이라고 믿습니다.

　우리가 기대하면서도 우려하는 것을 가리키는 데 '로봇'이라는 말보다는 '인공지능'이라는 말이 더 적합할 것입니다. 로봇 팔은 이미 20년 전부터 생산에 투입되었고 키바 로봇이 아마존 창고에서 활약하는 모습이 유튜브에 뜬 것은 2014년입니다. 이것을 처음

그림 63 자동차 공장의 로봇 팔

본 사람들은 기껏해야 조금 불편하다, 약간 걱정된다 정도의 느낌
을 받았을 것입니다. 오히려 경이로운 눈으로 보면서 즐거워했을지
도 모릅니다. 그러나 2016년 3월 9일, 구글의 알파고가 이세돌과
의 바둑 대결 제1국에서 이겼을 때, 그리고 이세돌에게 1승을 허
용했지만 결국 4승 1패의 기록으로 압승했을 때 사람들은 세상이
무너지는 충격을 받았고 인류가 입은 정신적인 상처는 쉽게 아물
지 않을 것입니다. 일자리가 없어지는 것보다 바둑 한 판이 왜 더
중요했을까요?

인간보다 육체적으로 빠르거나 강한 동물은 많았지만 문명화가
어느 정도 진행된 이후 동물을 인간보다 높이 보는 사회는 거의

없었습니다. 인간의 지적 능력에 대한 확신 때문이었지요. 기독교 사상에는 인간의 이성을 넘어선 지성적인 존재들이 있었지만 20세기 들어서 이를 믿는 사람은 급감했습니다. 이는 인간이 생명의 사다리의 정점에 서게 되었음을 암시하지요. 그러던 인간은 자신이 만든 '생각하는 기계'에 위협을 받게 됩니다. 메리 셸리의 소설에서 괴물이 자신의 짝을 만들어주기를 요청했을 때 프랑켄슈타인이 이를 거부한 이유 중 하나가, 비록 혐오스럽게 생겼지만 지적으로도 열등하지 않고 육체적으로 우월한 괴물이 번식하여 인류를 위협할지도 모른다는 우려 때문이었습니다.

1947년, 트랜지스터의 발명 이후 모어의 법칙^{Moore's Law}에 따라 2년(혹은 18개월)마다 컴퓨터의 연산 속도는 두 배씩 빨라졌고 그에 힘입어 컴퓨터는 특정 영역에서 인간을 넘어서는 '좁은AI'(인공지능)에 도달하여 바둑뿐만 아니라 퀴즈쇼와 심지어는 예능 프로그램에도 나와서 맹활약을 하고 있습니다. '일반AI'에 도달하면 미리 학습된 특정 분야가 아닌 모든 분야에서 인공지능이 인간의 추론 기능까지도 따라잡는다고 합니다. 그리고 '슈퍼AI'는 모든 분야에서 인간의 능력을 넘어서는 것인데 이미 일반AI까지 도달하면 슈퍼AI는 큰 의미가 없다고 말하는 사람들도 있습니다. 일반AI 시대에 진입하는 순간부터 인간은 더 이상 세상의 지배자가 되지 못할 수도 있기 때문입니다. 그럼에도 불구하고 세계의 선도적인 IT 기업들은 모두 일반AI를 먼저 성공시키기 위해 총력을 기울이고 있습니다. 비록 좁은AI에 불과하지만 인공지능 세상이 이렇게 빨리 도래할 줄은 전문가들도 생각하지 못했던 것 같습니다. 아마 인터넷 발달과 데이터의 폭증, 그리고 딥러닝deep learning이 인공지능 개발을 가속시켰을 것입니다. 한국이 4차 산업혁명에 미·중·일보다 뒤처진 이유 중 하나로 개인정보보호법을 꼽습니다. 한국 IT 기업들이 인공지능을 개발하기 위해서는 개인정보에 대한 접근이 현재의 법이 정한 것보다 훨씬 원활해야 한다는 의견입니다.

그런데 저는 요즘 이런 경험을 하고 있습니다. 랩톱, 스마트폰 등에서 뉴스를 보거나 검색을 할 때 제가 데스크톱에서 검색했던 상품, 여행 정보, 관심 주제가 별도의 창으로 뜨고 있습니다. 같은 기기도 아니고 데스크톱의 활동이 인지되어 스마트폰에서 뜬다는 것은 최소한 구글은 제가 어디서 뭘 하고 있는지 꿰뚫고 있다는 것이지요. 밀착형으로 제 사생활을 침해하는 이 '서비스'를 중단하고 싶지만 절차가 복잡하고 그래야 하는 서비스가 너무 많다 보니 대충 포기하고 다시 검색에 열중하게 되지요. 저를 분석하고 있는 인공지능은 저를 어떻게 분류하고 있을까요. 제 가족관계는 몰라도 학벌, 경력, 취향, 다니는 곳, 먹는 음식, 병의 유무와 종류 정도는 파악한 듯합니다. 이런 상황에서 개인정보보호법이 과연 의미가 있는지 잘 모르겠습니다. 한국의 IT 기업들이 개인정보보호법의 개정을 요구하는 이유에 대해 많은 부분 동의하면서도 이런 식으로 우리의 정보를 하나둘씩 포기하다 보면 우리의 개인성, 프라이버시가 사라질 것이라는 우려도 하게 됩니다. 페이스북 창업자 마크 주커버그는 2010년 1월 8일, 한 인터뷰에서 프라이버시란 단지 사회 규범일 뿐 21세기에 이미 진화되어 젊은이들은 프라이버시를 감추기보다는 각양각색의 '친구'들에게 내적 공간을 드러내기를 꺼리지 않는다고 말했습니다. 페이스북에서 사용자들의 개인정보 설정을 임의로 수정해서 상당 부분 '공개'로 바꾼 후에 한 말이라서 논란이 많기도 했습니다.

시인 W. H. 오든Auden 은 「무명의 시민Unknown Citizen」이라는 시에서 인간이 통계로만 인식되고 있음을 지적했습니다. "JS/07 M 378"이라는 태그를 가진 이름 없는 시민을 기리는 기념비에 이렇게 적혀 있답니다.

> 통계청에 의하면 그에 대해 아무런 신고가
> 없었던 것으로 드러났습니다.
> 그리고 그에 대한 모든 보고서에서 그는,
> 구식 용어에 새로운 의미를 붙이자면, 성자였습니다.
> 은퇴할 때까지 그가 행한 모든 일은,
> 전쟁을 빼고는, 대의를 위한 것이었고
> 그는 공장에서 일했으며 파면당한 적 없이
> 고용주 퍼지 자동차Fudge Motors 35에 만족했습니다.

（중략）

그는 혼인을 했으며 인구에 다섯 자녀를 더했는데,

우생학자는 그 세대의 부모에게는 적정 숫자라고 합니다.

그리고 선생님들은 그가 자녀의 교육에 전혀 간섭하지 않았다고
　보고합니다.

그가 자유로웠냐고요? 행복했냐고요? 그런 질문은 말도 안 됩
　니다.

뭔가 잘못되었더라면 우리가 분명 들었을 것입니다.

지금 우리나라 현실에 대입해 말하면 대학을 어디 나왔고 자격
증이 몇 개 있으며 신문 구독은 하고 있는지, 그리고 페이스북
에 몇 개의 글을 올렸고, 누구의 글에 댓글을 달았고, '좋아요'는
몇 번 했는지 등으로 인간이 평가된다는 것입니다. 한 독립된 시
민으로서의 나는 없어지고, 아침을 빵과 커피로 시작하고 책·영
화를 좋아하며 평양냉면과 만두를 즐겨 먹는 소비자 고유 번호
만 남게 되지 않을까 상상해봅니다. 포드에 의해 인간이 기계화,
부품화 되었다면, 4차 산업혁명에 의해 인간은 분해되어 전 지구
적 네트워크 안에서 데이터화되고 있습니다. 영화 〈매트릭스〉에
서 주인공이 살고 있던 세계가 알고 보니 0과 1의 코드로 만들어

35　포드 자동차의 패러다임.

———

진 가상세계였는데, 우리의 세계가 상징적으로 그렇게 변해가고
있습니다.

5장

플라톤에서
동물권리론까지

플라톤의 시대와 철학

2016년 5월 28일 오후 서울 지하철 2호선 구의역에서 정비업체 직원이 열차에 치여 숨지는 사고가 일어났습니다. 성실하게 살아온 청년의 죽음에 우리 모두 마음이 아픕니다. 그런데 끔찍한 사고들이 너무 자주 일어나니까 이걸 외면하려는 마음도 생깁니다. 나 자신부터 그래요. 이런 이중적인 태도는 어찌 보면 자기 보호 본능의 표현인지도 모르겠어요. 주변에서 일어나는 모든 사고를 생각하고 정서적·인지적으로 소화하려 하면 엄청난 정신적인 에너지가 들겠지요? 그래서 차라리 무심하게 잊어버리려 하는 사람들이 늘어나고 나쁜 일들이 더욱 많아지면서 사고가 줄줄이 일어나는 것 같습니다. 나도 그렇지만, 여러분들도 이런 현실에서 탈출하고 싶죠. '헬조선'을 벗어나고 싶다는 생각을 안 할 수가 없어요.

　고대 그리스의 플라톤이야말로 누구보다 강렬하게 그럼 감정을 품었던 사람일 것입니다. 플라톤은 기원전 427년에 태어났습니다. 기원전 431년 그리스 세계의 내전 펠로폰네소스 전쟁이 발발하고 4년 뒤의 일입니다. 펠로폰네소스 전쟁은 막강한 해군력을 바탕으로 제국주의적 팽창 정책을 취하던 아테네와 이에 맞서던 스파르타 사이의 갈등이 낳은 전쟁이었습니다.

　이 전쟁은 민주정과 귀족정이라는 이념 대립의 발현이기도 했습니다. 플라톤은 이 전쟁이 한창 진행되던 중에 태어났고, 전쟁은 404년까지(플라톤이 스물 세 살이 될 때까지) 이어졌습니다. 플라톤은 전쟁통에 유년 시절, 청년 시절을 보냈기에 어떻게 하면 이 현실을 바꿀 수 있을까, '헬아테네'를 탈출할 수 있을까, 이것이 실존적 관심사이자 철학의 추동력이었지요. 플라톤의 철학은 겉으로 보면 무척 관념적이고 사변적이지만, 이런 철학의 한쪽 구석에는 상처받은 영혼이 움츠리고 있어요. 적어도 나는 그렇게 느낍니다. 어떻게 하면 이 현실의 질서를 벗어나 새로운 질서를 만들어 낼 수 있을까, 악과 고통, 온갖 정치적 음모와 불의들로 가득 찬 삶에서 벗어나 어떻게 선의 세계로 우리의 영혼이 도약할 수 있을까? 이게 플라톤의 관심사였고, 당대의 역사적 배경을 이해한다면 플라톤 철학에 상당 부분 공감할 수 있습니다. 다소 낯설지만, 뒤집어 보려 할 때 이 세상은 어떻게 보이고, 플라톤은 이를 어떻

그림 64 '인간 / 기계?'

게 생각했는지를 이야기하려고 합니다.

지워지는 경계들

로봇이 인간들을 대신하게 되는 세상을 보여주는 그림이죠. 이 그림의 제목인 '인간 / 기계?' 사이에는 분명한 빗금이 그어져 있어요. 하지만 과연 언제까지 사람과 기계 사이의 저 빗금이 유지될지, 이것이 지금 우리 인류가 맞닥뜨린 큰 질문이 아니겠어요? 저 빗금이 점선으로 바뀌고, 언젠가 그 점선마저 사라지지 않을까 하는 걱정, 이런 걱정이 사람들을 불안하게 만듭니다.

　어떻게 보면 경계가 지워지는 것 자체는 심각한 문제가 아니니다. 인간의 역사는 주어진 경계를 끊임없이 지워나가는 과정이기 때문이지요. 한 사회와 다른 사회의 경계, 서양과 동양의 경계, 귀족과 평민의 경계, 동물과 인간의 경계, 특정한 종과 다른 종의 경계, 사람과 기계의 경계, 이런 경계들을 지우고 그것들을 대신해서 새로운 질서를 구축하는 과정이 인간 역사의 전개 과정이었다는 말입니다. 이런 인간의 활동이야말로 동물과 인간을 구별해주는 가장 큰 특징이라고 말할 수 있을 거예요. 경계 지우기가 호모 사피엔스의 특징이라는 말입니다. 동물들은 주어진 질서에 순응하면서 살아갑니다. 그걸 '적응adaptation'이라고 부르죠. 그리고 그 적응 과정이 동물 종의 분화와 진화를 낳습니다. 그런데 인간의 세계에는 동물에게 없는 적응 이상의 변화가 있어요. 그건 동물의 세계에서는 나타나지 않는 '리노베이션renovation', '개혁'의 과정이죠. 뭔가 새로운 것을 만들어나가는 '리노베이션'이 있고, 이것이 보다 큰 규모로 이루어지면 그것을 혁명, '레볼루션revolution'이라고 부르지요. 'evolution'과 'revolution', 두 단어 사이에는 'R' 하나의 차이 밖에 없죠. 하지만 바로 여기에 호모사피엔스와 호모사피엔스가 아닌 다른 동물들 사이의 차이가 있지 않을까요?

어떤 경계는 지워져도 문제 될 게 없어요. 사실 많은 경계는 마땅히 지워져야 합니다. 주인과 노예의 경계, 양반과 상놈의 경계, 지배자와 피지배자의 경계, 갑과 을의 경계, 이런 경계들이 역사 속에서 계속 지워져왔고 바로 이 과정이 현재 우리의 삶을 만들어왔습니다. 이런 경계들이 사라질 때, 경계의 한쪽에 있던 사람들, 그쪽에서 기득권을 누렸던 사람들은 세상이 무너져가고 있다고 생각했겠지요. "말세다", "예수의 재림이 가까이 왔다", 이렇게 말하는 사람들도 있었을 겁니다. 그러나 많은 사람이 넘을 수 없는 경계라고 생각했던 것은 사실 자연적인 경계가 아니라 문화적, 역사적으로 규정된, 우리 의식 안의 경계, 머릿속 경계였단 말이에요. 그것이 지워짐으로써 오히려 인간의 역사가 발전했고, 보다 나은 삶이 가능해졌습니다. 그런 점에서 경계를 지우고 경계를 넘는 것 자체를 무조건 마다할 이유는 없습니다. 하지만 21세기에 우리가 겪고 있는 경계의 상실, 경계의 소멸이 20세기 이전까지 호모 사피엔스가 겪었던 경계의 소멸과 같은 종류의 것일까요? 우리가 진지하게 생각해봐야 할 문제입니다.

우리 시대에는 지금까지 전혀 상상하지 못했던 일들이 일어나고 있습니다. 자연의 경계가 무너지고 있는 겁니다. 김응빈 선생님이 소개했던 합성생물학 같은 것을 통해서 이종 유전자의 결합이 이루어지고 자연 속에 존재하지 않았던 새로운 생명체가 만들어지는 일 등은 아마 20세기까지만 해도 인간이 전혀 예상하지 못했던, 새로운 종류의 경계 상실의 현상입니다. 그래서 우리는 지금 주변에서 일어나는 이런 경계의 상실, 경계의 파괴 현상을 마주하면서 그것이 새로운 코스모스의 출현을 예고하는 것인지 아니면 카오스의 도래를 예고하는 것인지, 이런 문제에 대해서 생각해보아야 하는 겁니다. 그런 맥락에서 아리스토텔레스와 플라톤을 예로 들어서 동물과 인간의 경계에 대해서 얘기를 할 거예요. 동물과 인간의 경계에 대해서 우리가 가지고 있는 생각들이 머릿속에 있는 경계인지 아니면 자연 속에 실재하는 경계인지 함께 생각해봅시다.

플라톤의 이데아

플라톤 철학의 ABC에서부터 시작해볼까요. 방금 얘기했지만, 플라톤은 어떻게든 눈앞의 현실로부터 벗어나고 싶었어요. 현실에서

그림 65 영화배우 오드리 헵번(좌)과 장미(중)와 시계(우)

환멸을 느꼈기 때문이지요. 그래서 니체는 "플라톤은 현실 앞에서 비겁했고—그래서 그는 이상으로 도망쳤다"고 말합니다.

이 강의에서는 이미 여러 차례 플라톤 철학에 대해 이야기를 했기 때문에, 〈그림 65〉가 무엇을 뜻하는지 모를 사람은 없을 겁니다. 이 세상에는 많은 아름다운 것들이 있어요. 활짝 핀 장미도 아름답고, 오드리 헵번도 아름답습니다. 사진은 아마 영화 〈로마의 휴일〉을 찍었을 때, 20대 초반의 오드리 헵번일 거예요. 그 옆에 놓인 시계도 아름답습니다. 자연물인지 인공물인지 차이는 있지만, 즉 이런 것들은 다 아름다운 것들이죠. 즉 그것들은 모두 아름다움이라는 성질을 공유하고 있습니다.

플라톤에 따르면 어떤 개체들이 공통의 성질을 공유할 수 있는 것은 그 공통의 성질 자체가 따로 있어서 그것에 그 개별적 대상들이 부분적으로 참여하기 때문입니다. 다시 말해서 아름다운 것들이 '아름답다'라고 불릴 수 있는 이유는 바로 아름다움 그 자체, 즉 아름다움의 이데아가 있고 개별적인 것들이 그 아름다움 그 자체에 부분적으로 참여하기 때문이라는 것이지요. 플라톤은 아름다운 것들과 아름다움 자체 사이의 그런 관계를 일컬어 '분유', '관여'라는 용어를 사용하는데, 영어로는 '파티시페이션participation'입니다. 이 낱말은 라틴어에서 온 것인데, 라틴어로 '파르스pars'는 '부분'이란 뜻이고, '카페레capere'는 '잡다', '취하다'는 뜻이거든요. 장미, 오드리 헵번, 명품 시계 모두 아름다움 자체의 일정한 부분을 나눠 가짐으로써, 즉 분유함으로써 '아름다운 것들'이라고 일컬어질 수가 있다는 뜻입니다. 일반화해서 말하면, 이 세상에 있는 모든 것들은 이데아의 일부분을 가지고 있고, 이데아에 의존한다. 그런 점에서 그것들은 복사물이고 이데아가 참된 원형이라는 이야기죠.

아름다움의 이데아와 그것에 관여함으로써 아름다움을 나눠 갖는 것들 사이의 가장 근본적인 차이는 뭘까요? 물론 앞의 것은 원형이고 다른 것들은 복사물들이라는 점이겠지요. 이것은 아주 큰 차이, '존재론적인 차이'입니다. 복사물들은 원형 없이는 존재할 수 없어요. 하지만 원형은 복사물들 없어도 존재할 수 있죠. 또, 아름다운 것들은 시간이 지나면 모두 사라져버려요. 장미꽃은 불과 4, 5일이면 시들어 떨어지고, 청순한 모습의 오드리 헵번도 지금은 이 세상 사람이 아닙니다. 가격이 2억 원이나 되는 시계도 있다고 하지만, 100년이 갈지 200년이 갈지 모르지만, 언젠가는 작동을 멈추고 아름다움을 잃어버린 채 녹슨 고철로 변하겠지요. 그런 점에서 플라톤은 이 세상에 존재하는 모든 것들은 일시적이다, 시간과 공간 속에 존재하는 것들은 생겨났다가 사라질 수밖에 없다, 그에 비해서 원형이 되는 이데아들은 시간과 공간을 넘어서 영원히 존재한다고 생각했어요. 내가 보기에 이것은 플라톤이 아테네의 현실에 가한 일종의 '철학적 복수'입니다. '내 앞에 놓인 현실, 눈앞에서 벌어지는 현상은 모두 가짜야, 진짜 현실은 다른 곳에 있어, 우리는 우리의 영혼을 그 진짜의 세계로 들어 올려야 해', 이런 생각이 바로 플라톤이 찾아낸 '헬아테네' 탈출 방법이었다고 나는 생각합니다. 세계를 이렇게 둘로 나누어 보는 사고방식을 일컬어 철학에서는 '이원론'이라고 부릅니다.

플라톤의 영혼 삼분설, 뇌 삼분설, 프로이트의 정신분석학

플라톤은 인간도 자연 세계와 똑같이 이원론적으로 이해했습니다. 자연 세계가 물질적인 것과 이데아적인 것의 두 측면으로 이루어지듯이, 인간도 영혼과 육체 두 부분으로 이루어져 있다고 생각을 했던 것이지요. 그리고 물질적인 것들을 떠나서 이데아가 원형으로 존재할 수 있는 있는 것과 똑같이, 육체를 떠나서도 영혼이 그 자체로 존재할 수 있다고 생각했죠. 이것은 오르페우스교를 다룰 때 이미 소개한 '이원론적 인간관'입니다. 오르페우스교가 내세웠던 영혼에 대한 종교적인 관념이 플라톤 철학에 수용되어 보다 정교하게 가공된 철학 사상이 되었다고 보면 될 겁니다.

플라톤은 한편으로 영혼이 이렇게 육체와 떨어져서 독립적으로 존재할 수 있다고 생각하면서, 다른 한편으로 영혼의 형태를 마차에 비유해서 설명합니다. 흑마와 백마, 두 마리의 말이 끄는 마차를 생각해보세요.

마차에는 물론 마부도 있겠지요. 플라톤에 따르면 영혼은 두 마리 말과 마부로 이루어진 마차와 같습니다. 다시 말해서 마부에

그림 66 영혼의 마차

해당되는 영혼의 능력, 흑마에 해당하는 영혼의 능력, 백마에 해당되는 영혼의 능력이 있고, 영혼은 본질적으로 그런 세 부분으로 이루어졌다는 겁니다. 플라톤의 이런 생각을 '영혼 삼분설'이라고 부르지요.

이렇게 영혼이 서로 다른 세 부분들로 이루어졌다는 것은 일상에서 우리의 의식에 일어나는 일들을 눈여겨 관찰하면 누구나 쉽게 도달할 수 있는 결론입니다. 누구에게나 욕구가 있어요. 마시고 싶은 욕구, 먹고 싶은 욕구, 성적인 욕구, 이런 것들은 인간을 포함해서 모든 생명체가 가진 기본 욕구들이지요. 플라톤의 비유에 따르면 이러한 욕구에 해당하는 것은 흑마입니다. 이 흑마는 질서를 무시하고 제멋대로 날뜁니다. 굉장히 폭력적이죠. 마차 여행을 어렵게 만들어요. 이에 비해서 흑마를 통제하고 욕구를 제압하는 능력이 있죠. 내가 내 마음대로 욕구를 충족시킬 경우에 그것이 나에게 즐거움을 주기보다는 오히려 나에게 고통과 해로움을 줄 수도 있다는 것을 미리 헤아려서 욕구를 통제하는 능력이 있는데, 이것은 마부에 해당하는 능력이지요. 그것을 플라톤은 '이성'이라고 부릅니다. 이성은 욕구를 통제하고 욕구의 무절제한 추구가 만들어낼 결과를 헤아릴 수 있는 능력이지요. 우리는 이 두 가지 힘이 우리 안에서 서로 갈등하고 있는 것을 하루에도 여러 차례 확인하곤 합니다.

하지만 플라톤의 관찰에 따르면 이 두 가지 능력 이외에도 영혼에 속하는 제3의 능력이 또 있습니다. 도서관에서 과제를 하다가, 학원에서 공무원 시험 준비를 하다가 지쳐서 밤늦게 집에 가면 라면이 먹고 싶단 말이에요. 먹고 싶은 것은 욕구이지요. 그런데 라면을 먹고 잠을 자면, 다음 날 아침 얼굴이 붓는다고 경고하면서 이성이 욕구를 저지합니다. 그런데 욕구가 이성의 판단과 통제를 거스를 때가 많죠. 라면을 그냥 먹어버리는 겁니다. 하나도 아니고 두 개를 먹어버려요. 달걀까지 풀어서. 다음 날 아침 얼굴이 퉁퉁 부어 있어요. 또 그런 일이 반복되면 살이 찌겠죠? 그러면 자기 자신에게 화가 나요. 내가 이성을 통해 욕구를 통제하지 못했다는 사실 때문에 막 화가 난단 말이에요. 그렇다면 화를 내는 것은 욕구도 아니고 이성도 아니고 제3의 능력입니다. 그것을 일컬어 플라톤은 '기개'라고 부릅니다. 일종의 분노의 감정이죠. 분노하고 기뻐하고 슬퍼하는 감정의 기능은 흑마도 아니고 마부도 아닌 백마에 해당되는 기능입니다. 그래서 영혼은 세 부분이 있다고 얘기합니다. 플라톤에 따르면 이것이 영혼의 본래 모습이고 이렇게 세 부분으로 이루어진 영혼은 육체 안에 머물 때 각각 육체의 다른 곳에서 거처를 마련합니다. 이성적인 부분, 계산하는 부분은 머리에, 격정적인 부분, 감정적인 부분은 가슴에 자리를 잡습니다. 횡격막 윗부분이 바로 격정적인 부분이 머무는 곳이에요. 마지막으로 욕구적인 부분은 횡격막 아래에 자리를 잡습니다. 이게 플라톤이 가지고 있었던 생각입니다. 간단히 말해서 그는 영혼에게는 본래 세 가지 서로 다른 기능이 있고, 이것이 육체 안에서 기능을 발휘할 때에는 각각 육체의 서로 다른 부분에 머물면서 그 기능을 수행한다고 생각했던 것이죠.

플라톤의 생각은 매우 소박해 보이지만, 오늘날에도 여전히 통용되는 생각입니다. 현대의 과학은 모든 의식 현상을 뇌의 기능으로 설명하려고 하죠. 어떤 의식 현상이 뇌의 어떤 부위에서 일어나는지 뇌 스캔을 통해서 관찰하려고 하고, 특정한 부위에 자극을 줌으로써 어떤 의식 현상이 일어나는지를 예측하고 조작하려고 한단 말이죠. 그런데 이렇게 뇌의 기능을 바탕으로 의식 현상을 설명하려고 하는 사람들이 내세우는 흥미로운 가설이 하나 있습니다. 뇌가 세 부분으로 이루어졌다는 가설입니다. '뇌 삼분설

Triune Brain Theory'이라고 불리지요. 이 이론에 따르면 뇌의 가장 아랫부분에 있는 것은 모든 동물이 가진 원시뇌입니다. 이 뇌는 생존을 위해서 기본이 되는 생리적인 욕구, 호흡, 수면, 생식 기능 등을 담당합니다. 그걸 일컬어서 '도마뱀의 뇌'라고 부릅니다. 도마뱀조차 가지고 있는 뇌라는 뜻이지요. 그다음 뇌의 중간 부분은 도마뱀에게는 없지만 개와 같은 수준의 포유류에게는 있다는 뜻으로 '개의 뇌'라고 부릅니다. 개를 괴롭히면 화를 내고 짖고 덤벼들지요. 중간 부분의 뇌에는 감정을 컨트롤을 하는 능력이 있어요. 이 중간 부분의 뇌는 감정, 기억, 습관 등을 담당하는데, 이것들은 모두 '포유류의 뇌', '개의 뇌'의 작용입니다. 마지막으로 인간과 고등영장류에게는 중간의 뇌 말고 뇌의 껍질을 감싸고 있는 대뇌피질이 있어요. 높은 수준의 의식 현상, 즉 상상하고, 계산하고, 추리하고, 과거의 기억을 떠올리는 일 등은 바로 이 대뇌피질에서 일어난다고 과학자들은 말합니다. 어떻게 보면 플라톤의 영혼 삼분설은 21세기에 와서 '뇌 삼분설'로 변신했다고 말해도 좋겠지요.

정신분석학자 프로이트도 비슷한 생각을 했어요. 프로이트에 대해서 아는 사람도 있고 모르는 사람도 있겠지만, 그도 우리 의식의 기능을 세 가지로 구분하죠. 가장 기본적인 것으로는 '이드'가 있어요. 'id'는 영어 'it'에 해당하는 라틴어입니다. 이드는 인간에게 본능적인 성욕, 인간의 가장 깊은 곳에 내면화되어 있는 비인격적인 성적 에너지죠. 그 반대편에는 성적인 에너지의 표출을

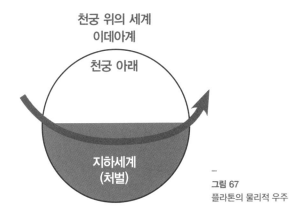

천궁 위의 세계
이데아계

천궁 아래

지하세계
(처벌)

—
그림 67
플라톤의 물리적 우주

억제하는 능력이 있어요. 그것은 '초자아', '슈퍼 에고'라고 불립니다. 프로이트에 따르면 이 슈퍼 에고는 사회적 규범이 내면화된 거예요. 이 내면화된 사회적 규범이 우리 이드의 표출을 억제하고 통제하죠. 그래서 본능적인 이드와 규범적인 슈퍼 에고는 서로 갈등합니다. 프로이트는 이러한 갈등 관계를 통해서 '자아'가 형성된다고 봅니다. 그러니까 자아는 두 개의 근원적인 힘들, 본능적인 힘과 사회적 힘 사이의 갈등을 통해서 생겨나고 그런 힘들을 조절한다는 이야기이죠. 그렇게 보면 초자아가 너무 약하면 굉장히 폭력적이고 본능에 따라 행동하는 사람이 될 것이고, 초자아가 너무 강하면 항상 자책감에 시달리고 본능을 죄악시하는 금욕주의자가 될 수도 있지요. 플라톤의 영혼 삼분설, 현대의 뇌 이론, 프로이트의 정신분석학 모두 의식 현상이 서로 이질적이고 갈등하는 여러 가지 에너지의 상호작용 속에서 이루어진다고 생각한 점에서 똑같다는 것을 우리는 확인할 수 있습니다. 플라톤은 이렇게 영혼에 대해서 자신의 고유한 가설을 세우면서 자신의 생각을 비유를 통해서 설명했습니다. 그런 설명이 담긴 곳은 『파이드로스』라는 플라톤의 대화편인데, 여기 나오는 영혼의 모습과 운명에 대한 플라톤의 생각을 따라가 봅시다.

날개 달린 영혼

〈그림 67〉에서 둥그렇게 생긴 것은 물리적 우주예요. 물리적 우주의 중심에는 지표면이 있습니다. 지표면 아래에는 지하 세계가 있고 지표면 위에는 천상 세계가 있어요. 천상에는 지붕이 덮여 있죠. 옛날 그리스 사람들은 하늘이 이렇게 돔 모양의 지붕으로 덮여 있다고 생각했어요. 플라톤은 거기서 더 나아가 천상의 지붕 너머에 또 다른 세계가 있다고 생각했는데, 그것은 시공간을 벗어난 세계이겠죠. 바로 이데아의 세계입니다. 플라톤에 따르면 세계는 이렇게 두 세계, 물리적인 세계와 물리적인 것을 넘어서 있는 이데아의 세계로 나뉩니다. 그렇다면 영혼은 이 두 세계 가운데 어디에 속할까요?

영혼은 육체 안으로 들어오기 전에 천상의 세계를 여행해요. 화살표가 영혼의 여행 경로를 가리킨다고 보면 됩니다. 이 경로를 따라서 영혼의 마차 여행이 이루어지는 것이지요. 그런데 영혼이 천상의 지붕 위로 올라갈 때도 있어요. 이런 상승은 영혼에게 정기 행사입니다. 그때 영혼은 지붕 위로 올라가서 빙빙 돌아가는 천상의 등에 걸터앉아 이데아의 세계를 보게 되는 것이죠. 그걸 일컬어서 플라톤은 '관조theoria'라고 불러요. 영어의 'theory'가 바로 여기에서 나온 말이죠. 이렇게 천상의 지붕 위에서 이데아를 보는 것은 영혼의 잔칫날 행사입니다. 잔칫날에 맛있는 음식을 먹으면 몸에 기운이 솟듯이, 영혼의 잔칫날 이데아를 보게 되면 영혼에게도 힘이 솟는다는 말이죠. 플라톤은 영혼의 '날개'에 힘이 솟는다고 말합니다. 이 얘기가 무슨 뜻일까요? 그 뜻이 무엇인지는 우리 모두 중고등학교 때 겪었던 경험을 돌이켜 보면 알 수 있을 겁니다. 무엇인가 새로운 사실을 깨달았을 때, 아무도 못 푼 수학 문제를 나 혼자 풀었을 때, 며칠 동안 끙끙대던 물리 문제를 풀었을 때, 어떤 소설을 읽다가 나에게 확 와 닿는 구절을 발견했을 때 우리에게는 어떤 느낌이 생겨났나요? 영혼이 솟구쳐 오르는 듯한 정신의 고양감이 아니었나요? 그런 고양감을 되새겨 보면 플라톤이 무슨 말을 하는지 이해할 수 있을 겁니다.

이데아를 보고 진리를 알게 되면 영혼의 날개에 힘이 솟아 천상의 마차 여행을 계속할 수 있습니다. 하지만 늘 그렇지는 않습니다. 많은 영혼이 똑같은 시점에 천공을 여행하다가 갑자기 몰려들어 이데아를 보려고 하니까 경쟁이 일어나기 마련이지요. 경쟁과 충돌이 일어나요. 그 와중에서 어떤 영혼은 이데아를 많이 보고, 어떤 영혼은 이데아를 적게 보는 결과가 생깁니다. 플라톤은 '소란과 다툼'이라는 표현을 썼어요. 생존을 위한 경쟁이 아니라 앎을 위한 경쟁이 벌어지는 셈이지요. 그 결과 영혼의 운명이 결정됩니다. 이데아를 많이 봐서 날개에 힘이 솟은 영혼들은 지상으로 떨어지지 않는데, 조금밖에 보지 못해 날개에 힘을 잃은 영혼들은 추락하는 것이죠. 추락하는 것에는 모두 날개가 있어요. 날개에 힘이 없을 뿐이지요. 그렇게 영혼은 땅으로 추락하는데, 그 과정에서 영혼은 자기가 천상의 세계에서 보았던 이데아를 잊어버리게 되지요. 영혼의 추락과 함께 잊어버렸던 이데아들을 다시 떠올리는 것, 그것이 플라톤에 따르면 '배움'이에요. 우리의 탄생은 '망각'이고, 이 망각 상태에서 벗어나 내가 육체 안에 들어오기 이전에 봤던 이데아들을 다시 상기^{recollection}하는 것이 곧 배움이지요. 여기서 플라톤 철학의 한 가지 핵심, "배움은 상기다^{learning is recollection}"라는 주장이 생겨납니다.

영혼의 등급

플라톤에 따르면 추락하는 영혼에도 등급이 있습니다.

> 1) 지혜를 사랑하는 사람, 문예와 사랑을 아는 사람
> 2) 입법 군주, 전쟁 지휘관
> 3) 정치가, 경제인, 상인

4) 체육인, 몸을 돌보는 사람

5) 예언가, 비의 예식 집례자

6) 시인, 모방에 종사하는 사람

7) 장인, 농부

8) 소피스테스, 민중선동가

9) 참주

지상에 있는 영혼들은 모두 천상에서 추락한 영혼들이지만, 그 가운데서 이데아를 많이 본 영혼과 적게 본 영혼이 나뉘고, 그에 따라 서로 다른 계층의 사람들, 서로 다른 욕구를 가진 사람들이 나뉩니다. 이데아를 가장 많이 본 사람은 지혜를 사랑하는 사람, 즉 '필로소포스philosophos'가 됩니다. 플라톤은 철학자를 '문예와 사랑을 아는 사람'이라고도 부릅니다. 물론 그가 말하는 사랑, 즉 에로스는 육체적인 에로스가 아니라 이데아에 대한 에로스를 가리키는 것이고, 철학자는 지상으로 추락하기 전에 이데아를 가장 많이 본 탓에 그것에 대한 열망도 가장 강하다는 말이지요. 그 아래로 여러 등급의 사람들이 옵니다. 둘째 단계는 입법 군주와 전쟁 지휘관, 셋째 단계는 경제인이나 상인, 넷째 단계는 체육인이 차지합니다. 이런 식으로 보면 헬스클럽의 코치는 넷째 단계에 속합니다. 다섯째 단계에는 예언가와 종교적인 사람들이 속합니다. 플라톤은 종교에 대해 무척 비판적인 생각을 갖고 있었어요. 플라톤이 보기에 자신이 유년 시절에 겪었던 전쟁의 현실은 당대의 종교적인 신앙과 그것이 낳은 미혹에 큰 책임이 있기 때문에, 그는 이성적으로 세상을 뒤바꾸고 이성적으로 국가를 다스리지 않는 한 전쟁과 같은 극한 상황, 인간의 악은 결코 사라질 수 없고, 악의 종식을 위해서는 이성적인 질서에 대한 앎을 가진 철학자가 왕이 되어야 한다고 생각했던 것이죠. 시인들도 비판의 대상이 됩니다. 시인들 역시 작품이나 공연을 통해 울리고 웃기면서 사람들을 감정적으로 만들어 이성의 활동을 가로막는다는 점에서 비이성적인 현실에 똑같이 책임이 있다고 플라톤은 생각했던 것이죠. 그다음에 장인, 농부, 소피스트, 참주僭主가 오는데, 참주는 플라톤이 가장 못된 인간으로 봤던 부류입니다. 참된 질서에 대해 알지도 못하면서 모든 것을 혼자 결정하는 인간, 독재자가 바로 플라톤이 비판하는 '참주'예요.

내용은 다르지만 이런 식의 사회적 위계에 대한 관념은 중세 시대에도 있었습니다. 그에 따르면 맨 꼭대기에는 신이 있고, 그다음에 천사들, 왕들이 오고, 가신들, 농노 등을 거쳐서 가장 밑바닥에 배우들이 옵니다. 떠돌이 배우들, 노숙하는 거지와 다름없는 배우들이 중세 시대 사람들에게는 가장 비천한 부류의 사람이었다는 거죠. 이것이 중세 시대의 인간의 사회적 지위를 나누는 표준 모델이었다면, 플라톤에게도 인간의 지위를 나누는 그 나름의 등급이 있었다는 얘기죠. 플라톤의 '아드라스테이아의 법칙'이 그

의 철학의 이데올로기적인 성격을 반영한다면, 중세 시대의 위계
는 기독교적이고 봉건적인 세계관의 모습을 보여준다고 말할 수
있을 겁니다. 그 둘 중 어떤 것이건, 그런 등급화가 사람과 사람
사이의 경계를 긋는 데서 성립한다면, 그렇게 해서 생겨난 경계는
사회적이고 문화적인 것이겠죠. 우리 머릿속에 있는 경계예요. 그
런 경계들이 지워진다고 해서 크게 문제 될 일은 없겠죠. 그런 경
계가 지워져가는 역사 과정을 통해서 우리가 살고 있는 사회, 민
주적이고 시민 중심의 사회가 형성되었기 때문입니다. 오늘날의
문제는 그런 역사적·문화적·의식적 경계만이 아니라 자연적인 경
계까지도 무너져버린다는 데에 있는 것이죠.

영혼의 윤회

다시 플라톤으로 돌아갑시다. 플라톤에 따르면 영혼은 처음에 육
체와 떨어져 있다가 육체 안으로 들어오게 되는데 그다음에는 윤
회를 겪게 돼요. 플라톤이 상상한 윤회의 과정은 이렇습니다. 영
혼이 천상에서 지상으로 추락합니다. 그런 다음에 육체에 갇혀
100년 정도 삽니다. 그런 다음 그 100년의 삶을 어떻게 살았느냐
에 따라서 900년 동안 100년의 삶에 대한 상과 벌을 받는 기간을
거쳐야 해요. 그렇게 900년 동안의 시간을 보낸 뒤 다시 지상으
로 돌아오게 되죠. 두 번째 생을 살 때에는 전생의 삶이 어떤 모
습이었는지에 따라 사람이 아니라 다른 동물로 환생할 수도 있어

요. 이런 순환 과정이 계속 되풀이됩니다. 플라톤은 100년과 900년을 합친 1000년 주기의 사이클이 열 번 되풀이된다고 말합니다. 그런 다음 지상에 추락한 지 1만 년이 되면 영혼은 다시 본래 상태로, 즉 육체를 입기 이전의 본래 상태로 올라가요. 그렇게 되면 영혼은 다시 천상을 여행하면서 이데아를 볼 기회를 얻겠지요. 물론 이데아를 충분히 보지 못해서 날개에 힘을 잃은 영혼은 다시 떨어지고, 이데아를 충분히 관조한 영혼은 계속 천상에 머물고. 이런 일들이 되풀이되는 것이죠. 이것이 플라톤의 윤회론입니다. 21세기를 살아가는 현대인들 가운데 플라톤의 이런 윤회론을 믿을 사람이 얼마나 될까요? 거의 없을 것 같지요? 하지만 놀랍게도 지난해 독일 방송국의 여론조사에 따르면 이성을 중시하는 독일 사람들 중에서도 20퍼센트 정도가 여전히 윤회를 믿는다고 합니다. 우리나라에서 여론조사를 해보면 윤회를 믿는 사람들이 어느 정도나 될지 궁금합니다. 게다가 자신의 영혼이 다음 생에 다른 동물로 태어날 수도 있다고 믿는 사람이 얼마나 될까요?

플라톤이 올바른 삶으로 사람들을 인도하기 위해서 그렇게 말했는지 아니면 실제로 그렇게 믿었는지 단정하기는 어렵습니다. 하지만 그는 윤회가 있고 전생에서 어떤 삶을 살았는가에 따라서 후생에서 사람들이 다른 모습으로 태어난다고 이야기합니다. 그에 따르면 최초의 인간은 모두 남자였어요. 성서에서도 최초의 인간은 남자였지요. 그런데 남자의 모습으로 살았던 영혼 가운데 비겁

한 삶을 산 사람들은 여자로 환생합니다. 플라톤은 『국가』에서 여자와 남자에게 나라의 수호자가 될 수 있는 똑같은 기회를 제공해야 한다고 말하는데, 윤회를 이야기할 때는 이와 달리 여성에 대해 성차별적 태도를 보입니다. 물론 전생의 인간이 다음 생에서 동물로 환생하는 경우도 있습니다. 전생에서의 삶의 방식에 따라 다음 생에서 사람들이 새들의 모습으로 태어나기도 하고, 네발짐승이나 다리가 전혀 없는 뱀이나, 혹은 땅이 아니라 물속에서 사는 물고기나 어패류로 태어나기도 한다는 것이죠. 그러니까 플라톤은 우리 주변의 동물들도 모두 본래는 똑같이 인간이었다고 생각했던 겁니다.

흥미롭게도 플라톤은 동물 가운데 새들에게 가장 높은 등급을 부여합니다. 멍청한 짓을 한 사람들을 가리켜 '닭대가리', '새대가리'라고 부르는 사람들이 있습니다. 새들처럼 머리가 나쁘다는 말이죠. 하지만 동물에 대한 연구 결과에 따르면 새는 머리가 무척 좋습니다. 특히 까마귀의 영리함은 잘 알려져 있지요. 까마귀가 치약을 짜기 위해 높은 곳에서 뛰어내리거나 물병 바닥의 모이를 먹으려고 물을 채워 모이를 떠오르게 하는 동영상 등을 본 적이 있을 겁니다. 동물들의 영리함에 대해서는 나중에 또 이야기하겠습니다. 어쨌든 플라톤은 사람들 가운데 착한 사람들, 그렇지만 눈에 보이는 것이 전부라고 믿으면서 살았던 사람들은 다음 생에 새들로 태어난다고 말합니다. 눈에 보이는 것이 전부라고 믿었고 이데아적인 것에 대해서 생각을 하지 않았던 사람들, 이런 사람들이 새들로 태어난다는 겁니다. 그다음에는 육지에 사는 네발짐승들로 환생하는 사람들도 있는데, 이들은 살면서 머리를 쓰지 않았던 사람들입니다. 이데아에 대해서 생각하지 않고, 보이는 것에 대해서 이치를 따지지도 않았던 사람들, 머리를 쓰지 않고 뜨거운 가슴으로 살았던 사람들, 이런 사람들의 경우에는 삶의 무게중심이 가슴에 있어서 땅으로 몸을 숙이게 된다는 것이지요. 그렇게 사는 사람들은 다음 생에 네발짐승으로 태어납니다. 악어처럼 다리가 짧거나 뱀처럼 아예 다리가 없는 짐승으로 태어나는 사람들은 더더욱 머리를 쓰지 않은 사람들이겠지요. 마지막으로 영혼이 깨끗하지 못한 상태로 살고 가장 어리석고 가장 무지한 자들은 물고기로 태어납니다. 이들은 맑은 공기를 호흡할 가치도 없기 때문이지요. 이렇게 사람으로 살면서 각각 얼마나 지성을 활용했고, 얼마나 어리석었는지에 따라서 사람이 다음 생에 서로 다른 모습의 동물로 바뀐다는 것이 플라톤 윤회론의 핵심 주장입니다.

플라톤의 윤회론은 이미 그 이전에도 오르페우스교도들이 가졌던 믿음이고, 오늘날 일부 불교도들도 가지고 있는 믿음이지요. 윤회론을 믿는 사람들은 지금 천한 신분으로 사느냐, 귀한 신분으로 사느냐가 전생의 삶에 달려 있다고 봅니다. 그런 점에서 윤회론은 기존의 계급적이고 불평등한 사회 질서를 유지하는 억압적인 이데올로기로 작용할 수도 있고, 또 동물 안에 들어 있는 것도 본래 인간의 영혼이니 인간과 동물은 본래 같은 존재라는 동물권리론의 근거가 될 수도 있습니다. 그런 뜻에서 윤회론은 양날의 칼이라고 하겠지요. 그런데 그것이 좋은 쪽으로 선용되건, 나쁜 쪽으로 악용되건, 윤회론이 낳는 철학적인 문제들이 무엇인지 한 번 따져볼 필요가 있습니다. 윤회론과 관련해서 등장하는 많은 문제는 오늘날 우리 삶 속에서 부딪히는 질문들과 긴밀하게 연결이 되어 있기 때문이죠.

윤회는 가능할까?

윤회론이 가진 여러 가지 논리적인 문제들을 생각해볼 수 있습니다. 윤회론이 참이라면 인구 증가를 어떻게 설명해야 할지가 가장 먼저 떠오르는 질문입니다. 윤회론은 처음부터 영혼들의 수가 정해져 있어서 이 영혼들이 일정한 주기를 거쳐 다양한 모습으로 순환한다고 보는데, 이것이 사실이라면, 어떻게 폭발적인 인구 증가를 설명할 수 있을까요?

어떤 통계에 따르면 기원전 50년에는 전 세계 인구가 2억 5000만 명밖에 되지 않았어요. 그런데 2050년이 되면 70억 명이 될 것이라고 사람들은 추측합니다. 윤회론이 옳다면, 이렇게 갑작스럽고 기하급수적인 인구 증가를 어떻게 설명할 수 있을까요?

윤회론이 낳는 둘째 의문은, 육체와 분리된 영혼의 '나'가 있다면 그 '나'에게 어떤 활동이 속할 수 있을까라는 물음입니다. 우리

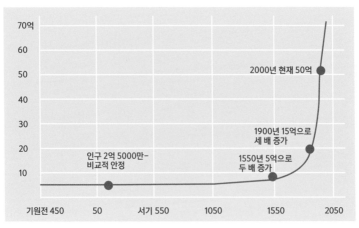

그림 68 인구 증가 그래프

가 죽고 나서 영혼이 육체에서 떨어져 나와 다른 세계로 간다면, 이렇게 분리된 영혼으로서의 나에게는 도대체 어떤 일들이 일어 날까요? 예컨대 천국에 가면 에덴동산에서 그랬듯이 아무 일도 하지 않고서 나무 열매를 따 먹는 것으로도 살아갈 수 있다고 해 봅시다. 손이 없고 입이 없는데 무엇으로 무엇을 따먹을 수 있겠으 며, 육체가 없는 영혼에게 무슨 육체의 양식이 필요하겠어요? 논 리적으로 따져보면, 육체와 분리된 영혼에게 무슨 일이 일어날지 우리는 전혀 상상할 수 없어요. 질문을 이렇게 바꿀 수도 있겠지 요. 우리가 영혼에 속한다고 말하는 의식 기능은 모두 뇌에 의해 서 이루어지는데, 머리가 없는데 어떻게 영혼의 활동이 있겠어요?

윤회론의 셋째 물음은 사람의 영혼이 동물로 환생한다는 생각과 관련된 것입니다. 사람이 지금 생에서 어떤 삶을 살았느냐에 따라 다음 생에 다른 모습의 동물로 태어난다고 해봅시다. 그렇다면 잠을 많이 자는 사람은 다음 생에 고양이로 태어난다든지, 얼굴이 뻔뻔한 사람은 가죽이 두꺼운 악어로 태어난다든지, 이런 식으로 생각할 수 있겠죠? 동화적인 상상이 가능합니다. 그런데 그 반대 경우, 즉 동물 속에 있던 영혼이 어떻게 인간의 몸을 입고 환생할 수 있을지 상상하기 어렵습니다. 왜냐하면 동물들의 삶은 인간의 삶과 달리 특정한 생존 방식에 고정되어 있기 때문이죠. 이렇게 한 가지 방식으로 정해진 삶을 사는 동물들에게 어떻게 더 좋은 삶, 더 나쁜 삶의 구분을 적용해서 그들이 다음 생에 사람으로 태어날지, 더 낮은 수준의 동물로 태어날지 상상할 수 있겠어요?

넷째 물음은 보다 철학적인 것입니다. 나의 영혼이 다른 사람의 다른 육체를 입고 환생한다면 그렇게 생겨난 사람은 정말 '나'일까요? 다른 육체 속의 영혼이 '나'의 영혼일 수 있을까요? 지금의 나에게는 두 측면, 즉 육체와 영혼이 있어요. 정신적인 측면과 육체적인 측면이 있죠. 과연 우리는 이 둘 중 어떤 것에서 나의 정체성을 찾아야 할까요? 거울에 비친 나, 이것이 '나'라고 생각하는 사람은 나의 육체적인 모습에서 나를 찾는 사람입니다. 그렇다면 육체적인 모습이 없어지고 영혼만 남는 상태에서는 육체에서 확인할 수 있는 나의 정체성은 존재할 수 없겠지요. 지문을 통해서 범인을 잡는다거나 주민등록증을 통해서 신원을 확인하는 일은 모두 육체에서 한 사람의 정체성을 확인하는 일인데, 영혼이 여러 육체를 전전하면서 윤회하는 세계에서는 이런 종류의 나의 정체성이 성립하기 어렵습니다.

나는 누구인가? 무엇이 나인가?

도대체 나의 정체성이 나의 육체에 속하는 것인지, 아니면 나의 의식 활동에 있는 것인지, 이 문제는 윤회설과 관련해서뿐만 아니라 김응빈 선생님이 얘기하셨던 합성생물학이나 머리 이식이 이루어지는 상황과 관련해서도 제기될 수 있는 문제입니다. 2015년 한 이탈리아 외과 의사가 다른 사람의 몸에 머리를 이식하는 수술을 추진하려고 한다는 보도가 나와서 논란을 낳은 적이 있습니다. 이 의사는 '폴리에틸렌글리콜'이라는 신비의 접착제를 사용해서 머리를 잘라 다른 사람의 몸에 갖다 붙일 수 있다고 공언했고, 발레리 스피리도노프라는 이름의 신체장애를 가진 러시아의 컴퓨터 프로그래머는 자신의 머리만 떼어서 뇌사자의 몸에 갖다 붙이는 수술에 자원을 했다는 겁니다. 어차피 이 과학자가 살 수 있는 시간은 한정되어 있기 때문에 머리 이식 수술이라는 모험을 감행하려는 것이지요. 이런 식의 머리 이식에 관한 이야기들이 여기저기서 솔솔 흘러나오는데, 머리 이식을 했을 때 여러 가지 부작용이 있겠죠? 신체적인 부작용이 있을 거예요. 간을 새로 이식해도 면역에 문제가 생겨 생명이 위태로워지는 일이 비일비재한데, 머리를 다른 몸에 붙였을 때는 어떤 부작용이 일어날지 상상하기 어렵습니다.

내 생각에는 육체적인 부작용뿐만 아니라 정신적인 부작용도 심각할 것 같아요. 예컨대, 끔찍한 상상이지만 우사인 볼트의 머리를 내 몸에 갖다 붙였다고 생각해봅시다. 볼트의 머릿속에는 자기가 세계에서 가장 빠른 사나이, '번개'라는 생각이 있겠지요? 그런 생각을 가지고 뛰려고 하는데 몸이 따라주지 않겠지요. 뛸 수가 없어요. 50미터만 뛰어도 숨이 차올라요. 이렇게 머릿속의 나와 몸의 나가 분리되면, 자기 정체성에 얼마나 큰 혼란이 오겠어요? 이런 질문을 할 수도 있겠지요. A의 머리를 B의 몸에 갖다 붙이면, 그런 이식 수술을 받은 사람은 A인가요, B인가요, 아니면 A도 B도 아니고 C라는 제3의 인간인가요? 그로부터 생겨나는 사회적 관계의 문제는 없을까요? 어려운 문제입니다. 윤회론이 옳다면, 그와 비슷한 문제가 생겨나겠지요. A의 영혼이 새로운 몸에 들어오면, 그 몸의 주인이 진짜 나인지 아니면 그 몸 안에 들어가 있는 영혼의 소유자가 진짜 나인지, 이게 구분이 안 되겠지요. 언젠가 의료 기술이 발달해서 머리 이식이 가능해지면, 거기에 따르는 신체적인 부작용의 문제뿐만 아니라 정신적인 갈등, 자아의 부조화, 정체성의 혼란 등이 심각한 문제로 떠오를 것이라고 나는 생각합니다. 이런 것들이 윤회론에서 따라 나오는 철학적인 문제들이죠.

영혼과 육체의 재조합, 머리와 몸의 재조합은 문학의 모티프로 자주 등장합니다. 카프카의 『변신』이 그런 모티프를 취한 대표적인 소설이지요. 『변신』의 내용은 어떤 것인가요? 주인공 그레고르 잠자는 어느 날 아침 깨어났을 때 자신이 벌레로 변해 있는 것을 발견하게 됩니다. 분명 자기는 보험회사 직원이고 오늘 아침 기차를 타고 다른 도시에 가서 일을 처리해야 하는데, 몸을 움직이려 해도 마음대로 움직여지지 않아요. 몸을 일으키려고 하다가 침대에서 굴러 떨어지고 맙니다. 육체와 영혼 사이의 부조화가 일어나는 겁니다. 그렇다면 자기를 잠자로 알고 있는 생각의 주체가 진짜 잠자인지, 아니면 징그러운 모습의 딱정벌레가 진짜 잠자인지 확답을 내릴 수 없습니다. 분명히 주인공 잠자는 자신을 사람이라고 생각하고 이 생각 속의 자기가 잠자라고 생각합니다. 하지만 그의 가족들에게는 그렇지 않습니다. 잠자의 변한 모습을 보고 화들짝 놀란 식구들, 그의 누이동생, 아버지, 어머니가 보기에는 잠자는 더 이상 존재하지 않고 벌레만 있다는 말이에요. 처음에는 가족들이 이 벌레에게 먹이를 주면서 조심스럽게 대하지만, 나중에는 벌레를 정말 '벌레' 취급하고 사과를 내던지며, 이로 인해 잠자는 타박상을 입게 되지요. 이런 과정에서 의식이 점차 사라지면서 결국은 잠자가 죽게 되는 광경이 카프카의 『변신』에 그려져 있죠. 『변신』의 한 대목에는 이런 문장이 나옵니다. "오늘 아침 일곱 시 기차를 타고 다른 도시로 내가 가야 하는데, 왜 내 몸이 움직

나였던 그 아이는 어디있을까

아직 내 속에 있을까

아니면 사라졌을까

그림 69 교보빌딩 현수막

여지지 않을까?" 이 물음에 대해서 우리는 뭐라고 대답할 수 있을까요? 과연 나의 정체성은 어디에서 찾아야 할까요? 나의 몸에서 찾아야 할까요, 아니면 나의 영혼, 나의 의식에서 찾아야 할까요? 도대체 나는 무엇인가요? 나는 어디에 있죠?

기억 속의 나

어느 날 버스를 타고 광화문을 지나가다가, 교보빌딩에 〈그림 69〉와 같은 간판이 걸려 있는 것을 보았습니다. "나였던 그 아이는 어디 있을까. 아직 내 속에 있을까, 아니면 사라졌을까." 나중에 확인해보니 칠레 시인 파블로 네루다의 시구였습니다. 우리는 이 물음에 대해서 어떤 대답을 할 수 있을까요? 도대체 열 살 때의 나는 어디로 갔을까요? 다섯 살 때의 나는 어디에 있지요? 그동안 우리의 몸은 계속 바뀌었습니다. 따라서 그렇게 변화되는 나의 신체 속에서는 자아의 동일성을 구할 수가 없어요. 그래서 나는 내

몸 안에 있는 것 같지 않습니다. 그렇다면 나는 다른 어떤 것 안에, 나의 영혼 안에 있을까요? 분명 몸이 똑같은 모습으로 남아 있어도 내가 사라질 수 있어요. 얼굴 모습도 바뀌지 않고 머리카락도 빠지지 않고 다른 부위의 모습이 똑같아도 더 이상 내가 존재하지 않는 경우가 있어요. 어떤 경우에 그럴까요? 신체적으로는 똑같은데 더 이상 내가 존재하지 않는 경우, 치매 환자의 경우가 그렇겠죠. 내가 볼 때는 분명히 내 친구예요. 달라진 점이 없어요. 몇 달 전에 봤던 그 사람과 내가 지금 보는 사람하고 똑같은 사람이에요. 그렇지만 정작 당사자에게는 자아의식이 없어요. 다 잊어버려서, 자기가 누군지 몰라요. 이런 경우를 보면 자아의 정체성은 육체 안에 있는 것이 아니죠. 치매 환자의 경우를 보면, 자아가 유전자에 있다, 지문에 있다, 이런 말은 모두 허구입니다. 나에 대한 '의식'이 없다면 나도 없어지기 때문이지요.

많은 사람들이 내가 무엇인지, 나의 정체성을 의식에서 찾으려고 하는 것은 바로 그런 이유 때문입니다. 사람들은 특히 기억에서 나를 찾으려고 합니다. 내 유년의 기억, 내가 열 살 때 어딘가에 놀러 갔던 기억, 수능 시험 당일의 기억, 친구와 놀았던 기억, 친구와 싸웠던 기억, 이런 기억들이 내 머릿속에 남아서 이 기억들이 점점이 연결된 것이 나이고, 그렇게 구성된 삶 속에 바로 나의 삶이 있다는 말이지요.

〈그림 70〉에서 사각형이 보이지요? 하지만 사각형은 실제로 존

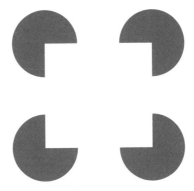

그림 70 사각형은 존재하는가?

재하지 않아요. 네 개의 귀퉁이가 있을 뿐이에요. 그래서 이 귀퉁이에 있는 까만 점이 다 없어져버리면 사각형도 사라집니다. 결국 우리의 자아는 한 묶음의 기억에 불과할 수도 있고, 이 다발을 이루는 기억 하나하나가 떨어져나가면 나도 없어져버리게 되는 것이죠. 그렇다면 '나'는 허구라고 말해야 할까요? 하지만 나를 그렇게 허구라고 단정하기도 쉽지 않습니다. 만일 그렇게 자아가 허구적인 것이라면, 5년 전 범죄를 저지른 사람에게 책임을 추궁할 수 있는 근거가 어디 있을까요? 자아의 동일성이 확보되지 않는다면 행동에 대한 책임, 법률적 책임을 물을 수 없어요. 그래서 나는 무엇인가라는 질문은 그저 한가할 때 던지는 철학적인 물음이 아니라 삶의 가장 중요한 물음, 법률적 판단이나 일상의 삶과 관련된 절박한 물음입니다.

지금까지 했던 이야기에서 드러나듯이 나의 정체성에 대한 물음은 동서양의 현자들에게 가장 대답하기 어려운 물음이었습니다. 탈레스도 그런 사람들 가운데 하나였지요. 기원전 6~7세기에 살았던 탈레스는 '서양철학의 아버지'라고 불리는 사람이에요. 그는 이 세상 만물이 무엇으로 이루어졌는지 질문을 던졌고, 물이 모든 것의 원리라고 대답했지요. 탈레스의 지혜에 대해서는 여러 가지 일화가 있는데, 어떤 사람이 세상에서 가장 쉬운 일은 무엇인가라고 묻자 탈레스는 "남에게 충고하는 것"이라고 대답했지요. 남에게 충고하는 것, 훈수 두는 것만큼 쉬운 일이 어디 있겠어요? 바둑에 문외한인 나 같은 사람도 이세돌이 바둑 두는 데 훈수를 둘 수 있어요. 그다음, 세상에서 가장 어려운 일이 무엇인가라는 질문을 받자 탈레스는 "나 자신을 아는 것"이라고 대답을 했다고 합니다. 2700여 년 전의 탈레스에게나, 21세기를 살아가는 우리들에게나 내가 무엇인지 아는 일은 가장 어려운 문제로 남아 있습니다.

윤회론의 생물학적 의미

자아의 정체성에 대한 이야기는 이 정도로 하고, 윤회론으로부터 우리가 끌어낼 수 있는 생명에 대한 플라톤의 생각이 무엇인지 한번 따져봐야겠어요. 그의 윤회론으로부터 우리는 생명에 대한 몇 가지 중요한 주장들을 이끌어낼 수 있을 겁니다.

첫째는 퇴화에 의한 종의 기원입니다. 우리가 이미 알고 있는 자연의 사다리와 생명의 나무를 다시 떠올려봅시다. '자연의 사다리'는 생명계의 위계질서에 대한 아리스토텔레스의 생각을 담은 모델입니다. 기억하겠지만, 자연의 사다리의 맨 꼭대기에는 인간이 있고, 그로부터 식충류에 이르기까지 생명계의 질서가 계단 모양을 이루고 있습니다. 생명의 나무, 특히 다윈의 생명의 나무를 변형시킨 헤켈의 '인간의 계통수'는 어떤가요? 이 계통수는 맨 처음 출현한 단세포동물로부터 어떤 중간 단계들을 거쳐서 포유류가 출현하고, 그다음에 인간이 진화했는지를 보여줍니다. 겉보기에는 자연의 사다리와 인간의 계통수가 비슷해 보여도 그 둘은 완전히 다른 생각을 담고 있죠. 인간의 계통수는 아래에서 위로 진화가 이루어진다는 생각을 담고 있는 데 반해, 자연의 사다리에는 그런 진화 과정이 없이 본래부터 고정되어 있는 생명계의 위계질서가 표현되어 있습니다. 그렇다면 플라톤이 윤회론을 통해서 인간과 동물의 관계를 설명할 때 취하는 모델은 그 둘 중 어떤 경우에 해당할까요? 이것도 저것도 아니지요. 왜냐하면 그의 윤회론은 인간으로부터 동물로의 변화가 있다고 생각하는 점에서는 자연의 사다리와 다르고, 그 변화가 아래서부터 위로의 변화가 아니라 위로부터 아래의 변화라고 생각하는 점에서는 인간의 계통수나 생명의 나무와 다르기 때문입니다. 플라톤의 윤회론에 담긴 생각은 진화에 의한 종의 기원이 아니라 '퇴화에 의한 종의 기원'입니다. 즉 인간이 타락하고 퇴화해서 수많은 동물 종들이 생겨난다는 거예요. 이런 점을 가장 분명히 지적한 사람은 철학자 칼 포퍼Karl Popper입니다. 그에 따르면 플라톤은 『티마이오스』에서 종의 기원에 대한 일반 이론을 제시하는데, 이 이론은 종의 기원을 퇴화에서 찾습니다.[36] 최초의 남자에게서 동물들이 생겨난다고 보는 것이죠. 이러한 플라톤의 윤회론에 담긴 동물 종의 발생에 대한 생각을 일컬어 포퍼는 '하강 이론theory of descent'이라고 불렀습니다. 위로부터 아래로의 진화라는 말입니다. 이것은 '상승 이론theory of ascent', 즉 아래로부터 위로의 진화를 얘기하는 다윈의 진화론과 다른 것이고, 그런 점에서 다윈의 진화론이 '에볼루션evolution'의 이론이라면 플라톤의 윤회론은 '데볼루션devolution'의 이론입니다. 포퍼는 오르페우스교의 윤회론으로 거슬러 올라가는 플라톤의 이런 생각을, 우리가 첫 시간에 살펴봤던 엠페도클레스의 진화론적 사상과 대비시킵니다.

플라톤의 윤회론에서 끌어낼 수 있는 둘째 주장은 생명의 공통 유래에 대한 생각입니다. 생명계의 다양성을 아래에서 위로 올라가는 상향적인 진화 과정을 통해 설명하건, 위에서 아래로 내려오는 하향적인 퇴화 과정을 통해 설명하건, 한 가지는 달라지지 않습

---

36 Karl Popper, *The Open Society and Its Enemies 2* (Princeton University Press, 1971), pp. 284~285.

니다. 그러한 진화나 퇴화의 과정에 놓여 있는 것들은 모두 근원이 같다는 생각입니다. 둘 다 생명의 공통 유래를 인정하는 것이지요. 플라톤에 따르면 모든 영혼은 하나입니다. 바퀴벌레 속에도 과거에 살았던 사람의 영혼이 들어 있기 때문이지요. 그래서 플라톤의 사상을 이어받은 서기 3세기의 철학자 포르피리오스는 인간과 동물들 사이의 차이, 우리의 이성과 동물들의 이성의 차이는 본질적인 것이 아니라 정도의 차이에 불과하다고 말합니다.[37] 어차피 영혼이 본질적으로 같다면, 그것이 벌레의 몸에 들어가 있느냐, 사람의 몸에 들어가 있느냐의 차이가 있을 뿐이라는 말이지요. 다윈도 똑같은 말을 합니다. "인간과 고등동물들의 차이는, 그것이 아무리 크다고 하더라도, 종류의 차이가 아니라 정도의 차이에 불과하다"는 것이지요. 엄밀한 잣대를 갖다 대면서 포르피리오스와 다윈의 말을 비교해보면, 다윈이 포르피리오스를 표절했다는 시비에 말려들 수 있을 만큼 두 사람의 말이 똑같습니다. 이렇듯 완전히 다른 세계관, 즉 위에서부터 아래로의 퇴화를 앞세우는 윤회론과 아래로부터 위로의 진화를 강조하는 진화론은 서로 다른 방향에서 똑같은 결론에 도달합니다.

마지막으로 우리가 윤회론으로부터 끌어낼 수 있는 중요한 결

---

37 조대호, 〈비둘기의 절제와 황새의 정의: 포르피리오스의 De abstinentia의 동물지성론〉, 《가톨릭철학》 19(2012), pp. 103~134.

론 가운데 하나는 동물의 권리에 대한 주장입니다. 마크 베코프 Marc Bekoff 라는 사람이 2011년 『동물권리선언The Animal Manifesto』이라는 책을 냈습니다. 여기서 저자는 이렇게 말합니다. "인간과 동물의 차이점의 많은 부분은 그 본질보다는 정도에 있어서의 차이이다. 찰스 다윈은 자연선택의 이론을 통해 해부학적, 행동적, 그리고 사고와 의식, 감정을 포함하는 정신적 측면에서의 광범위한 동물들 사이의 진화적 연속성이 있음을 강조했다."[38] '진화적 연속성'을 '퇴화적 연속성'이라는 말로 바꿔도 우리는 똑같은 말을 할 수 있을 겁니다. 진화적 연속성이나 퇴화적 연속성이나, 그것은 결국 같은 종류의 연속성이니까요. 오르막길과 내리막길은 같지요? 진화론의 관점에서 보나 윤회론의 관점에서 보나, 인간이나 동물이 똑같은 영혼을 가지고 있고 똑같은 생명의 주체이기 때문에 둘 다 똑같이 생명체로서 존중을 받아 마땅하다는 결론이 나오죠. 그런 점에서 진화론이나 윤회론은 동물권리론의 중요한 토대를 제공할 수 있습니다. 조금 전에 얘기했던 포르피리오스가 실제로 그런 주장을 합니다. 그는 육식을 멀리해야 한다는 취지의 주장을 담은 『육식의 억제De Abstinentia』라는 책을 썼는데, 거기서 그는 우리가 육식을 해서는 안 된다고 주장하면서 이렇게 주장합니다. "그러므로 동물들이 우리가 가진 것과 똑같은 영혼을 가지고 있

---

38 마크 베코프, 『동물권리선언』, 윤성호 옮김(미래의 창, 2011).

도축 기간별실적 : 축산물안전관리시스템의 도축기간별실적에 대해 알려드립니다.

》년도 / 월별 검색하기 [2016년 ∨] [01월 ∨] ~ [2016년 ∨] [12월 ∨] ●검색

� 2016년 01월 ~ 2016년 12월 도축실적   (단위 : 천두/천수)

기간	소	대지	닭	오리
2016-01 ~ 2016-12	861	16,546	992,559	71,445

(단위 : 두/수)

도축 기간별 실적

오리
71,445,064

소
861,487

대지
16,545,747

닭
992,559,694

그림 71 2016년 한 해에 도축된 가축의 수

는 것이 분명하다면, 그들은 우리의 동료이기 때문에, 자신의 동료들에 대해 불의한 행동을 삼가지 않는 사람은 마땅히 불의한 사람으로 여겨질 수 있을 것이다." 육식을 즐기고 동물들을 제물로 바치는 사람 등은 불의한 사람, 경건하지 못한 사람이라는 말입니다. 그런 사람은 동족에게 죄를 범하는 사람, 식인종과 같은 존재라는 것이지요. 육식은 사람이 사람을 잡아먹는 식인 행위와 크게 다르지 않다는 말입니다.

우리가 즐기는 '치맥'도 포르피리오스의 시각으로 보면 일종의 식인 행위이겠지요. 우리가 1년에 잡아먹는 닭이 몇 마리일지 생각해본 적이 있나요? 한 사람이 1년에 몇 마리의 닭을 먹을 것 같아요? '축산물안전관리시스템'의 홈페이지에 들어가면 일정한 기간 동안 도축된 가축의 수를 정확히 확인할 수 있습니다. 거기서

2016년 한 해 동안 닭이 몇 마리가 죽었는지 한번 확인해볼까요?

약 10억 마리의 닭이 죽었어요. 우리나라 인구수 5000만으로 나누면 한 사람당 약 스무 마리씩 닭을 잡아먹은 셈이지요. 그런데 우리가 닭만 먹은 것이 아니죠. 오리, 돼지, 소 등 엄청나게 많은 동물을 잡아먹죠. 닭이 그냥 이렇게 음식점에서 죽어가는 것도 문제지만 또 조류독감 같은 것이 유행하면 어떻게 돼요? 몇 십만 마리, 몇 백만 마리가 구덩이에 생매장되는 것이죠. 잡식성 동물인 인간이라고 하는 존재는 그런 점에서 상당히 불편한 존재예요.

정리해봅시다. 윤회론은 양날의 칼과 같습니다. 앞서도 얘기했지만 그것은 현실을 고착화하는 이데올로기, 현실의 지배 질서를 정당화하는 이데올로기가 될 수 있어요. 현실의 계급적 질서를 정당화하는 데 사용된 윤회론은 철학적·종교적 폭력 수단입니다. 그런가 하면 포르피리오스와 같은 사람에게서 윤회론은 동물의 생존권을 인정하는 철학적 원리가 되기도 합니다. 어떤 방식으로 윤회론을 받아들이느냐에 따라서 그것은 우리에게 다른 의미를 가질 수 있어요. 윤회론을 받아들여 내가 동물이 될 수도 있다고 상상해봅시다. 평생 단 한 번 창살에서 벗어나는데 그날이 바로 보신탕이 되는 날이라 자유를 얻는 순간 바로 죽는 개가 나라고 상상해봅시다. 기분이 어떨까요? 창살에 갇혀 있는 개의 심정에 공감이 가지 않나요? 플라톤은 이렇게 윤회론을 통해서 동물과 인간의 경계가 느슨한 것이고, 그 사이에는 어떠한 본질적인

경계도 없다고 이야기합니다. 하지만 그의 제자인 아리스토텔레스
는 달리 생각했습니다. 그는 동물과 인간 사이에는 분명한 경계가
있다고 보았지요. 이것은 다음 강의에서 다룰 내용입니다.

6장

아리스토텔레스와
동물행동학

다윈, 동물행동학, 아리스토텔레스

앞에서 플라톤의 윤회론을 다루면서 그 안에 담긴 동물과 인간의 경계에 대한 생각을 살펴봤는데, 이번에는 같은 주제에 대한 아리스토텔레스의 생각과 현대 동물행동학의 연구 결과를 비교해보려고 합니다.

인간과 동물의 유사성에 대한 다윈의 주장에서 다시 시작해볼까요? 다윈은 『종의 기원』을 내고 12년 뒤에 『인간의 유래The Descent of Man』(1871)를 출간했습니다. 여기서 그는 동물과 인간의 공통 유래를 강조하면서, 동물과 인간의 유사성을 뒷받침하는 많은 증거를 제시합니다. 특히 인간과 고등동물, 특히 영장류의 의식을 비교하는 것이 그의 큰 관심사였지요. 다윈은 동물들에게도 본능과 감각뿐만 아니라 열정, 애정, 미움 등의 다양한 감정이 있고, 질투, 의심, 경쟁, 감사, 아량 등도 있다고 말합니다. 그런데 다윈에게 더 중요한 점은 고등동물들이, 정도의 차이는 있지만, 인간과 마찬가지로 숙고, 선택, 기억, 상상, 관념의 연상, 이성, 이성적 추리와 같은 인지 작용을 가진다는 점이었습니다. 여기서 언급된 의식 작용들이 각각 어떤 것인지는 따로 설명할 필요가 없을 겁니다. 그에 대해서는 우리 모두 상식적으로 알고 있으니까요. 한 가지만 짚고 넘어가지요. 다윈이 동물들에게 인정한 인지 작용 가운데는 '숙고deliberation'가 있는데, 숙고는 '미래 계획'으로 바꿔 표현해도 좋을 겁니다. 미래를 계획한다는 것은 어떤 목적을 이루기 위해서 무엇을 해야 할지를 숙고하고 목적 실현에 가장 적합한 행동을 선택한다는 뜻이지요. 그런 뜻에서 숙고 혹은 미래 계획은 합리적 선택rational choice으로 이어집니다. 다윈은 『인간의 유래』에서 사람들뿐만 아니라 동물들, 특히 영장류들에게도 미래의 일을 계획하는 숙고 능력이 있고 그 계획에 따라서 선택된 행동을 한다고 말합니다.

현대의 '인지행동학cognitive ethology'은 『인간의 유래』에 담긴 다윈의 생각을 더욱 발전시켜 동물의 인지 능력을 연구합니다. 인지행동학이 어떤 학문인지를 도널드 그리핀Donald Griffin의 정의를 통해 한번 알아봅시다.

인지행동학은 동물이 행하는 정보 처리나 문제 해결, 행동이 생존에 주는 영향, 진화적인 적응성과 더불어 주관적인 경험도 그 고려 대상에 넣는다. (……) 우리들이 인간 이외의 동물이 생각하고 느끼고 있는 바를 알 수만 있다면, 인간과 동물과의 감정적인 연결로부터 한 걸음 나아가 사실에 기초한 관계를 갖는 것도 가능해질 것이다. 또한 그것은 인간의 마음만이 갖는 특성을 정의하는 작업의 실마리가 될 수도 있을 것이다.[39]

동물에 대한 이해가 인간에 대한 이해의 실마리가 될 수 있다는 그리핀의 주장은 수긍이 갑니다. 동물과 인간의 비교 연구는 인간을 인간답게 만드는 것이 무엇인지 알도록 해주고 인간으로서 내가 누구인지, 인간의 사회가 어떤 것인지 올바로 이해하는 데 도움이 되겠지요. 물론 앞에서 소개한 플라톤의 윤회론 같은 종교적 믿음으로부터 채식주의나 동물 권리론과 같은 삶과 행동의 지침이 따라 나올 수 있습니다. 하지만 '인지행동학'은 동물과 인간의 관계에 대한 보다 사실적이고 과학적인 이해를 추구합니다. 동물의 행동에 대한 자세하고 흥미로운 관찰들을 기록한 그리핀의 책은 『동물은 무엇을 생각하는가?』라는 제목으로 번역되어 있는데 매우 읽어볼 만합니다. 동물들의 내면세계를 이해하는 데 도움이

---

39 도널드 그리핀, 『동물은 무엇을 생각하는가?』, 안신숙 옮김(정신세계사, 1994), p. 35.

될 겁니다.

　이렇게 우리는 인간과 고등동물의 차이와 유사성에 대한 다윈의 생각을 출발점으로 삼아 그것을 발전시킨 현대의 동물행동학으로 나아갈 수 있지만, 그 반대 방향을 취할 수도 있습니다. 시간을 거슬러 다윈 이전의 사람들이 동물들의 행동에 대해 관찰하고 확인한 내용이 무엇인지를 찾아보는 것이지요. 그리고 이렇게 과거로 거슬러 올라가다 보면, 우리는 다시 아리스토텔레스와 만나게 됩니다. 아리스토텔레스는 『동물지』의 일부를 동물의 행동들을 관찰하고 기록하는 데 할애했기 때문입니다. 특히 『동물지』 8권은 동물의 '영리한 행동들'에 대한 기록인데, 그 가운데는 예를 들어 새들이 어떻게 둥지를 트는지, 철새들이 어떻게 무리지어 이동하는지, 겨울잠에서 깨어난 곰이 어떤 약초를 먹고 몸을 추스르는지 등에 대한 진기한 기록이 담겨 있습니다. 『동물지』에는 새끼 돌보기, 유인 행동, 학습과 습관, 의사소통 등에 대한 매우 흥미로운 관찰들도 담겨 있습니다. 물론 아리스토텔레스는 실험실에 가둬놓고 동물들의 행동을 관찰하지는 않았어요. 그래서 관찰의 엄밀성이 떨어질 수 있습니다. 하지만 그가 살던 시기에는 지금보다 훨씬 더 인간과 동물의 관계가 밀접했을 겁니다. 자연 상태에서 동물들의 행동을 관찰하기에 우리보다 더 좋은 환경이었을 거라는 말이지요. 또 아리스토텔레스는 사냥꾼이나 어부에게도 동물에 대한 이야기를 많이 들었을 텐데, 그렇게 그가 직·간접

적으로 관찰한 동물들의 습성과 영리한 행동에 대한 기록을 담은
것이 바로 『동물지』 8권입니다.

새들의 유인 행동: 숙고에 의해 계획된 행동일까?

『동물지』에 담긴 한 가지 관찰 사례를 들어 오늘날의 기록과 비교
해볼까요. 둘 다 새들의 유인 행동에 관한 것입니다. 거의 모든 새
는 나무 위에 둥지를 틉니다. 하지만 몸집이 무거워 잘 날지 못하
는 새들은 땅바닥에 둥지를 만듭니다. 물떼새가 대표적인 경우이
지요. 그런데 땅에 튼 둥지는 당연히 사냥꾼이나 포식자의 눈에
쉽게 띄겠죠. 그래서 이런 새들에게는 둥지로 다가오는 포식자나
사냥꾼들을 둥지로부터 멀리 떼어내는 유인 행동이 필요해집니다.
두 개의 인용문을 읽어볼까요.

> 일례로 지상에 집을 짓는 많은 새는 여우와 같은 포식자가 접근
> 할 때 소위 '혼란 과시'를 행한다. 어미새는 한쪽 날개가 꺾인 양
> 몸짓을 하며 여우를 집으로부터 먼 곳으로 유인한다. 포식자는
> 잡기 쉬워 보이는 목적물에게 유인되며 새끼가 있는 집에서 멀
> 어진다. 마침내 어미새는 이 몸짓을 멈추고 공중으로 날아올라
> 감으로써 여우의 습격을 피한다. 이 어미새는 자기 새끼의 생명
> 을 구하였으나 이러한 행동으로 자기 자신을 어느 정도의 위험
> 속에 던졌다. 나는 지어낸 이야기로 어떤 점을 주장하려고 하는

———

것은 아니다.[40]

사냥꾼이 둥지 가까이 다가오면, 자고는 마치 붙잡힐 수 있을 것
처럼 사냥꾼 앞에서 몸을 굴린다. 그리고 붙잡을 수 있다는 희
망을 품고 사냥꾼이 자기 쪽으로 오도록 유인하면서 새끼들이
각각 흩어져 날아갈 때까지 시간을 번다. 그런 다음에는 다시
날아올라 새끼들을 불러 모은다.

-『동물지』 9권 8장

한 구절은 도킨스의 『이기적 유전자』에서, 다른 하나는 아리스토
텔레스의 『동물지』에서 인용한 것입니다. 어떤 것이 누구의 기록
인지 분간하기 어렵지요? 두 기록 사이에는 2400년의 시간 간격
이 있지만, 내용은 똑같습니다. 그렇지만 똑같은 관찰에서 두 관
찰자가 이끌어내는 결론은 다릅니다.

　도킨스는 어미새가 유인 행동을 한다는 사실로부터 동물들에
게 이타성과 더불어 계획적인 행동을 할 수 있는 능력이 있다는
결론을 이끌어내려고 합니다. 동물에게도 숙고의 능력이 있다는
말이지요. 반면, 똑같은 사실을 관찰하고도 그로부터 아리스토
텔레스가 이끌어내는 결론은 다릅니다. 그는 동물들에게도 '영리

40　리처드 도킨스, 『이기적 유전자』, 홍영남 옮김(을유문화사, 2010), pp. 26f.

—

'한' 혹은 '지혜로운' 행동이 있다는 것을 인정하지만, 그렇다고 해서 이 행동이 숙고의 결과라고는 보지 않습니다. 아리스토텔레스에 따르면 오직 사람만이 숙고의 능력이 있어서 미래를 계획할 수 있으며, 또 과거의 경험을 의식적으로 불러낼 수 있는 것도 사람뿐입니다. "동물들 가운데 오직 사람만이 숙고deliberation 능력이 있다. 많은 동물들에게 기억memory과 학습의 능력이 있지만, 사람을 제외하고는 다른 어떤 것도 상기recollection의 능력이 없다"(『동물지』 1권 1장)고 그는 잘라 말합니다. 미래에 대한 숙고는 그렇다 치고, 아리스토텔레스는 도대체 무슨 생각으로 동물의 '기억'과 '상기'를 구별하면서 인간에게만 상기가 속한다고 말하는 것일까요?

'기억'이란 정보의 저장입니다. 내가 겪었던 경험을 나의 의식 속에 저장하는 것이 기억이지요. 반면 '상기'는 그렇게 저장된 내용을 의식적으로 떠올리는 활동입니다. 오늘부터 꼭 1년 전인 2016년 6월 9일에 무엇을 했나요? 기억이 잘 안 나지요? 하지만 이 질문을 받는 사람은 그 순간 1년 전의 일을 떠올리려고 의식적인 노력을 할 겁니다. 그것이 바로 아리스토텔레스가 말하는 '상기'이지요. 그래서 동물들에게 상기 능력이 없다는 그의 말은, 동물들에게도 분명 자신의 과거 경험을 저장하는 기억 능력이 있고 이를 바탕으로 학습된 행동도 가능하지만, 이렇게 기억된 내용을 사람들처럼 '의식적인 노력을 통해' 떠올릴 수는 없다는 뜻이지요. 마찬가지로 아리스토텔레스는 동물들도 계획적인 행동을 하는 것처럼 보이지만, 실제로 그 행동은 사람의 계획적, 숙고적 행동과 다르다고 말합니다. 그런 점에서 숙고, 상기, 추론이 동물들에게도 있다고 보는 다윈과, 동물들에게도 기억과 학습 능력은 있지만 미래를 계획하거나 과거의 경험을 의식적으로 소환하는 능력은 없다는 아리스토텔레스의 의견이 정면으로 대립하는 것처럼 보입니다.

　이것이 과학의 흥미로운 점입니다. 똑같은 사실도 서로 다른 관점에서 해석될 수 있으니까요. 다윈이 아리스토텔레스보다 더 뒤에 살았고 더 많은 관찰을 했을 테니까 그가 더 옳을 것이라고 생각할 사람도 있을 수 있습니다. 하지만 쉽게 단정해서는 안 됩니다. 참고로 최근에 발표된 논문 두 편의 제목을 볼까요? 하나는 2007년에 나온 유명한 침팬지 연구자 데이비드 프리맥David Premack의 「인간과 동물의 인지 : 연속성과 불연속성Human and animal cognition: Continuity and discontinuity」이라는 논문이고, 다른 하나는 데릭 펜Derek Penn을 비롯한 몇몇 연구자들이 2008년에 낸 공동 논문 「다윈의 실수. 인간의 정신과 다른 동물의 정신 사이의 불연속성에 대한 설명Darwin's mistake. Explaining the discontinuity between human and nonhuman minds」입니다. 제목이 보여주듯이, 두 논문 모두 인간과 동물들의 인지 능력의 차이를 다루고 있지요. 그런데 접근 방법이나 강조점은 달라도, 두 논문에 공통된 주장이 있습니다. 인간과 동물 사이에 진화적 연속성이 있는 것은 사실이지만, 그렇다고 해서 둘 사이에 놓인 의식 작용의 불연속성을 부정해서는 안 된다는 주장입니다. 이런 교양 수준의 논의를 하면서 굳이 최근 논문까지 들먹이는 이유는 인간과 동물 사이의 넘어설 수 없는 차이를 인정하는 것이 아리스토텔레스의 낡은 입장에 불과한 게 아니며, 인간과 동물 사이의 의식 활동의 연속성과 불연속성 문제가 여전히 현재적인 논란거리임을 확인하기 위해서입니다. '인간이 무엇인가'라는 물음이 사라지지 않는 한 이 문제도 사라지지 않을 겁니다.

이제부터 우리는 두 부분으로 나누어서 동물과 인간의 인지적 경계에 대한 아리스토텔레스와 현대 행동학자들의 주장을 살펴볼 예정입니다. 먼저 미래를 계획하는 일과 관련해서 인간과 동물의 차이를 따져보고, 이어서 과거를 상기하는 일과 관련해서 둘의 차이를 확인해보려고 합니다. 그러니까 현재를 중심으로 해서 미래로의 의식 활동과 과거로의 의식 활동에서 인간과 동물의 차이가 무엇인지를 살펴보는 것이지요. 거기서 동물과 인간을 구별하는 인간의 조건이 드러나리라고 생각합니다.

숙고란 무엇인가?

숙고^{deliberation}, 즉 미래를 계획하는 사고 과정부터 살펴봅시다. 아리스토텔레스는 행동을 두 종류, 즉 합리적 선택에 의한 행동과 자발적인 행동으로 구분합니다. '자발적인 행동'이란 강제적이 아닌 모든 행동을 가리킵니다. 더운 여름날 냉장고에서 찬물을 꺼내 마시는 것, 아침에 일어나 늘 타고 다니는 버스를 타기 위해 정류장으로 향하는 것, 점심시간에 식당을 찾는 것, 이런 것들은 모두 자발적인 행동이에요. 그때 우리는 자신이 무엇을 하는지를 알고 있고, 누구의 강요도 없이 그런 행동을 합니다. 하지만 숙고를 통해서 이루어지는 행동은 그와 다릅니다. 어느 회사에 인턴을 지원해야 할지, 며칠 전 말다툼을 한 친구와 어떻게 화해해야 할지를 따지는 것, 또 이번 여름방학 때 여행을 갈지 말지, 간다면 어디로 갈지를 고민하는 것은 숙고이고, 그 결과에 따라 행동한다면 이것은 단순히 자발적인 행동이 아닙니다. 이런 유형의 계획 세우기와 그에 따르는 행동은 단순히 화장실에 간다든지, 늘 타고 다니는 버스를 보고 달려가서 타는 것과는 다른 종류의 행동이지요. 두 부류의 행동은 모두 '자발적'이라는 데 공통점이 있지만, 두 번째 유형의 계획적인 행동에는 자발성에서 더 나아가 숙고, 즉 미래 계획과 그에 따른 선택이 추가되기 때문입니다.

이런 점에서 아리스토텔레스는 합리적 선택에 의한 행동이 자발적 행동과 달리, 숙고에 기초한 행동이라고 말합니다. 그러면서 그는 자발적인 행동은 동물들이나 어린아이들에게서도 나타나지만, 숙고적 행동, 합리적 선택에 따른 행동은 동물에게도, 아직 미숙한 어린이에게도 없고, 오직 정상적인 성인들에게서만 나타난다고 덧붙입니다. 도대체 아리스토텔레스가 생각하는 '숙고'가 무엇이기에 오로지 인간에게만 속한다는 것일까요? 다윈은 분명히 동

Desire	**I desire A.**
Deliberation	**B is the means to A.**
	C is the means to B.
	·
	·
	·
	N is the means to M.
Choice	**I choose N.**
Perception	**N is something I can do here and now.**
Act	**I do N.**

그림 72 숙고적 행동의 구조(Ross)

물도 숙고를 한다고 말하는데, 아리스토텔레스는 무슨 근거로 동물은 숙고를 하지 못한다고 단정하는 것일까요? 이게 우리가 다루어야 할 질문입니다.

아리스토텔레스가 말하는 숙고와 숙고적 행동이 어떤 것인지를 알아보기 위해 〈그림 72〉를 봅시다.

모든 자발적인 행동이 그렇듯이, 숙고에 따르는 선택적인 행동도 '욕망'에서부터 시작합니다. 즉 무엇을 하고 싶다는 바람이 숙고의 출발점이지요. 그런데 어떤 욕망은 즉시 실행할 수 있어요. 덥고 목이 마르니까 물을 마셔야겠다고 생각하면, 곧바로 냉장고의 문을 열고 물을 꺼내 마시면서 자신의 바람을 해결한단 말이죠. 그에 비해서 여행을 가고 싶다거나 여름방학 동안 아르바이트를 해서 학비를 벌고 싶다는 바람을 가진 사람은 이 바람을 이루기 위해서 머리를 더 써야 합니다. 즉 목적을 이루기 위한 숙고의 과정이 필요하지요. '어떻게' 돈을 벌까, '어떻게' 하는 것이 돈을 버는 가장 좋은 방법일까? 돈을 버는 수단을 찾아서 오랫동안 생각을 하게 됩니다. 그것이 바로 숙고입니다.

도식적으로 말하면, 숙고의 과정은 이렇게 단순화할 수 있습니다. A라는 목적이 있습니다. 그럼 A라는 목적을 이루기 위한 수단을 찾아요. 그 수단이 B라면, B를 성취하기 위한 수단을 다시 찾고…… 이런 식으로 하나의 주어진 목적을 이루기 위해 일련의 과정을 거쳐서 수단들을 찾아내고, 내가 지금 여기서 할 수 있는 것을 찾아낸 뒤에 그것을 실행하는 겁니다. 그런 점에서 숙고와 선택에 의한 행동은 욕망으로부터 선택을 거쳐서 행위로 이어지고, 이 행위 하나하나가 쌓여서 N이 M을 낳고 M이 L을 낳고. 이런 방식으로 드디어 A라고 하는 욕망의 실현에 이르게 되는 것이죠. 이런 식으로 숙고적인 행동은 언제나 주어진 목적을 전제하고, 그 주어진 목적을 달성하는 데 필요한 수단들을 찾아나가는 과정이고, 그러한 탐구의 과정은 당장 내가 할 수 있는 일을 발견하는 것으로 이어집니다. 그런 점에서 숙고는 일종의 '탐구search'이죠. 이 탐구 과정은 지금 당장 내가 여기에서 할 수 있는 일을 '발견'하는 것으로 끝납니다.

아리스토텔레스는 숙고적 행동의 전형적인 사례를 환자를 치료하는 의사의 행동에서 찾습니다. 환자가 찾아오면 의사는 이 환자를 치료해야겠다고 생각하겠죠. 환자의 치료가 의사의 바람입니다. 이 바람을 이루기 위해서 의사는 치료 방법으로 여러 가지 선택지를 떠올릴 겁니다. 예컨대 이 사람에게 약을 투여할지, 수술을 할지를 먼저 결정해야 하고, 수술 없이 약물 치료를 하는 것이 좋겠다고 결정하면 그다음에는 약 가운데서 어떤 약을 쓸지, 보험이 되는 약을 쓸지 그렇지 않은 약을 쓸지, 나아가 어떤 약을 쓸지, 얼마만큼 쓸지, 어떻게 쓸지, 이런 결정을 한 뒤에 드디어 처방을 내리고 치료를 하겠지요. 이렇게 치료를 위한 방법을 찾는 의사의 숙고 과정이 바로 아리스토텔레스가 얘기하는 숙고의 전형적인 사례입니다. 아리스토텔레스의 아버지가 의사였기 때문에, 아리스토텔레스의 책을 보면 의학적인 예들이 굉장히 많아요. 지금 든 예는 그 가운데 한 가지 사례에 불과합니다.

침팬지의 흰개미 낚시

어떤 목적을 이루기 위해 적절한 수단들을 찾는 일이 숙고이고 인

—
그림 73
흰개미 사냥을 위해 나뭇가지를 다듬는
침팬지

간만이 이를 할 수 있다고 주장한다면, 많은 동물 행동학자들은 이의를 제기할 것입니다. 동물들도 목적을 이루기 위해 수단을 찾는 사례를 확인할 수 있다고 믿기 때문이지요.

제인 구달^{Jane Goodall}의 발견으로 세상에 널리 알려진, 침팬지의 흰개미 낚시가 대표적인 사례입니다. 침팬지가 흰개미를 낚는 과정은 욕망을 충족시키는 단순한 과정이 아니라 여러 중간 단계를 거치는 복잡한 과정입니다. 낚시에 알맞은 나뭇가지를 꺾어 잎사귀를 훑어내고 매끈해진 가지를 흰개미 구멍에 넣는 등 욕망을 충족시키기 위해서 침팬지는 여러 단계를 거치는데, 이런 흰개미 낚시를 '숙고적 행동'으로 보지 못할 이유가 어디 있겠어요? 이런 반문에 대해 아리스토텔레스가 무슨 대답을 할지 우리는 따져봐야 합니다.

이렇게 생각해봅시다. 침팬지의 흰개미 낚시 말고도 분명히 동물의 세계에서는 수없이 많은 지적인 행동이 발견됩니다. 까마귀가 먹이를 숨기는 것, 까치가 거울 앞에서 자기를 확인하는 것, 침팬지가 요리하는 것 등 동물들의 영리한 행동을 보여주는 실험 결과들은 동영상 사이트에도 널려 있지요. 그런데 아주 간단한 행동처럼 보여도 절대로 침팬지나 다른 동물들이 못하는 일이 하나 있을 것 같아요. 가장 영리한 새로 분류되는 까마귀도 하지 못할 겁니다. 사람이 하기에는 아주 간단한 일인데, 카드놀이가 바로 그것입니다. 유튜브의 수많은 동영상 가운데 혹시 침팬지 서넛이 모여

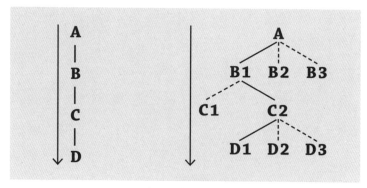

그림 74 목적에서 수단으로

서 카드 치는 동영상을 올린 것을 본 사람이 있나요? 난 본 적 없어요. 아마 누구도 그런 동영상은 보지 못했을 것이고, 추측건대 앞으로도 보지 못할 겁니다. 그렇다면 카드놀이에 필요한 인지 작용들이 도대체 어떤 것이기에 인간과 DNA가 96퍼센트 이상 같다고 말하는 영리한 침팬지조차 그 놀이를 하지 못할까요? 이 문제에 대한 대답이 동물들에게 인간적인 숙고의 능력이 있는지를 판단하는 데 중요한 실마리가 될 수 있습니다. 카드놀이에 관여하는 능력들을 분명히 가려낸다면, 동물의 의식 활동과 인간의 의식 활동 사이의 차이를 찾아낼 수 있기 때문이지요.

〈그림 74〉를 봅시다. 그림 양쪽 모두 목적과 일련의 수단들의 결합을 보여줍니다. 그렇지만 둘 사이에는 한 가지 중요한 차이가 있지요. 뭘까요? 왼쪽 그림에서는 목적과 수단들이 직선적으로 결

합되는 데 반해, 오른쪽의 그림에서는 분산적으로 결합됩니다.[41] 한쪽에서는 A-B-C-D의 형태로 각 단계가 일대일 대응을 하고 있지만, 다른 쪽에서는 A-B1, B2, B3…… 형태로 일대다의 대응 관계가 있습니다. 그렇다면 흰개미를 낚는 침팬지의 행동은 어느 쪽 모델로 설명하는 것이 적절할까요? 아마도 직선형 모델이겠죠. 흰개미를 낚기 위해서는 나뭇가지를 구멍에 집어넣어야 하고, 구멍에 나뭇가지를 잘 집어넣기 위해서 잎사귀를 훑어내야 하고, 잎사귀를 훑어내기 위해서 나뭇가지를 꺾어야 하고. 이런 과정은 직선적 과정이지요. 분명 이런 직선적 과정에도 목적 실현을 위해 여러 단계의 수단적 행동들이 필요합니다.

하지만 카드놀이는 직선적 모델이 아니라 분산적 모델로 설명해야 할 겁니다. A라는 목적이 있어요. 놀이에서 이기는 것입니다. 그런데 이 판의 카드놀이에서 이기는 데는 여러 가지 방법이 동원될 수 있을 겁니다. 예를 들어 화투놀이에서는 오광을 해서 이기는 방법, 청단을 해서 이기는 방법, 피로 승부를 거는 방법, 방법은 많습니다. 하나의 목적을 이루기 위한 여러 가능한 수단이 있어요. 그리고 내가 이번 판은 광으로 승부를 걸겠다고 결정하면, 다시 지금 이 순간 어떤 패를 내야 할지, 이것을 또 결정을 해야

---

41 조대호, 〈숙고의 인지적 조건: 아리스토텔레스 도덕 심리학의 숙고 개념〉, 《서양고전학연구》 55 (2), 2016, pp. 87~120.

하지요. 광을 통해서 이기기 위해서도 여러 가지 방법을 쓸 수 있을 테니까요. 이런 형태로 최종 목적을 이루기 위한 수단은 여럿이고, 이 수단을 얻기 위해 필요한 더 낮은 수준의 수단도 마찬가지로 여럿입니다. 인간은 미래를 계획할 때 하나의 목적을 이루기 위해서 하나의 수단만을 생각하는 것이 아니라 여러 단계에 걸쳐 다양한 수단을 생각한다는 것이죠. 그런 점에서 인간의 숙고는 직선적인 과정이 아니라 나뭇가지 모양의 분산적 과정입니다. 이런 모델에 의거해서 인간의 숙고, 미래 계획을 분석해보면 우리는 거기에 무척 다양한 인지적 작용이 개입한다는 것을 확인하게 됩니다. 어떤 것들이 있는지 하나하나 찾아봅시다.

숙고의 인지적 조건

우리는 숙고의 첫째 조건으로 먼저 '분리dissociation'를 들 수 있습니다. 분리는 '연상association'과 반대되는 의식 활동입니다. 한여름에 목이 마르면 시원한 얼음물이 머릿속에 저절로 떠오릅니다. 우리의 습관적 행동은 언제나 이런 연상 작용을 통해서 이루어집니다. 하지만 카드놀이나 여행 계획을 세울 때는 사정이 달라요. 판에 놓인 카드들을 본다고 해서 내가 내야 할 카드가 곧바로 떠오르는 것도 아니고, 여행을 가고 싶을 때 가야 할 여행지가 곧바로 연상되는 것도 아니기 때문입니다. 만일 그렇지 않다면, 우리가 상대방의 전략에 맞서서 어떤 카드를 내야 할지, 언제, 어디로 여행을 갈 것인지 숙고할 필요가 어디 있겠어요? 숙고가 필요한 이유는 우리가 지향하는 목적과 그것을 실현하는 데 필요한 수단이 저절로 연상되지 않고 서로 분리되기 때문이고, 우리가 숙고를 '어떤 목적을 이루기 위해 필요한 수단이나 방법을 찾는 사고 과정'이라고 정의한다면 이런 뜻의 숙고는 정의상 목적과 수단이 분리된 상황에서 이루어진다는 말입니다. 그래서 어떤 목적을 이루기 위한 수단으로 하나밖에 생각하지 못하는 사람은 숙고를 한다고 볼 수 없습니다. 숙고에는 지향하는 목적과 그것을 실현하는 데 필요한 수단을 분리해서 생각하는 능력이 필수적입니다.

이렇게 하나의 목적을 이루기 위해서 여러 수단들을 떠올릴 수 있는 것은 우리가 가진 상상 능력 덕분입니다. 그런 뜻에서 '상상 imagination'은 분리와 함께 숙고에 개입되는 둘째 인지 작용이지요. 카드놀이에서 상대가 내놓은 카드를 보고 내가 대응할 수 있는 여러 가지 가능성을 떠올리는 것이 상상입니다. 이렇게 보면 침팬지가 흰개미를 낚는 것이나 사람이 물고기를 낚는 것은 똑같은 과정처럼 보이지만, 사실 그 둘은 전혀 다른 과정입니다. 침팬지가 흰개미를 낚는 방법은 정해져 있지만, 사람이 물고기를 낚는 방법은 그렇지 않기 때문이지요. 사람은 바다에서 낚시를 할 수도 있고, 강에서 낚시를 할 수도 있고, 저수지에 가서 낚시를 할 수도 있습니다. 또 바다에 가서 낚시를 한다면 동해안으로 갈 수도 있고, 남해안으로 갈 수도 있고, 서해안으로 갈 수도 있어요. 낚시를 하려

—

고 하는 사람은 이런 가능성들을 상상 속에서 떠올리고 그 가운데 하나를 선택할 겁니다.

이렇듯 상상이 제공하는 여러 가지 대안적 행동 가능성을 겨냥해서 숙고가 진행된다면, 상상의 그런 가능성들은 또 어디서 오는 것일까요? 과거 경험에 대한 기억, 다시 말해서 기억된 경험 내용을 의식적으로 떠올리는 활동 없이 상상이 가능할까요? 앞서 언급했듯이, 이렇게 과거의 기억을 떠올리는 일을 '상기'라고 불러봅시다. 예를 들어 낚시 계획을 세우기 위해서 낚시꾼은 언제, 어디서 물고기를 많이 잡았는지 자신의 과거 기억을 뒤적여 적절한 경험을 다시 불러낼 수 있을 텐데, 이것이 바로 상기입니다. 숙고는 이런 식으로 과거 경험을 반추하면서 그 경험을 배경으로 미래를 계획하는 일이라고 해도 좋을 겁니다. 그런데 여기서도 중요한 점은 숙고할 때 우리에게는 저절로 연상되는 과거의 경험도 있지만, 의식적인 노력을 거치지 않고서는 떠오르지 않는 기억도 있다는 점입니다. 여행 계획을 세우면서 과거 여행의 기록이나 사진들을 찾아보는 것, 혹은 다른 사람의 여행 이야기를 들어보는 것 등은 연상을 통해서가 아니라 의식적인 노력을 통해서 일어나는 상기라고 해야겠지요.

상기가 숙고의 셋째 조건이라면, 넷째로 '비교comparison'와 '정당화reasoning'도 숙고를 통해 미래의 계획을 세우는 데 꼭 필요한 의식 작용의 하나입니다. 과거 경험을 상기해서 상상 속에 떠올린 여러 가능성 가운데 어떤 것이 더 나은지, 정해진 목적을 이루는 데 A의 방법이 좋을지 B의 방법이 좋을지를 비교함이 없이는 선택이 이루어질 수 없기 때문이지요. 또, 우리가 목적을 이루기 위해 취할 수 있는 가능성 A, B, C를 비교해서 그 가운데 C를 선택한다면, 이 선택에는 분명 A나 B보다 C가 나은 이유에 대한 설명, 왜 A나 B보다 C가 좋은지를 정당화하는 설명이 들어가겠죠? 이것은 선택의 이유를 대는 것, '추론' 혹은 '정당화'라고 부를 수 있습니다.

마지막으로 인간의 숙고적 행동을 특징짓는 또 한 가지 중요한 의식 작용을 빼놓을 수 없겠지요. 그게 뭘까요? 동물의 집단행동에서는 잘 드러나지 않지만 인간의 집단행동에서는 매우 중요한 역할을 하는 것, 그래서 인간에게 고유한 인지 작용이라고 지적할 수 있는 것, 바로 '마음 읽기theory of mind'입니다. 카드놀이를 할 때 가장 중요한 것이 타인의 마음을 읽는 거 아니에요? 상대방이 지금 어떤 전략을 가지고 게임에 임하는지를 따져보지 않고서 어떻게 카드놀이에서 이길 수 있겠어요? 사람들은 밖으로 드러나는 주변 사람들의 행동만 보고서 자신의 행동을 결정하는 것이 아니라, 드러난 행동 배후에 놓여 있는 행위자의 속마음을 읽어요. 그리고 그렇게 타인의 마음을 읽은 뒤 그것을 판단해서 자신의 행동을 조절하지요. 동물들에게 게임이 불가능하다면, 그건 바로 규칙을 공유하고 규칙에 따라서 상대방의 행동을 이해하는 그런

'마음 읽기'의 능력이 없거나 부족하기 때문이겠죠.

결국 미래를 계획하는 인간의 숙고 작용은 단순한 것처럼 보여도, 실제로는 다양한 인지 작용이 관여하는 매우 복잡한 과정입니다. 그리고 숙고에 관여하는 인지 작용들을 이렇게 하나하나 뜯어보고, 이 인지 작용들이 동물들에게도 있는지 없는지를 살펴봄으로써 우리는 동물들도 숙고를 할 수 있는지 쉽게 판단할 수 있겠지요? 이런 관점에서 이제 앞에서 소개한 분리, 상상, 상기, 비교와 정당화 등의 인지 작용들에 대한 현대 동물행동학자들의 관찰 내용을 살펴보려고 합니다. 물론 내가 여기서 소개하는 것이 동물의 인지 능력에 대한 최종적인 결론은 아닙니다. 과학에는 그런 최종적인 결론이란 존재하지 않으니까요. 그런 단서를 달면서 심리학자들이나 동물행동학자들의 관찰 결과를 한번 살펴봅시다.

동물들에게 없는 인지 능력은 무엇일까?

먼저 침팬지의 합목적적 행동에 대한, 영장류 연구자 마이클 토마젤로Michael Tomasello의 주장부터 살펴볼까요? '분리'에 대한 이야기입니다. 그는 "사람들은 목적을 목적 성취에 동원되는 다양한 행동 수단들과 분리된 것으로 파악한다[42]"고 말합니다. 앞에서 말했듯이, 사람들은 하나의 목적을 이루기 위한 방법으로 서로 다른 가

---

42 Machael Tomasello, *The Cultural Origins of Human Cognition* (Harvard University Press, 2000), p. 30.

능성을 생각할 수 있다는 말이지요. 이어서 토마젤로는 이렇게 덧붙입니다. "목적과 수단을 서로 분리시킬 수 있는 능력 덕분에 사람들은 행위자의 전략과 방식을 하나의 자립적인 실제로서, 즉 행위자가 목적을 성취하려고 할 때 다른 가능한 수단들을 배경으로 해서 동원하는 수단적 행동으로서 포착할 수 있다." 말이 조금 어렵지요? 풀어보면 내용은 간단합니다. 사람들은 겉으로 드러나는 행동과 그렇게 드러난 행동 배후의 숨겨진 의도를 분리시켜서 생각할 수 있다는 말이지요. 평소에는 내게 무뚝뚝한 태도를 보였던 친구가 어느 날 갑자기 상냥하게 웃으면서 다가와 친절을 베풉니다. 그런 경우 나는 이 친구의 친절한 행동을 나를 위한 순수한 친절의 표시로 받아들이기보다는 뭔가 다른 속셈을 감춘 행동으로 보고 왜 그런 행동을 하는지 의문을 품겠지요? 친절해 보이는 행동 배후에 반드시 선한 의도가 있다는 보장은 없으니까요. 그렇게 우리에게는 겉으로 드러나는 행동을 다양한 숨은 의도와 분리시켜서 판단하는 능력이 있습니다. 토마젤로는 침팬지에게서는 그런 능력을 확인할 수 없다고 말합니다. 침팬지는 타자의 행동들을 보면서 그것들을 배후의 숨은 의도와 떼어놓고 판단하지 못한다는 이야기죠. 침팬지는 보이는 대로 이해한다고 바꿔 말할 수 있을 겁니다. 바나나를 주는 몸짓을 취하면 '바나나를 내게 주려고 한다'고 받아들일 뿐, 그 배후에 놓인 다른 의도에 대해 알지 못한다는 뜻이지요.

영장류에 속하는 동물들이 사건들의 선후 관계를 이해하는 방식에 대한 토마젤로의 관찰도 흥미롭습니다. 침팬지를 비롯한 다른 동물들도 분명 사건의 선후 관계를 이해할 겁니다. 앞의 사건과 뒤의 사건 사이의 관계를 이해하지 못한다면 어떻게 생존할 수 있겠어요? 나무를 흔들면 바나나가 떨어진다는 것을 침팬지도 당연히 이해하겠지요. 또, 종소리가 울리면 먹이가 나온다는 것을 아니까, 파블로프의 개는 종소리를 듣자마자 군침을 흘렸겠지요. 이렇게 사건의 선후 관계, 앞선 사건과 뒤에 이어지는 사건 사이에 항상 일정한 결합 관계가 있다는 것은 동물들도 이해합니다. 하지만, 토마젤로의 관찰에 따르면, 동물들이 모르는 것이 있습니다. A라는 앞의 사건과 B라는 뒤의 사건을 연결시키는 '원인'이 무엇인지는 영장류들도 이해하지 못한다는 겁니다. 나무를 흔들면 바나나가 떨어진다는 것은 알지만, 나무를 흔들면 '왜' 바나나가 떨어지는지는 모른다는 것이지요. "사람 이외의 영장류들은 세계 속에 있는 선행 사건과 후행 사건의 관계들을 이해하지만, 그 관계를 매개하는 인과적 힘들을 이해하는 것 같지는 않다"고 그는 말합니다.

토마젤로에 따르면 동물들이 두 사건 사이의 인과관계를 이해하지 못하는 것이나 합목적적 행동 배후의 숨은 의도를 파악하지 못하는 것은 동전의 양면과 같습니다. 둘 다 사건 배후에 놓인 보이지 않는 것, 즉 원인이나 의도를 파악하는 능력을 전제하기 때

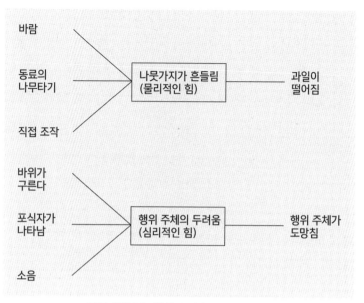

바람

동료의
나무타기

직접 조작

나뭇가지가 흔들림
(물리적인 힘)

과일이
떨어짐

바위가
구른다

포식자가
나타남

소음

행위 주체의 두려움
(심리적인 힘)

행위 주체가
도망침

그림 75 침팬지가 경험하는 물리적 사건과 사회적 사건

문이지요. 사건 A와 사건 B는 눈에 보여도 그 두 사건을 연결하는 원인은 보통 보이지 않아요. 드러난 행동은 눈에 보이지만, 행동 배후에 놓인 숨은 의도는 보이지 않지요. 그래서 눈에 보이는 대로 세계를 이해하는 동물들에게는 드러난 것 배후의 드러나지 않는 것, 보이는 것 배후의 보이지 않는 것을 상정하고 이 보이지 않는 것을 통해서 보이는 것들을 이해하기란 가능하지 않은 일이지요. 영국의 철학자 조지 버클리George Berkeley는 "있음은 지각됨이다esse est percipi"라고 말했는데, 우리는 이렇게 바꿔 말할 수 있을 겁니다. "동물들에게 있는 것은 지각되는 것이다."

이 말이 무슨 뜻인지 다음 〈그림 75〉를 통해 살펴봅시다. 돌이 굴러 떨어져요. 그러면 침팬지들이 도망을 갑니다. 이를 본 침팬지도 동료 침팬지들과 함께 덩달아 도망을 칠 수가 있어요. 포식자, 예를 들어 사자가 나타나는 경우에도 마찬가지입니다. 그때도 침팬지들은 자신의 동료들이 도망을 치는 이유가 사자가 나타났기 때문이라는 것을 알 겁니다. 어디에선가 소음이 들릴 때도 침팬지들이 도망을 쳐요. 이때 함께 도망을 치면서 침팬지들은 자신들이 도망을 치는 이유가 소음 때문이라는 것을 알 겁니다. 그런데 그렇게 함께 행동하는 침팬지들이 모르는 것이 하나 있습니다. '왜' 소리가 나거나 포식자가 나타나거나 바위 덩어리가 굴러 떨어지면 동료 원숭이들이 도망을 치는지 알지 못합니다. 그들이 도망을 가는 이유는 두려움 때문이잖아요? 그런데 이 두려움은 겉으로 드러나지 않지요. 침팬지들은 이 심리적 사건에 대해서는 모른다는 거죠. 우리 인간은 침팬지들이 도망치는 광경을 보고 그들이 두려움에 사로잡혀 뛰어간다는 사실을 알지만, 침팬지는 그것을 파악하지 못한 채 눈에 보이는 집단행동을 보고서 똑같이 따라 한다는 말입니다.

〈그림 75〉는 챔팬지의 인지적 한계를 보여줍니다. 바람이 불면 과일이 떨어져요. 다른 동료 원숭이가 올라가서 나무를 흔들어도 과일이 떨어져요. 스스로 올라가서 과일을 딸 수도 있지요. 어떤 경우이든 하나의 사건이 있으면 그 뒤를 이어서 다른 사건, 즉 과일이 떨어지는 사건이 일어난다는 것을 침팬지도 알지만, 이 세 가

그림 76 침팬지 무리(좌)와 **그림 77** 아프리카 원주민 부족(우)

지 사건에서 과일이 떨어지는 결과를 낳는 원인이 무엇인지, 그 공통의 원인에 대해서는 모른다는 것이지요. 공통의 원인을 찾아내기 위해서는 추상적인 사고를 할 수 있어야 합니다. 위의 세 경우 모두 나뭇가지가 흔들렸고, 그것이 과일이 떨어지는 데 물리적 힘으로 작용했다는 것을 파악할 수 있어야 하는데, 침팬지에게는 그런 능력이 없습니다. 예를 들어 앞에 사과와 바나나와 포도가 놓여 있다고 생각해봅시다. 물론 침팬지도 사과와 바나나와 포도를 구별할 수 있을 겁니다. 그런데 우리는 이 셋의 공통점을 추상해서 그것들을 모두 '과일'이라는 일반 개념으로 묶을 수 있지만, 침팬지는 그러지 못한다는 말입니다. 더 나아가서 과일과 채소를 한데 묶어 '식물'이라는 더 높은 추상 수준의 일반 개념 아래 두는 것은 더욱더 불가능한 일이겠죠. 동물들도 보이는 대로 사물들을 분류하고 정돈할 수는 있겠지만, 더 높은 수준의, 더 고차적 수준

의 추상화를 통해 사물들을 분류하거나 배치하거나 하는 능력은 그들에게 존재하지 않습니다.

〈그림 76〉 속 침팬지 무리나 〈그림 77〉 속 원시인들의 무리나 크게 달라 보이지 않습니다. 하지만 원시인들이 아무리 침팬지 무리와 비슷해 보여도 두 집단 사이에는 근본 차이가 숨어 있습니다. 원시인들에게는 미신이 있다는 점이지요. 미신이 왜 생겼을까요? 사진 속의 원시인들이 무엇을 하고 있는지 알 수 없지만, 예를 들어 귀신을 쫓는 의식을 행하고 있다고 가정해봅시다. 부족민 한 사람의 병을 내쫓기 위해서 의식을 벌인다고 생각해봅시다. 그렇다면 누군가 병이 든 것과 다른 사람들이 치료 의식을 벌이는

것 사이에 어떤 관계가 있을까요? 사람들은 귀신 때문에 병이 들었다고 생각하면 의식을 치르겠지요. 즉 보이는 질병을 보이지 않는 원인에 의거해 설명하려고 이런 의식을 행하는 것이지요. 겉으로 보기에는 침팬지나 원시인들이나 하는 행동은 비슷해 보여도 근본적으로 원시인들은 역시 호모사피엔스입니다. 그들에게는 추상화 능력, 보이지 않는 원인을 찾아내는 능력이 있는 것입니다.

다른 그림을 하나 볼까요? 〈그림 78〉도 동물 행동 연구에서 잘 알려진 사진입니다. 볼프강 쾰러Wolfgang Köhler라는 독일의 영장류 연구자가 일찍이 1910년대에 침팬지를 대상으로 인지 능력을 시험했어요. 그때 확인한 내용이 그림에 나타나 있죠. 주변에 박스를 죽 늘어놓고 저 천장에 바나나를 매달아놨어요. 그러니까 이 침팬지가 궁리를 하다가 박스들을 차곡차곡 쌓아놓고 거기에 올라가서 바나나를 따는 모습이에요. 이걸 보고 쾰러는 침팬지에게도 계획하는 능력이 있다는 결론을 내렸지요. 침팬지에게도 숙고 능력이 있다고 말했어요. 분명 우리가 넓은 뜻으로 '숙고'라는 말을 사용한다면, 박스들을 쌓아 올려 천장에 걸린 바나나를 따는 침팬지의 행동을 숙고에 따른 행동이라고 부를 수 있을 것입니다. 그런데 침팬지의 행동을 관찰한 뒤 침팬지에게도 문제 해결 능력 및 숙고 능력이 있다고 결론을 내린 쾰러도 인정할 수밖에 없었던 점이 하나 있었지요. 그는 문제 해결 능력이 있는 침팬지에게 왜 '문화'가 없는지 의문을 제기했습니다. 왜 그들의 행동 방식은 늘 반복될 뿐으로 더 발전하지 않을까요? 인간에게는 시대에 따라 달라지는 문화가 있는데 왜 침팬지들이나 까마귀에게는 그런 문화가 없을까요? 왜 아프리카의 침팬지는 1000년 전이나 지금이나 똑같이 흰개미 낚시만을 할까요? 쾰러는 이유를 상상력의 결핍에서 찾았습니다. 침팬지에게는 상상력이 매우 제한되어 있어서 주어진 순간에 특정한 문제를 해결하는 다양한 방식, 다양한 가능성을 상상하는 데 큰 제약이 있다는 것이죠. 그런 상상력의 차이 때문에 침팬지와 인간 사이에 근본 차이가 생긴다고 쾰러는 주장했습니다. 그는 "매우 중요한 지성 활동의 재료, 즉 소위 '상상물들'의 제한성은 침팬지가 문화 발전의 가장 사소한 시작조차도 성취하지 못한 데 대한 원인일 것이다"[43]라고 말했습니다.

결국 미래 계획과 관련하여 지금까지 한 이야기를 종합하면, 미래 계획에는 다양한 인지 기능이 관여하는데 이중에 분리, 상상, 비교와 정당화 등은 동물에게서는 확인되지 않거나 확인이 되었다 하더라도 매우 낮은 수준에 머물러 있더라는 이야기이지요. 그럼 과거 경험을 기억하거나 상기하는 일은 어떨까요? 지금까지는 미래 계획에 대해 이야기했으니 이제 방향을 바꾸어 과거 기억에 대해 이야기해봅시다.

---

43 Wolfgang Köhler, *Intelligenzprüfungen an Menschenaffen* (Springer, 1963), p. 138.

그림 79 교보빌딩 현수막

인간의 기억과 숙고

〈그림 79〉는 앞에서 우리가 이미 살펴본 그림입니다. "나였던 그 아이는 어디 있을까. 아직 내 속에 있을까, 아니면 사라졌을까." 5년 전, 15년 전의 '나'는 어디로 갔을까요? 지난 강의에서 말했듯이, 몸은 계속해서 바뀌기 때문에 우리는 어쩔 수 없이 바뀌는 몸이 아니라 의식 안에서 자아의 정체성을 찾게 되고, 결국 '나'는 기억 속에서만 존재한다는 결론에 도달합니다. 그런데 나의 정체성을 떠받치는 이 '기억'은 구멍이 뻥뻥 뚫린 해면 같아서 빈틈이 많고, 그때그때 기분에 따라 나의 과거가 달리 기억되기도 하죠. 기분이 좋을 때에는 내가 멋진 사람으로 기억이 되고, 기분이 나쁠 때에는 나의 유년 시절이 암담했던 것으로 기억되는 등 과거를 떠올릴 때에는 그 과거의 경험과 관련된 감정까지 늘 같이 생겨나면서 그때그때 나의 정체성이 달라집니다. 어느 날 전화를 받았는데, 고등학교 때 같은 반 친구에게서 걸려온 전화였습니다. 그가

친한 친구였다면, 당연히 그 친구와 같이 했던 좋은 시간이 떠오르면서 기쁨도 함께 생겨나겠지만, 그렇지 않고 나를 귀찮게 했던 친구라고 한다면 그와 관련된 나쁜 감정이 함께 떠오르겠죠. 이런 방식으로 기억은 언제나 감정을 동반하면서 우리에게 떠오르고 바로 그러한 기억 속에 내가 존재한다고 말할 수 있는데, 이건 아주 오래된 관찰 내용입니다.

이미 2400여년 전 아리스토텔레스도 기억의 그런 특징들에 주목했고, 서기 5세기의 중세 철학자 아우구스티누스도 똑같은 것을 관찰한 뒤 이렇게 썼습니다. "내가 나를 발견하는 곳도 여기, 무엇을 언제 어디서 했는지도 여기서 되새기고, 했을 때의 내 감정이 어떠했는지도 여기서 되새긴다."(『고백록』 10권 8장) 나는 기억 속에서 나를 발견하고 기억 속에서 무엇을, 언제, 어디서 했는지 되새기고, 어떤 일을 했을 때 내 감정이 어떠했는지도 기억 속에서 떠올린다는 뜻이지요. 그리고 그는 이렇게 덧붙입니다. "이 기억의 보고에서 나는 이미 경험한 것들이나 과거의 경험으로부터 얻은 것들의 상^{想}들을 이렇게 저렇게 짜맞추며, 이로부터 미래의 행동과 사건과 희망을 끌어내어 마치 현재의 것인 양 떠올린다."

아우구스티누스는 우리가 과거 경험을 상상의 재료로 삼아서 미래를 계획한다고 말하면서, '상들^{similitudines}'이라는 낱말을 쓰는데, 결국 미래에 대한 상상은 과거의 경험들을 재료로 삼아서 이루어지는 '시뮬레이션^{simulation}'이 되겠지요. 현대 심리학은 과거에

—

대한 기억과 미래에 대한 계획이 서로 긴밀하게 연관되어 있다는 것을 새롭게 발견한 사실처럼 내세우지만, 그런 사실은 이미 고대와 중세의 철학자들이 누누이 반복해서 강조했던 것입니다.

　기억은 이렇게 인간의 정체성 보존에서 매우 중요한 역할을 하기 때문에 기억과 관련된 드라마나 영화도 굉장히 많지요. 2년 전 극장에서 〈스틸 앨리스Still Alice〉라는 영화가 상영된 적이 있지요. 주인공 앨리스는 미국 유명 대학의 언어학자예요. 그런데 어느 날 강연을 하다가 말문이 막힙니다. 갑자기 용어가 생각이 안 나요. 이런 일이 되풀이되어 그녀는 의사를 찾아 갔다가 치매 판정을 받습니다. 이 말을 들은 앨리스는 큰 슬픔에 사로잡힙니다. 잊지 않기 위해서 온갖 노력을 다 하죠. 컴퓨터에 자기의 과거 경험들을 다 입력하는 등 갖은 노력을 하지만, 아무 소용이 없어요. 내가 컴퓨터에 과거의 일들을 입력해놓았다는 사실 자체를 잊어버리는데 입력이 무슨 소용이 있겠어요? 조깅을 하다가 지금 어디를 뛰고 있는지 잊어버리게 되고, 심지어 집 안 어디에 화장실이 있는지를 찾지 못해서 황당한 일을 겪게 되고. 그런데 이 영화의 제목이 역설적이에요. "스틸 엘리스Still Alice", 앨리스가 기억을 잃어도 여전히 앨리스라는 말이겠지요? 누구에게 여전히 엘리스Still Alice예요? 가족들에게는 그녀가 여전히 앨리스예요. 가족들이 보기에는 똑같이 아내이자 어머니인 앨리스예요. 하지만 앨리스 자신의 입장에서 본다면 '여전히 엘리스Still Alice'가 아니라, '더 이상 없는 앨리스No more

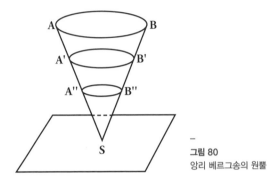

그림 80
앙리 베르그송의 원뿔

Alice'이지요. 주변 사람들이 앨리스를 앨리스로 기억한다고 해도, 앨리스 자신에게는 앨리스가 더 이상 앨리스가 아닌 것이지요.

〈그림 80〉은 20세기의 프랑스 철학자 앙리 베르그송의 저서 『물질과 기억』에 나오는 그림인데, 기억과 미래 계획의 관계를 함축적으로 보여줍니다. 그림 속의 원뿔을 '기억의 원뿔'이라고 불러봅시다. 거꾸로 선 이 원뿔 안에 나의 모든 기억이 다 담겨 있는 거예요. 원뿔이 놓인 사각형은 행동의 주체로서 내가 놓여 있는 시·공간을 가리킵니다. 외부에서 자극이 주어지면 나는 그 주어진 자극에 대해 일정한 방식으로 반응하겠죠. 이 사람이 내게 웃음을 짓고 있는데 여기에 대해 내가 어떻게 대응할 것인가, 이 사람이 날 무시했는데 그 행동에 대해 내가 어떻게 복수할 것인가, 이렇게 우리는 외부 자극에 대해 시시각각 서로 다른 반응을 하는데 그 반응의 양식을 베르그송은 기억을 되살려내는 양식에 맞추어 셋으로 분류했어요. 일정한 자극이 주어질 때 별 생각 없이, 즉 기

억을 거의 되살려내지 않고 행동하는 경우, 적절한 수준에서 과거의 기억을 떠올리며 행동하는 경우, 대응 행동은 하지 않고 계속해서 과거의 기억을 더듬어 올라가는 경우가 그 셋입니다. 베르그송은 이렇게 행동에 앞서 기억을 얼마나 재현시키는지 그 정도에 따라 행동 양식을 세 가지로 구별합니다. 외부에서 자극이 왔을 때 아무것도 기억해내지 않고 즉각 행동하는 사람은 '충동인'입니다. 반대로 행동은 하지 않고 자꾸 기억을 뒤쫓는 데 몰두하는 사람, 기억의 흔적을 쫓아 계속 과거로 퇴행하는 사람은 '몽상가'입니다. 반면 적절한 행동을 위해서 현재의 맥락과 관련된 기억을 적절하게 되살려내고 재조합해서 행동 계획을 세워 행동하는 사람은 '지혜로운 사람'입니다. 저마다 이 도식에 따라 자신의 행동을 반추해보면, 어떤 행동에서는 내가 참 현명했다, 어떤 행동에서는 내가 너무 충동적이었다고 판단할 겁니다.

여러 종류의 기억과 에피소드 기억

그렇다면 오늘날의 심리학에서는 과거의 일을 불러내는 것과 미래의 일을 계획하는 것 사이의 상관관계에 대해서 어떤 말을 할까요? 요즘에는 이 두 가지 의식 활동을 '에피소드 기억'의 작용이라고 부릅니다. 에피소드 기억에 대한 연구의 권위자인 엔델 툴빙 Endel Tulving 은 이 기억을 이렇게 정의합니다.

에피소드 기억은 [진화 과정에서] 늦게 출현했고, [개체 발생 과정에서] 늦게 발전하고 일찍 퇴화하는 신경 인지적 기억 체계다. 이것은 과거 지향적이고 다른 기억 체계들에 비해 신경 기능 장애로 말미암아 쉽게 손상되며 추측건대 오직 인간에게만 고유한 것이다. 그것은 주관적 시간, 즉 과거, 현재, 미래를 거치는 정신적 시간 여행을 가능하게 한다. 이 정신적 시간 여행은 에피소드 기억의 소유자('자기')로 하여금 자기 의식적 자각을 매개로 해서 자신의 지나간 경험들을 '사유 속에서' 상기하게 해줄 뿐만 아니라 가능한 미래의 경험들에 대해서도 생각할 수 있게 해준다.[44]

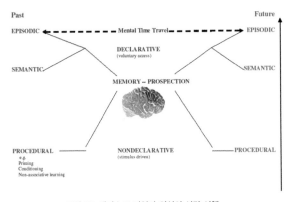

그림 81 에피소드 기억과 의식의 시간 여행

44 Endel Tulving, "Episodic Memory and Autonoesis: Uniquely Human?", *The missing link in cognition,* ed. H. S. Terrace & J. Metcalfe (Oxford University Press, 2005), p. 9.

이 정의에서 사용된 개념들을 자세히 다루기는 어렵지만 핵심 주장은 쉽게 파악할 수 있습니다. 먼저 '에피소드 기억'이 어떤 것인지, 그것이 다른 종류의 기억과 어떻게 다른지부터 살펴보고 인용문의 논점들을 정리해봅시다.

지금까지의 연구에 의해 밝혀진 바에 따르면 우리의 기억 체계는 매우 복잡합니다. 연구자들은 특히 세 가지 형태로 기억을 나눕니다. 첫째는 '절차적 기억procedual memory'입니다. 이것은 자전거를 타거나 피아노를 칠 때 작동하는 기억입니다. 몸의 기억이라고 할 수 있겠죠. 이런 기억의 내용은 보통 머릿속에 그 내용이 떠오르지 않습니다. 자전거를 타면서 '오른발 앞으로', '왼발을 앞으로', '핸들을 오른쪽으로 틀고', 이런 걸 하나하나 떠올리면서 자전거를 타는 사람은 없을 거예요. 그렇게 하면 넘어지기 십상이죠. 이런 종류의 기억은 그 내용이 의식적으로 재현되지 않고, 몸을 통해서 재현됩니다. 둘째는 '정보 기억semantic memory'인데, 예를 들어 피타고라스의 정리, 근의 공식 같은 각종 정보의 보존에 관여하는 기억입니다. 피타고라스의 정리를 생각하면, 우리의 머릿속에 삼각형의 형상이 떠오르겠지요? 독일의 수도가 베를린이라는 사실을 기억할 때도 관련 영상이 떠오를 겁니다. 그런 점에서 정보 기억의 내용은 의식적으로 재현 가능합니다. 그런데 우리에게는 피타고라스의 정리에 대한 기억도 있지만, 피타고라스 정리를 배울 때 내가 겪었던 경험에 대한 기억도 있습니다. 또 베를린이 독일의 수도라는 지리적 정보에 대한 기억도 있지만, 어떤 사람에게는 베를린을 여행할 때 자신이 겪었던 경험에 대한 기억도 있습니다. 이 기억은 의식적으로 재현된다는 점에서는 정보 기억과 같지만, 기억의 내용에 기억의 주체인 '나'가 포함되어 있다는 점에서 다릅니다. 이 기억이 바로 셋째 종류의 기억, 즉 '에피소드 기억'입니다. 말 그대로, 내가 경험한 과거 에피소드에 대한 기억이지요. 앞에서 소개한 아우구스티누스의 말, "내가 나를 발견하는 곳도 여기, 무엇을 언제 어디서 했는지도 여기서 되새기고, 했을 때의 내 감정이 어떠했는지도 여기서 되새긴다"는 말은 바로 에피소드 기억을 가리킨다고 말할 수 있습니다.

툴빙의 정의에 따르면 에피소드 기억은 비교적 최근에 진화한 능력이지요. 인간과 같이 뒤늦게 진화한 동물에게만 속하는 능력이라는 거죠. 이 능력은 인간이 태어난 뒤 뒤늦게 발생하고 일찍 퇴화합니다. 다른 능력, 예를 들어 감각 능력은 태어나자마자 곧바로 생겨나지만, 자신의 과거 경험을 의식적으로 떠올릴 수 있는 능력은 뒤늦게, 두세 살이 되어서야 생겨난다고 합니다. 그리고 다른 능력에 비해서 일찍 사라져요. 50대 중반, 후반에 접어들면 에피소드 기억이 퇴화되면서 과거 경험에 대한 기억이 약해지지요. 또, 에피소드 기억은 과거를 지향하는 것이지만 다른 기억의 체계보다 훨씬 더 민감해서 신경 장애에 의해서 훨씬 더 쉽게 훼손될 수 있다고 합니다. 하지만 더 중요한 것은 그다음에 이어지는 주장입니다. 툴빙은 에피소드 기억이 아마도 인간에게 고유한 것일 거라고 말합니다. 동물에게는 에피소드 기억이 없을 것 같다는 이야기죠. 물론 단정은 어렵습니다. 지금까지의 관찰과 연구 결과에 따라서 이야기할 수밖에 없으니까요.

어쨌건 기억 연구자들에 따르면 인간이 과거와 미래로 시간 여행을 할 수 있는 것은 에피소드 기억 덕분입니다. 그리고 과거와 미래라는 서로 다른 방향으로 상상의 여행을 할 때 거기에는 언제나 '나'에 대한 의식이 동반됩니다. 과거의 행동을 기억할 때는 언제나 그 과거 행동의 주체로서 내가 그 중심에 놓이고, 미래의 행동을 상상할 때, 예를 들어 취업을 한 나의 모습을 상상할 때도 그 행동의 주체로서의 내가 그 중심에 놓입니다. 에피소드 기억에 'autonoetic awareness'가 동반된다는 말은 대체적으로 그런 뜻으로 이해할 수 있을 겁니다. 'autonoetic'이라고 하는 말은 상당히 어려운 개념이고, 에피소드 기억 연구자들 사이에서도 그 의미를 놓고 서로 논란이 많은 것 같아요. 하지만 좀 더 쉬운 용어로 바꾸어본다면 'autonoetic awareness'는 'self-conscious awareness' 혹은 'self-knowing awareness'라고 할 수 있을 것 같아요. 자기의식이 동반되는 자각적 상태, 이 상태가 늘 동반되는 가운데 우리는 과거 사건을 기억하고 미래의 사건을 상상할 수 있는데, 그렇게 할 수 있는 것은 바로 우리에게 에피소드 기억의 능력이 주어져 있기 때문이라는 말입니다.

동물들에게는 에피소드 기억이 없을까?

툴빙은 에피소드 기억이 인간에게만 속할 것이라고 추측하지만, 동물들에게도 그런 종류의 기억이 있음을 인정해야 한다고 주장하는 사람들도 있습니다. 과학의 세계는 논쟁의 세계이지요. 똑같은 현상을 놓고 이렇게 해석하기도 하고 저렇게 해석하기도 하니까요. 그런 다양한 해석들을 우리가 함께 고려해야 관찰된 사실에 대한 더 좋은 해석에 도달할 수 있겠죠. 동물들에게도 에피소드 기억이 있다고 주장하는 사람들은 까마귓과에 속하는 어치의 기억을 주장의 근거로 내세웁니다.

어치는 무척 똑똑한 새입니다. 이 새는 먹이를 숨겼다가 그것을 다시 찾아 먹지요. 땅콩도 숨기고 벌레도 숨겨요. '무엇'을 '어디에' 숨겼는지를 정확하게 기억해서 그것을 찾아 먹습니다. 더 놀라운 것은, 어치들이 '무엇'을, '어디에' 숨겼는지 기억할 뿐만 아니라 '언제' 숨겼는지도 기억한다는 점이지요. A라는 곳에 벌레를 숨겼고, B라는 곳에 땅콩을 숨겼어요. 그런데 시간이 너무 오래 지나서 벌레가 부패되었을 시점이 되면 어치는 벌레가 아니라 땅콩을 찾아 먹고, 벌레가 아직 신선할 때는 땅콩보다 벌레를 찾아 먹는다고 합니다. 어치는 땅콩보다 벌레를 더 좋아하기 때문이지요. 그런데 이렇게 어치들이 무엇을 언제 어디서 했는지 기억한다면, 그들에게도 에피소드 기억이 있다고 얘기해야 하지 않을까요? 어치의 에피소드 기억을 인정하려는 사람들은 이렇게 반문합니다.

하지만 그렇게 반문하는 사람들조차도 부정할 수 없는 사실이 하나 있어요. 어치에게 인간의 에피소드 기억을 특징짓는 자기의 식적 자각 self-conscious awareness 이 있다고 주장하기는 어렵다는 점입니다. 증거를 댈 수 없으니까요. 이 새들이 과거의 일을 기억한다는 사실은 확인할 수 있다고 하더라도, 그 기억에 어치의 자기의식이 함께 수반된다고 볼 근거는 없기 때문이지요. 이 말이 무엇을 뜻하는지, 어떻게 우리가 자기 자신을 의식하지 않고서도 과거의 사건을 떠올릴 수 있는지 간단한 실험을 해볼 수 있습니다. 미국에서 세계무역센터 쌍둥이빌딩이 무너진 게 며칠인가죠? 2001년 9월 11일이죠. 그 쌍둥이빌딩은 어디에 있었어요? 뉴욕에 있었죠? 지금 우리는 무엇이 언제 어디서 일어났는지를 기억했습니다. 하지만 그 사실을 떠올리면서 9월 11일에 그때 자신이 뭘 했는지 기억한 사람은 없을 거예요. 정보 기억을 통해 9월 11일 뉴욕에서 쌍둥이빌딩이 폭파됐다는 사실은 떠올렸지만, 그 기억은 자기 자신에 대한 의식과 무관하게 이루어졌다는 말이지요. 어치의 기억도 지금 말한 것과 같은 종류의 기억이라면, 그것은 인간에게 고유한 에피소드 기억, 자기 자신을 개입시키는 기억이라고 보기는 어렵다는 이야기예요.

말 못하는 동물들을 상대로 그런 테스트를 하기는 불가능하지요. 언어를 통해서 '내가 과거에 이런 일을 했어', '저런 일을 했어'라고 말하지 않는 이상, 동물들이 과거의 사건을 떠올리면서 자기 자신을 그 기억에 개입시키는지 그렇지 않은지를 확인할 방법이 없다는 말이지요. 바로 이러한 점이야말로 현재로서는 에피소드 기억을 인간에게 고유한 현상으로 만들어주는 측면인 것 같아요. 그리고 아마도 이 사실은 변하지 않을 겁니다. 그래서 인간에게는 기억 현상이 있고, 또 인간은 과거의 기억을 의식적으로 떠올리는데, 동물들도 과거의 기억을 의식적으로 떠올리는 것 같지만 인간에게 고유한 자기의식이 그들에게도 있다는 것을 증명하기는 어렵다는 이야기죠.

호모사피엔스의 조건

다시 숙고의 조건에 대한 아리스토텔레스의 이야기로 돌아가 봅시다. 우리는 앞에서 인간의 숙고가 다양한 의식 작용, 예를 들어 분리, 상상, 비교와 정당화, 상기 등을 전제로 한다고 말했습니다. 그런데 지금까지의 연구 결과를 종합해보면, 숙고에 필요한 인지 능력들이 동물들에게도 있다는 것이 아직까지, 적어도 아직까지는 증명되지 않았습니다. 따라서 동물들에게도 숙고가 가능하다고 판단하는 것은 아직 시기상조이겠고, 그런 점에서 미래를 계획하고 이를 위해서 과거를 의식적으로 상기하는 일이 인간에게 고유한 의식 활동이라는 주장은 여전히 타당합니다. 동물과 인간의 이런 차이를 아리스토텔레스는 『정치학』에서 달리 이렇게 요약합니다.

———

다른 동물들은 대개 본성physis대로 살고, 그 가운데 몇몇은 습관ethos에 따라서도 산다. 그러나 사람은 로고스logos에 의해서도 살아간다. 사람만이 로고스를 갖고 있기 때문이다. (……) 사람은 그렇게 하는 것이 더 낫다는 확신이 서면, 그런 로고스 때문에 습관과 본성에 어긋나는 행동을 할 때도 많다.

─『정치학』7권 12장

동물들에게는 타고난 본성과 그에 따르는 적응 행동이 있어요. 물론 동물들의 모든 행동이 본성에서 비롯되는 것은 아닙니다. 동물들도 학습에 의해 획득된 습관적 행동이 가능하고, 습관적 행동을 낳는 학습은 기억 덕분에 가능합니다. 하지만 인간은 본성이나 습관에 의한 행동을 넘어서 이성적 판단에 의한 행동을 할 수 있습니다. 인간의 이성 능력은 미래의 계획을 세우는 일, 과거의 경험을 찾아내는 일, 자신의 행동에 대한 이유를 대는 일 등에서 발휘됩니다. 그리고 행동의 이유가 분명해지면 인간은 그 행동에 대한 자기 확신을 갖고, 이런 확신은 일상적으로 이루어지는 본성적인 행동이나 습관적 행동을 넘어선 행동으로 우리를 인도할 수 있습니다. 이상적인 가치를 위한 자기희생이나 삶을 포기하는 자살은 그렇듯 자기 확신에 따르는 행동의 극단적인 사례일 것입니다.

　이 말의 뜻을 오해하지 않으면 좋겠습니다. 이렇게 인간의 차이를 강조하는 것은 절대로 동물에 대한 인간의 우월성을 내세우기 위해서가 아닙니다. 인간은 이성적 능력을 가지고 있기 때문에 동물과 달리 확신에 의한 행동을 할 수 있지만, 이것이 반드시 좋은 것만은 아니니까요. 그런 자기 확신이 이상적 가치의 실현을 위한 헌신을 낳을 수도 있지만, 정반대로 허황된 세계 정복의 꿈을 심어 인류에게 끔찍한 해악을 가져올 수도 있습니다. 둘 다 동물들에게는 일어나지 않는 일이지요. 우리가 이 강의에서 동물과 인간의 차이에 대해 함께 생각해보려고 했던 한 가지 중요한 이유는 바로 그것입니다. 다른 동물들의 경우와 달리 인간에게는 이성적 확신에 의거해서 본성과 습관을 넘어서 행동할 수 있는 가능성이 존재한다는 사실을 고려하지 않고서는 인간 사회의 뿌리 깊은 악, 그것을 충분히 이해할 수 없습니다. 인간을 단순히 생물학적 존재로 여기는 관점은 인간 사회에서 빚어지는 수많은 악의 현상들을 충분히 설명하지 못한다고 나는 생각합니다. 인간이란 완전해질 때에는 모든 동물 가운데 최선이지만, 법과 정의로부터 일탈할 때에는 최악입니다. 인간에게는 이런 양극의 가능성이 존재하고, 이 양극의 가능성은 인간이 이성적인 동물, 즉 호모사피엔스라는 데서 유래하는 것입니다. 이것은 인간에게 축복일까요, 저주일까요? 아무쪼록 이 강의가 인간으로서 우리 자신을 더 잘 이해하고, 우리가 지향할 만한 최선의 삶이 어떤 것인지를 생각하게 하는 계기가 되었기를 바랍니다.

에필로그

인간과 생명을 이해하기 위하여

'생각의 힘'을 키우다

약 2700년 전에 살았던 한 철학자가 세상은 물로 되어 있다고 주장했답니다. 똑똑한(?) 우리 현대인들에게는 자칫 뜬금없는 헛소리로 들릴 수 있지만요. 그러나 신들이 세상을 만들어 지배한다는 신화가 군림하던 시대에 이렇게 다른 생각을 했던 사람, 탈레스는 대단한 인물임이 분명합니다. 탈레스의 다른 생각은 "세상의 근원은 무엇일까?"라는 아주 간단한 질문에서 시작되었다고 합니다.

그는 신화에서 답을 찾으려 하지 않고, 대신 주변을 면밀하게 관찰하다 물을 발견했죠. 물은 하나의 형태가 아닙니다. 얼음이 되기도, 수증기가 되기도 하죠. 게다가 물은 흘러들어 빈 공간을 채우기도 합니다. 이 변화무쌍한 속성이 탈레스가 만물을 이루는

것은 바로 물이라 주장한 증거였습니다. 그런데 말이죠, 만물까지
는 아니더라도 물은 적어도 모든 생명의 근원입니다. 문득 이런 생
각이 드네요. "그렇다면, 철학이란 '생각을 다르게 하는 것'이 아닐
까?"

과학자로서 저는 이런 고대 철학자들의 '다른 생각'을 과학의
씨앗이라고 생각합니다. 여기서 돋아난 싹이 과학이라고 부르는
새로운 사고 체계의 울창한 나무로 자라난 것이지요. 이 나무는
많은 가지를 뻗어내어 현대 문명의 이기를 낳은 과학의 많은 분야
를 탄생시켰습니다. 생각의 힘을 여실히 보여주면서 말입니다.

최근 30여 년간 인류가 새롭게 접하게 된 정보의 양이 인류 문
명의 역사가 시작된 이래 1980년대까지 알고 있었던 정보량보다
도 더 많다고 합니다. 우리는 그야말로 정보의 홍수 속에 살고 있
습니다. 그렇다면 지금 우리에게 가장 필요한 것은, 넘치는 정보를
꿰어 새로운 지식을 만들 수 있는 능력, 즉 창의력 또는 상상력이
아닐까요? 이는 '다르게 생각할 수 있는 능력'에서 맺어지는 열매
입니다.

거의 30년간 실험실에서 박테리아와 깊은 교제를 해오다가, 7년
전 우연한 기회에 두 인문학자를 만나게 되었습니다. 처음에는 그
냥 얘기가 통해서 커피 한잔(가끔씩은 맥주 한잔)의 여유 속에 담
소를 나누는 정도였어요. 그런데 만남이 계속되면서 한 번 대화를
시작하면 시간 가는 줄 모르기 일쑤였습니다. 서로 다른 공부를

해왔다고 생각했는데, 많은 경우에 같은 문제를 다른 각도에서 보고 있다는 것이 신기하기도 했습니다.

그런 만남이 깊어질수록 서로가 서로에게 각자 공부하는 내용을 이해시키기 위한 소통의 말솜씨가 늘면서, 시나브로 사고의 융합이 일어나기 시작했습니다. 여기저기서 들려오는 '융합'의 메아리 속에서 우리는 겉만 화려한 학제 간 통섭과 융합이 아니라, 올곧은 소통을 시도했습니다. 어찌 보면 제가 이런 학제간 만남의 가장 큰 수혜자입니다. 생각의 힘이 커져 지식의 가장자리에서 근본적radical 질문을 던지는 철학의 사유 방식을 통해 궁극 질문ultimate question을 제기할 수 있는 방법을 알아가기 시작했으니까요.

생명과 인간에 대한 더 깊은 질문을 위하여

'래디컬radical'이라는 영어 단어는 '뿌리'라는 뜻의 라틴어 라딕스radix에서 나왔습니다. 어원을 따지자면 '래디컬'은 어떤 것의 뿌리와 관계된 것을 가리킵니다. 그런 뜻에서 '래디컬'은 무엇보다도 철학을 수식하기에 적합한 형용사인 것 같습니다. 철학은 다른 학문의 뿌리가 되는 것, 즉 다른 학문이 전제로서 당연시하는 것의 정당성을 되묻는 활동이기 때문입니다. 많은 서양의 철학자들이 철학의 본성을 그렇게 정의했습니다. 예를 들어 플라톤은 한편으로는 유클리드 기하학이 지닌 연역적 엄밀성을 높이 평가하면서도, 다른 한편으로는 그런 수학적인 학문의 뿌리가 되는 공리들 자체는 무전제의 학문인 철학을 통해서 비로소 설명될 수 있다고 생각했습니다. 칸트도 마찬가지입니다. 뉴턴 물리학의 진리성을 확신했지만 그 물리학이 전제하는 시간과 공간의 본성을 철학적으로 규명하려고 했으니까요.

이렇듯 다른 학문이 전제로 받아들이는 것들을 되묻는다는 점에서 철학은 매우 매력 있는 학문입니다. 철학은 일상의 한계, 자연과학을 비롯한 다른 학문의 경계 밖으로 돌진하는 사유의 끊임없는 모험이니까요. 플라톤이 사용한 용어를 빌리자면, 일상적인 사유의 길, 과학적 사유의 길에서 벗어남은 일종의 '엑스타시스ekstasis'인데, 이런 일탈에는 정말로 무아경의 황홀감이 따라옵니다. 하지만 문제가 전혀 없는 것은 아닙니다. 일탈의 쾌감에 사로잡혀 일상이나 다른 과학의 경계 밖 세계를 떠도는 경우 철학은 아예 연락 단절의 상태에 빠질 수도 있습니다. 타자와의 교감과 소통 능력을 상실한 철학적 자폐증의 상태가 빚어지는 것입니다. 이런 자폐증에 사로잡힌 철학은 현실 세계의 질서와 상식을 외면한 채 철학적 상상의 세계에서 관념과 독단의 성을 구축하고 거기에 안주합니다.

눈에 보이는 것과 사람들의 통념을 철학적 논의의 출발점으로 삼는 아리스토텔레스와 오랫동안 가까이 한 탓인지 나는 현실 세계에서 눈을 돌린 철학을 신뢰하지도 않고 거기에 별 기대를 하지도 않습니다. 외부 세계와의 교감과 대화 가능성을 스스로 차단한 철학은 내게 그저 자기만족의 '엑스타시스'일 뿐입니다. 그런데 철학을 하면서도 자폐적 일탈 상태에 빠지지 않으려면 언제나 철학 밖의 세계에 대한 주의와 관심이 필요합니다. 그런 뜻에서 2010년 2학기부터 지난 2017년 1학기까지 7년 동안 진행된 교양 수업 '위대한 유산: 생명과 인간'은 내게 철학 밖의 세상과 소통하는 소중한 시간이었습니다. 이 수업을 통해 나는 내가 전공하는 그리스 철학, 특히 초기 그리스의 자연철학자들, 플라톤, 아리스토텔레스의 철학이 생명과 인간에 대해서 서양의 문학이나 현대의 자연과학, 특히 생물학과 어떤 이야기를 함께 나눌 수 있는지를 경험하고 배울 수 있었기 때문입니다. 이런 형태의 소통은 — 돌이켜 생각해보면 — 무척 '순수한 것'이었습니다. 이 수업에 참여한 세 사람의 강의자와 세 사람의 토론 강사, 모두 여섯 사람은 어떤 특별한 대가도 바라지 않고 지식을 함께 나누고 학생들과 교감하는 즐거움에 힘입어 지난 7년을 보낸 것 같습니다.

매년 400명 정도의 학생들이 이 수업을 수강했으니 그동안 이 수업을 통해 인연을 맺은 학생들이 3000명에 이릅니다. 물론 처음 시작할 때나 지금이나 엇박자가 있고, 서로 이질적인 학문들이 만나는 데서 오는 혼란도 있습니다. 지금은 나아졌지만, 처음에는 이해의 어려움을 호소하는 학생들도 많았지요. 하지만 이런 혼란을 감수하면서도 우리 여섯 사람이 지난 7년 동안 이 수업을 포기하지 않은 이유는 서로 다른 관점들을 공유하지 않는 한 인간에 대해서도, 생명에 대해서도 충분히 이해할 수 없다는 확신을 공유했기 때문입니다. 지금까지 이 수업을 들은 학생들이 적어도 이런 확신을 함께 나눌 수 있다면, 지난 7년 동안의 노력은 헛된 것이 아니라고 생각합니다. 그동안 연세대학교의 울타리 안에서 교양 수업으로 진행된 '위대한 유산: 생명과 인간'이 단행본으로 출간되어 더 많은 독자들과 생각을 함께 나눌 수 있게 된 것을 무척 기쁘게 생각합니다. 이 책을 통해 생명과 인간에 대한 우리의 생각과 이야기가 더욱더 어렵고 복잡하게 되기를 바랍니다. 이런 과정에서 우리의 생각은 섬세함을 더할 수 있을 것입니다.

감사의 말

—

조대호, 김응빈, 서홍원

지난 7년 동안 진행되어온 교양강의 〈위대한 유산〉이 이렇게 번듯한 책으로 출간되어 더 많은 독자들과 만날 수 있게 되기까지 도움을 준 여러분들께 감사의 말을 전하고 싶다. 매주 강의에 참여하고 분반 토론 수업을 진행했던 이정은 박사님, 김동규 박사님, 이혁주 박사님은 이 책을 준비하는 중에도 유익한 조언을 아끼지 않았다. 개인적인 일로 강의에 더 이상 참여하지 않지만 몇 년 동안 토론을 진행하면서 즐거움과 고생을 함께했던 정현석 박사님께도 이 자리를 빌려 감사의 마음을 전하고 싶다.

2010년 2학기부터 코티칭과 토론이 결합된 이런 형태의 강의가 처음 열리고 그 뒤에도 지속적으로 운영될 수 있도록 배려해준 학교 관계자 여러분들께도 감사드린다. 이 강의가 처음 개설될 당시

연세대학교 경영대학의 지원이 있었음을 밝혀둔다.

〈위대한 유산〉의 출간을 제안하고 이 계획의 실현을 위해서 적극적인 관심과 다방면의 노력을 기울인 북이십일 김영곤 대표님과 문학본부 분들께도 감사의 말을 함께 전한다. 특히 문학기획팀 신주식 에디터는 한 학기 내내 학생들보다 더 열심히 수업을 청강하고 강의를 녹음하면서 강의록 초고를 준비해주었다. 그의 인내와 노력이 없었다면 아마도 이 책이 나오기 힘들었을 것이다.

앞으로도 〈위대한 유산〉과 같은 강의가 연세대학교뿐만 아니라 다른 대학교에서도 많이 개설되어 대학 강의실 안과 밖에서 학문의 경계를 넘어서는 대화와 교류가 더욱 더 활발하게 이루어지기를 바란다.

그림 출처 및 저작권

프롤로그

〈그림 1〉 위키미디어, https://ko.wikipedia.org/wiki/%EB%A1%9C%EB%B2%84%ED%8A%B8_%ED%9B%85

1부 생명의 기원과 진화

〈그림 2〉 위키미디어, https://commons.wikimedia.org/wiki/File:Alessandro_Allori_-_Odysseus_questions_the_seer_Tiresias.jpg

〈그림 3〉 위키피디아, https://en.wikipedia.org/wiki/Orpheus#/media/File:DSC00355_-_Orfeo_(epoca_romana)_-_Foto_G._Dall%27Orto.jpg

〈그림 4〉 http://www.maicar.com/GML/Orpheus.html

〈그림 6〉 위키피디아, https://en.wikipedia.org/wiki/Theseus#/media/File:Minotaur.jpg

〈그림 7〉 위키피디아, https://en.wikipedia.org/wiki/On_the_Origin_of_Species#/media/File:Origin_of_Species_title_page.jpg

〈그림 8〉 http://www.webpages.uidaho.edu/ngier/gre13.htm

〈그림 9〉 https://en.wikipedia.org/wiki/Bible_moralis%C3%A9e#/media/File:God_the_Geometer.jpg

〈그림 10〉 http://1.bp.blogspot.com/_rt0Bj8yTZ2g/Ryyg4es51TI/AAAAAAAABEM/BTMLWSfdyds/s1600-h/bib.jpg

2부 진화론과 과학혁명

〈그림 12〉 게티이미지코리아(ⓒGetty Images Korea)

〈그림 13〉 https://pixabay.com/ko/퐁-뒤-가르-아-퀴-덕트-로마-유네스코-프랑스-1742029

〈그림 14〉 위키미디어, https://upload.wikimedia.org/wikipedia/commons/2/22/Da_Vinci_Vitruve_Luc_Viatour.jpg

〈그림 15〉 위키피디아, https://en.wikipedia.org/wiki/Science_and_inventions_of_Leonardo_da_Vinci#/media/File:The_Principle_Organs_and_Vascular_and_Urino-Genital_Systems_of_a_Woman.jpg

〈그림 16〉 https://www.leonardoda-vinci.org/Flying-Machine.html

〈그림 17〉 위키피디아, https://en.wikipedia.org/wiki/Flammarion_engraving#/media/File:Flammarion.jpg

〈그림 19〉 김웅빈, 『생명은 판도라다』(바이오사이언스, 2014)

〈그림 20〉 김웅빈 외, 『핵심 생명과학』(바이오사이언스, 2013)

〈그림 21〉 위키피디아, https://en.wikipedia.org/wiki/On_the_Origin_of_Species#/media/File:Origin_of_Species_title_page.jpg

〈그림 22〉 위키미디어, https://commons.wikimedia.org/wiki/File:On_the_Origin_of_Species_diagram.PNG

〈그림 23〉 게티이미지코리아(ⓒGetty Images Korea)

〈그림 25〉 http://boardpia.co.kr/community/board_rc.html?no=389

〈그림 26〉 김웅빈, 『생명은 판도라다』(바이오사이언스, 2014)

〈그림 27〉 김웅빈, 『생명은 판도라다』(바이오사이언스, 2014)

〈그림 28〉 김웅빈, 『생명은 판도라다』(바이오사이언스, 2014)

〈그림 30〉 김웅빈 외, 『핵심 생명과학』(바이오사이언스, 2013)

〈그림 31〉 김웅빈, 『생명은 판도라다』(바이오사이언스, 2014)

〈그림 32〉 김웅빈 외, 『핵심 생명과학』(바이오사이언스, 2013)

3부 인간, 동물, 기계

〈그림 33〉 위키피디아, https://ko.wikipedia.org/wiki/%ED%8C%8C%E
C%9D%BC:Athensch.jpg

〈그림 36〉 D'Arcy W. 톰슨의 영역본의 그림, D'Arcy W. Thompson, *Historia animalium, The Works of Aristotle Vol. IV, ed.* by Sir D. Ross (Clarendon, 1910)

〈그림 40〉 위키미디어, https://commons.wikimedia.org/wiki/
File:Michelangelo%27s_Piet%C3%A0_Saint_Peter%27s_Basilica_Vatican_
City.jpg

〈그림 42〉 위키미디어, https://commons.wikimedia.org/w/index.php?sea
rch=Nicolaas+Harsoecker&title=Special:Search&go=Go&searchToken=4zh
br2ev6sxafsu1ura0e6k07#/media/File:HomunculusLarge.png

〈그림 43〉 http://blog.eyewire.org/behind-the-science-an-
introduction-to-connectomics/

〈그림 45〉 https://commons.wikimedia.org/wiki/File:Darwin_Tree_1837.

png?uselang=ko

〈그림 46〉 위키미디어, https://commons.wikimedia.org/wiki/File:On_the_Origin_of_Species_diagram.PNG

〈그림 47〉 https://en.wikipedia.org/wiki/Tree_of_life_(biology)#/media/File:Tree_of_life_by_Haeckel.jpg

〈그림 49〉 https://en.wikipedia.org/wiki/Great_chain_of_being#/media/File:Die_Leiter_des_Auf-_und_Abstiegs.jpg

〈그림 50〉 위키피디아, https://en.wikipedia.org/wiki/Albrecht_D%C3%BCrer#/media/File:Albrecht_D%C3%BCrer,_Adam_and_Eve,_1504,_Engraving.jpg

〈그림 53〉 위키피디아, https://es.wikipedia.org/wiki/Satan%C3%A1s#/media/File:GustaveDoreParadiseLostSatanProfile.jpg

〈그림 54〉 김응빈 외, 『핵심 생명과학』(바이오사이언스, 2013)

〈그림 55〉 김응빈 외, 『핵심 생명과학』(바이오사이언스, 2013)

〈그림 56〉 김응빈, 『생명은 판도라다』(바이오사이언스, 2014)

〈그림 57〉 위키피디아, https://en.wikipedia.org/wiki/Credulity,_Superstition,_and_Fanaticism#/media/File:William_Hogarth_-_Credulity,_Superstition,_and_Fanaticism.png

〈그림 58〉 위키피디아, https://en.wikipedia.org/wiki/Luigi_Galvani#/media/File:Luigi_Galvani_Experiment.jpeg

〈그림 59〉 위키미디어, https://commons.wikimedia.org/wiki/File:A_Galvanised_Corpse.jpg

〈그림 60〉 위키미디어, https://commons.wikimedia.org/wiki/File:Frontispiece_to_Frankenstein_1831.jpg

〈그림 64〉 게티이미지코리아(ⓒGetty Images Korea)

〈그림 65〉 오드리 햅번, https://pxhere.com/ko/photo/951076

　　　　장미, 시계 이미지, 게티이미지코리아(ⓒGetty Images Korea)

〈그림 70〉 Bruce Hood, *The Self Illusion* (Oxford University Press, 2013), p. XIV.

〈그림 71〉 http://www.lpsms.go.kr/home/stats/stats. do?statsFlag=butcheryperiod

〈그림 72〉 W. D. Ross, *Aristotle* (Methuen & Co LTD, 1923), p. 199.

〈그림 73〉 게티이미지코리아(ⓒGetty Images Korea)

〈그림 75〉 Machael Tomasello, *The Cultural Origins of Human Cognition* (Harvard University Press, 2000), p. 24.

〈그림 76〉 침팬지 무리 사진, 게티이미지코리아(ⓒGetty Images Korea)

〈그림 80〉 앙리 베르그손, 『물질과 기억』, 박종원 옮김(아카넷, 2005), p. 275.

〈그림 81〉 T. Suddendorf and M.C. Corballis, *The evolution of foresight: What is mental time travel, and is it unique to humans?* (Behavioral and Brain Sciences 30, 2007), p. 4.

찾아보기

위대한 유산

1판 1쇄 발행 2017년 9월 8일
1판 3쇄 발행 2018년 7월 30일

지은이 조대호, 김응빈, 서홍원
펴낸이 김영곤
펴낸곳 (주)북이십일 아르테

문학사업본부 본부장 원미선
문학기획팀 이승희 김지영
문학마케팅팀 정유선 임동렬 조윤선 배한진
문학영업팀 권장규 오서영   **홍보팀장** 이혜연   **제작팀장** 이영민

출판등록 2000년 5월 6일 제10-1965호
주소 (우 10881) 경기도 파주시 회동길 201(문발동)
대표전화 031-955-2100 **팩스** 031-955-2151 **이메일** book21@book21.co.kr
ISBN 978-89-509-7179-3 03100

아르테는 (주)북이십일의 문학 브랜드입니다.

(주)북이십일 경계를 허무는 콘텐츠 리더

아르테 채널에서 도서 정보와 다양한 영상자료, 이벤트를 만나세요!
네이버오디오클립/팟캐스트 [클래식클라우드] 김태훈의 책보다 여행
페이스북 facebook.com/21arte   블로그 arte.kro.kr
인스타그램 instagram.com/21_arte   홈페이지 arte.book21.com